교사 교육과정을
디자인하다-실천편

교사 교육과정을 디자인하다-실천편

초판 1쇄 발행 2022년 7월 20일
초판 2쇄 발행 2023년 3월 20일

지은이 박수원, 심성호, 이동철, 이원님, 임성은, 정원희, 최진희
펴낸이 이형세
펴낸곳 테크빌교육(주)
책임편집 권민서 | **교정교열** 이경숙 | **디자인** 권빛나
주소 서울시 강남구 언주로 551, 프라자빌딩 5층 | **전화** (02)3442-7783

ISBN 979-11-6346-153-1 03370

책값은 뒤표지에 있습니다.

테크빌 교육 채널에서 교육 정보와 다양한 영상 자료, 이벤트를 만나세요!
블로그 blog.naver.com/njoyschoolbooks   **페이스북** facebook.com./njoyschool79
티처빌 teacherville.co.kr   **티처몰** shop.teacherville.co.kr
쌤동네 ssam.teacherville.co.kr   **클래스메이커** classmaker.teacherville.co.kr

교사 교육과정을 디자인하다 - 실천편

Teachers' Curriculum

교육과정디자인연구소

박수원 · 심성호 · 이동철 · 이원님
임성은 · 정원희 · 최진희

테크빌교육

프롤로그

이 책은 전작 『교사 교육과정을 디자인하다-이론편』과 함께 기획된 시리즈이다. 교육과정 자율화의 바람이 현장에 닿아 교사 교육과정(Teachers' Curriculum)에 대한 궁금증과 우려가 고조되는 시점에 이에 대한 오해와 이해를 제고할 필요가 있었고, 이는 과감히 현장 연구자인 교사가 할 수 있는 내용이라고 보았다. 이에 교사 교육과정에 대한 철학과 기본적인 이해를 위한 〈이론편〉과 이를 적용하는 과정에 관한 〈실천편〉을 기획하였고, 본 편이 후자에 해당한다.

이 책의 구성은 간단하다.

1부는 교사 교육과정을 개발하는 과정에서 제기되는 다양한 교사들의 질문에 대한 대답으로, 교사 교육과정을 개발하는 실제적 지식이 담겨 있다. 특히 교사 교육과정이 크게 교육과정에 대한 전반적인 계획을 하는 '교육과정 만들기' 단계와 실질적인 수업 차시를 만드는 '수업 만들기'로 구분되는 만큼, 각 단계에서 궁금하고 혼동되는 문제들을 구분하여 설명하였다.

2부는 저자들이 직접 수행한 교사 교육과정의 사례를 자신만의 단계(Step)로 설명하였다. 현장에서 실행되는 학생의 삶에서 시작한 주제, 개념 기반 교육과정이나 이해 중심 교육과정 등 최근의 교육과정 추세를 반영한 다양한 실례를 담았으며, 특히 코로나 2년차를 거치며 강제 소환된 온-오프 병행 수업(블렌디드 학습)의 상황도 자연스럽게 반영된 사례들이다.

이에 교육과정 재구성과 개발이 익숙한 교사라면 1부의 질문과 대답 부분이 더 공감될 것이고, 교사 교육과정의 실제적 과정에 자신감이 부족하다면 2부의 단계별 설명을 통해 자신만의 교육과정 개발에 대한 충분한 정보와 통찰을 얻을 수 있을 것이다.

No curriculum development without teacher development.

(Stenhouse, L. 1980)

교육에 대한 아이디어를 교육과정의 형태로 표현하면서 교사는 성장한다. 그리고 교사의 전문성은 학생들의 배움과 성장을 위함이다. 이를 위한 우리의 연구와 열정을 더 많은 선생님들과 함께하고 싶다.

2022년 7월
저자 일동

1

『교사 교육과정을 디자인하다-이론편』이 출간된 지 2년 만에 〈실천편〉이 세상에 나왔다. 이 책은 교육과정디자인연구소 선생님들의 꾸준한 연구와 실천의 산물이다. 코로나19가 학교를 뒤흔들기 시작한 지난 2020년 봄, 〈이론편〉을 통해 교사 교육과정의 개념과 의미를 밝힘으로써 탄탄한 기초를 놓았다면 이번 〈실천편〉을 통해 저자들은 팬데믹 속에서도 가르침과 배움의 의미를 놓치지 않고자 고군분투하며 그 기초 위에 멋진 건물을 쌓아 올렸다.

'교사 교육과정'이라는 말에서도 알 수 있듯이 교육과정의 주인은 교사다. 우리나라와 같이 국가가 교육과정을 개발하는 중앙 집중적인 체제 속에서는 촘촘하게 짜인 온갖 지침들이 교사의 운신을 제한하기도 하지만, 문서에 갇혀 있던 교육과정을 아이들 눈앞에서 생생하게 살려내는 사람은 누가 뭐래도 교사들이다. 그러기에 교육과정의 참주인은 교사다. 이 책은 그 사실을 유감없이 보여 준다. 주어진 교육과정을 교실 상황에 맞게 이리저리 매만지고 아이들에게 가장 적합한 모습으로 다듬는 과정을 통해 교사는 교육과정의 주체로 자리 매김한다.

1부는 교사들이 교육과정을 디자인하는 과정에서 갖게 되는 여러 질문들을 던지고 그 답을 친절히 제시한다. 질문에 대한 답을 통해 교사 교육과정의 실천을 구체적으로 보여 주기 위함이었지만 오히려 이 질문들이 그간 관성에 따라 가르쳐 왔던 교사들에게 작은 돌이 되어 잔잔한 파문을 일으킨다. 2부는 '교사 교육과정이란 다름 아닌 이런 것이다'를 실제적으로 보여 준다. 연구소 구성원들의 학교급이 다양한 만큼 초등학교 저학년부터 고등학교까지 다양한 실천 사례가 수록되어 있다. 책의 여러 곳에서 2022 개정 교육과정과 이른바 미래 교육이라고 하는 변화의 흐름 속에서 놓치지 말아야 할 중요한 이슈들을 다루고 있다는 점도 눈여겨볼 만하다.

'교사들의 교사'라 불리는 『가르칠 수 있는 용기』의 저자 파커 파머(Parker Palmer)는 시대와 문화를 막론하고 교사들이 학교와 교실에서 경험하는 모든 고통과 어려움의 원인을 '단절'에서 찾는다. 그에 따르면 교사는 자신이 가르치는 교과, 학생, 함께 일하는 동료 교사, 그리고 궁극적으로 자기 자신과의 관계가 단절될 때 좌절과 고통을 경험한다고 한다. 파머의 이 말은 역설적으로 교사들이 '연결'되어야 하는 존재임을 일깨워 준다. 교육과정디자인연구소의 연구와 실천은 저자들이 서로 깊이 연결되어 있음을 보여 주는 생생한 증거다. 함께 연구하는 동료들이 연결되어 있을 뿐 아니라, 각자 소속된 학교에서 아이들과 잘 연결되어 있음을 보여 준다. 그리고 이제 이 책은 독자들에게도 함께 연결되자는 초대의 손길을 내민다. 〈이론편〉에 이어 〈실천편〉이 출간되었듯 앞으로도 연구소의 의미 있는 걸음을 기대하며 일독을 권한다.

김종훈(건국대학교 교직과 교수)

2

 '교육과정을 무엇으로 보는가'라는 질문에 대해 다수의 사람들은 학교의 교육 내용 또는 학생의 유의미한 경험과 활동 등으로 답할 것이다. 그런데 최근 학교 교육을 둘러싼 정책과 제도가 교육과정에 미치는 영향력이 점점 강력해지고 있음을 실감하지 않을 수 없다. 교육 선진국이라 일컬어지는 국가에서 공통적으로 확인되고 있는 사회 문제의 복잡성과 다양성, 학교 교육의 도구화, 능력주의의 확산, 교육 불평등과 계층 간 갈등 심화 현상은 우리나라도 예외가 아니다. 교사는 학교 교육의 이상적인 목적과 교육 현실 사이의 괴리가 점점 더 커져 가는 현상을 수시로 목격할 것이다.

 10여 년 전 혁신적 실천 운동에 헌신하던 교사들은 당시 과도한 대학 입시 경쟁이 빚은 질병 상태의 교육 상황에 대해 개탄하였다. 그들은 암울한 학교 교육의 현실을 조금이나마 호전시키기 위해서는 먼저 수업을 바꿔야 한다는 데에 이견이 없었다. 수업을 바꾸기 위해 교육과정을 바꿔야 했고, 교육과정을 바꾸기 위해 학교 시스템을 바꿔야 했다. 그리고 수업과 교육과정, 학교 시스템을 바꾼다는 것은 교육 정책과 제도의 근본적 변화 없이는 불가능하다는 것을 깨달았다.

 그런데 교사가 교육 정책과 제도를 바꾼다는 것은 벅찬 일일 뿐만 아니라 거의 불가능에 가깝다. 교사는 가르치는 일의 전문가이지 정책을 기획하거나 집행하는 전문가가 아니기 때문이다. 교육 정책과

제도는 학교 교육과 교실 수업에 직·간접적인 영향을 주는 사회적 틀이다. 현재의 교육 정책과 제도는 정책 전문가들이 오랜 기간 시도해 온 결과물이다. 교육과정도 그렇다. 교육과정은 교육 정책과 제도가 만든 학교 교육을 위한 대표적인 구형물이다. 교육과정 전문가들은 오랜 기간 동안 시행착오를 겪으면서 현재의 교육과정 체제를 만들었다. 교육과정 체제는 학교 교육을 통제하는 틀로 작용한다.

학생, 학부모, 교사, 정책 담당자, 시민단체 그리고 교육과 관련하여 직·간접적인 일을 하는 사람들은 기존 교육과정 체제 내에서 사고하고 판단하며 교육 활동을 한다. 하지만 이들이 형성하고 있는 교육관, 가치관, 세계관들은 모두 다르다. 특정 이슈에 공감하기도 하지만 갈등과 대립 상황에 직면하는 경우도 많다. 어느 시점부터인가 교사는 교육과정 정책 전문가들이 형성해 놓은 기존 교육과정 체제가 최선이 아닐 수도 있다는 점을 자각하고 비판하기 시작했다. 개별 교사 또는 소규모 단체가 주도한 산발적 실천 운동 시기를 지나 민선 교육감 시기 이후 교육청이 주도하는 '혁신교육'이 체계화되면서 교육과정 체제 혁신에 대한 요구는 가속화되었다.

현행 교육과정 체제에 대한 이견과 비판적 시각은 교육과정의 변화를 인식하는 방식에도 영향을 미친다. 어떤 이는 현재의 교육 상황을 비판적으로 파악하여 교육과정을 급진적으로 혁신하고자 하고, 어떤 이는 교육과정의 본질적 틀을 그대로 유지하고자 한다. 또 어떤 이는 시대와 사회의 변화와 요구를 과감하게 수용하여 교육과정을 끊임없이 개량하고자 한다. 변화의 속도와 범위, 그리고 대상과 내용에 대한 인식의 차이는 있겠지만 대부분 과거보다 더 나은 교육과정의 진보를 꿈꾼다. 교사는 교육과정의 진보 상태를 학교 교육 구성원 어느 누구보다 민감하게 수용할 것이다.

그렇다면 교육과정은 과연 진보했는가? 교사는 교육과정이 진보했다고 인식하고 있는가? '그렇다'라고 단언할 수 없지만 경기도교육청이 추진해 왔던 교육과정 정책 혁신의 노정을 살펴보면 최소한 교육과정이 진보하고 있다고 말하고 싶다. 두 가지를 강조하고 싶다. 첫째는 이 책이 다루고 있는 '교사 교육과정'이 교육과정 진보 역사의 한 갈래를 보여 준다는 점이고, 둘째는 이 책이 담고 있는 '교사 교육과정'의 실천 사례가 교육과정 정책 혁신의 결과라는 점이다.

우선 '교사 교육과정'은 교육과정 진보의 역사를 단적으로 보여 준다. 수업 개선과 혁신을 위한 배움 중심 수업의 열기, 적극적인 교육과정 재구성으로 전환, 재구성을 넘어선 교육과정-수업-평가 일체화로의 도약, 이 모든 것의 근간이라고 여겼던 교사의 교육과정 문해력, 그리고 현시점에서 가장 높은 전문성 단계라고 여겨지는 교사 교육과정으로 이어졌다. 이와 같은 교육과정의 진보는 국가 교육과정 정책 수준에서 진행된 것이 아니다. 지역의 혁신교육 또는 혁신학교로 대변되는 실천적 교육 운동, 교육에 헌신하는 교사들의 열정, 그리고 이것을 정책으로 응집한 경기도교육청의 노력의 결과다. '교사 교육과정'으로의 교육과정적 진보는 국가 교육과정의 관념적 전문가주의로는 포착하기 어려운 학교 교육과정의 실제성과 현장성을 내포하고 있다는 점에서 의의가 크다.

또한 '교사 교육과정'은 교육과정 정책 혁신의 열매이자 성장 모습 그 자체다. 교육과정 정책 혁신의 열매는 하루아침에 맺힌 것이 아니라, 경기 혁신교육 10여 년의 무더위와 된서리를 겪었다. 그래서 곳곳에 상처가 많다. 그 상처 하나하나는 흠결이라기보다는 학교의 교육활동을 조금이라도 개선하고자 했던 수많은 교사들과 정책 담당자들의 고민과 번뇌, 그리고 정책화 과정에서 드러난 갈등과 봉합의 흔적이다. 상처가 많은 만큼 그 속은 단단하게 여물었으리라. 그래서 '교사 교육과정'에는 지난한 교육과정 정책 혁신의 역사가 고스란히 담겨 있다고 봐도 무방하다. 그리고 '교사 교육과정'은 현재도 성장하고 있다.

이 책의 집필자들은 교육과정 진보와 정책 혁신의 한가운데에 있는 분들이다. 그리고 모두 교육과정 이론과 실천에 탁월한 역량을 가지고 있는 현직 교사들이다. 10여 년 전 혁신교육 태동기에 현실 교육을 개선하고자 헌신했던 실천 운동 교사들의 모습과 겹친다. 교사의 가장 이상적인 모습은 화려하거나 우아한 모습이 아닐 수도 있다. 묵묵히 교실 한 켠에서 학생들의 올바른 성장을 최선으로 여기는 사람들이다.

이원님 선생님으로부터 본서의 추천 글을 요청받았을 때 어색함과 기대가 교차했다. 추천 글 내용을 무엇으로 할 것인가를 수일 동안 고민했다. 독자가 읽기에 무겁거나 난해한 내용보다는 이 책의 집필자들이 책을 통해 말하고자 하는 것을 담는 것이 과제였다. 고민 끝에 내린 결론은 이 책이 다루고 있는 주제인 '교사 교육과정'이 어떤 맥락에서 탄생하게 되었고, 우리나라 교육과정 체제에서 어떤 의미가 있는지를 밝히는 것이 좋겠다고 생각했다. 그리고 이 책이 〈실천편〉이라는 점을 고려하여 교사의 교육과정 실천성을 부각하려고 했다.

추천 글을 마무리하고 보니 이 책을 집필하신 선생님들의 집필 의도와 일치하고 있는지 불안한 마음이 든다. 하지만 집필하신 선생님들의 노고에 이 글이 작은 도움이나마 되었으면 좋겠다는 마음은 간절하다. 특히 앞서 발간된 〈이론편〉에 이어 이번 〈실천편〉은 학교에서 교육과정을 개선하고자 하는 선생님들께 실제적인 도움을 줄 수 있다는 점에 대해서는 확신한다. 부디 현장의 선생님들이 이 책을 읽고 자신의 교육과정을 개선하여 학교 교육을 풍성하게 하는 귀중한 자료가 되었으면 하는 바람이다.

늘 교육과정을 탐구하는 박승열 씀
(용인교육지원청 장학사)

2부 교사 교육과정 실천기

교육과정 개발, '집밥'과 같지 않을까?

> 당신은 가족과 함께 식당에서 아주 맛있게 식사를 할 수 있다.

> 당신은 학급 학생들과 함께 국가에서 만든 교과서로 진도 따라가기 수업을 할 수 있다.

> 당신은 '어떤 음식이 아이들에게 더 영양가 있을까, 무엇을 먹이지?' 고민한다.

> 당신은 '어떤 경험이 아이들을 더 성장시킬까, 어떤 아이로 키우고 싶지?' 고민한다.

당신은 유기농 채소, 유정란, 무농약 제품과 친환경적 다양한 재료로 요리를 할 수 있다.

당신은 아이들의 관심 분야별 신체놀이, 도서, 오디오-비디오 자료 등을 준비한다.

당신은 음식 재료를 깨끗하게 씻고 벗기고 자르고 익힐 것이다.

당신은 교실 환경을 정리하고, 모둠을 조직하며, 주/월 단위 학습 계획 및 활동 자료를 준비할 것이다.

누군가 "편하게 나가서 먹지 뭘 고생해?"라고 하면 잠시 마음이 흔들릴 것이다.

옆 반 선생님이 당신에게 "귀찮게 뭘 그렇게 해? 교과서대로 가르치면 되지."라고 하면 당신은 잠시 자신의 행동에 회의가 들지도 모른다.

아이들이 "엄마, 아빠, 외식하고 싶어요."라고 말할 수도 있다.

아이들이 "선생님, 우리 공부하지 말고 게임하고 놀아요."라고 말할 수도 있다.

당신은 찌개가 보글보글 끓고 두부가 몽글몽글 익도록 기다려야 한다. 재료 준비부터 식사가 완성될 때까지는 꽤 시간이 걸릴 수도 있다.

당신은 아이들이 자신의 생각과 마음을 자유롭게 표현할 수 있도록 기다려야 한다. 서로의 낯을 익히고 평안함을 느끼며 학습에 참여하기까지는 꽤 오랜 시간이 걸릴 수도 있다.

당신은 찌개의 맛이 우러나올 때까지
밥 익는 냄새와 찌개 향을 맡을 수 있다.

당신은 아이들이 자연스럽게 서로를 존중할 때까지
서로 도와 즐겁게 참여하는 것을 지켜볼 수 있다.

당신은 한 숟가락 찌개 맛을 보며, 그 구수함
에 저절로 입가에 미소가 지어질 것이다.

당신은 아이들의 적극적인 배움 활동에 저절로 미소가 지어질 것이다.

매번 식사를 준비하는 것은 어려운 일이다. 그러나 당신은
식당에서 한 끼 먹는 것과 집밥이 다르다는 것을 안다.

의미 있는 배움을 준비하는 것은 어려운 일이다. 그러나 당신은 자신의
철학과 학생들의 필요와 요구를 담은 교사 교육과정이 다름을 안다.

집밥이 다름을 어떻게 아느냐고?
당신의 아이들이 충분히 건강한 것을 보라.

당신 반의 '교사 교육과정'이 좋은지 어떻게 아느냐고? 아이
들이 즐겁게 학교에 오고, 배움에 열려 있으며, 더 당당하게
자신을 표현하는 것을 보라.

＋ | Send

시끌벅적 교사 교육과정 만들기

—

1장 교육과정 계획하기

올해는 어떤 교육과정이 더 필요할까?
언제 하면 좋지?

교사 교육과정을 개발하는 데 정해진 절차나 방법이 있나요?

Q 교육과정을 개발하는 데 정해진 절차가 있는 것이 좋을까, 자유롭게 하는 것이 좋을까?

교사 교육과정을 실천하기 위한 양식이 있는지 묻는 선생님이 있다. 양식이 있으면 내용만 채워 넣으면 쉽다면서 말이다.

그런데 양식이 정해져 있다면 새로운 생각을 쉽게 할 수 있을까? 그 양식이 오히려 선생님의 자율성을 방해하지는 않을까?

"무엇을 먼저, 어떻게 시작해야 할지 모르겠다."

교사 교육과정에 관심을 가지고 공부하거나 연수에 참여한 교사들이 가장 먼저 겪게 되는 어려움이다. 그러면서 교사 교육과정에 대한 매뉴얼이 있는지 묻곤 한다. 이 물음에 대한 답은 교사 교육과정의 개념을 되짚어보면 찾을 수 있을 것이다.

우리는 『교사 교육과정을 디자인하다-이론편』에서 교사 교육과정은 넓은 의미에서 '교사가 개발하는 교육과정' 모두를 의미한다고 하였다. 교사 교육과정은 '국가 수준에서 제시하는 표준화된 교육과정을 기반으로 하되 교사가 교육과정 전문성(curriculum literacy)을 발휘하여 새롭게 수정 · 개발한 교육과정이며, 주로 교실 속 학생들과의 직접적인 만남에서 실제적으로 실행되는 교육과정'이라고 풀어 정리하였다.

위에 정의된 '교사가 개발하는 교육과정'이라는 의미에서 알 수 있듯이 교사 교육과정에는 정해진 절차나 방법이 있지 않다. 교사가 교육과정 전문성을 발휘하여 새롭게 수정 · 개발한다는 데서 새로운 것을 만들어 낸다는 의미가 담겨 있다. 교사에 의해 그렇게 수정되고 개발된 형태는 다양한 형식으로 나타나게 될 뿐만 아니라 그 과정과 결과물 또한 다양한 모습을 띠게 된다.

그럼에도 신규교사이거나 교사 교육과정을 처음 작성하는 교사의 경우 모든 것을 혼자 시도하며 새로운 교육과정을 만드는 것은 어려운 일이다. 시행착오를 줄이려는 교사들을 위해 이전에 시행된 교육과정의 개발 모습과 여러 결과물을 확인하여 다음과 같이 교사 교육과정의 실행 단계를 정리해 두었다. 교사들에게 조금이나마 도움이 되고자 Step by Step 형식으로 단계를 정리했고 〈이론편〉에서도 언급

했듯이 이 단계가 꼭 순차적으로 이루어져야 하는 것은 아니다. 실제 교사 교육과정을 디자인해 보면 머릿속에서는 제시된 단계들이 복잡하게 얽혀서 설계된다. 동료들과 협의를 통해서 혹은 평가 계획을 설계하다가도 새로운 아이디어에 의해 앞의 주제 목표가 수정되기도 하는 등 작성-수정을 반복하는 과정을 거치게 된다.

Step by Step 교사 교육과정

1단계 교사 교육과정 개발 준비하기
1 교육과정 조망도 확인하기
2 철학을 반영한 교육 목표 세우기

2단계 교육과정 계획하기(CP: Curriculum Planning)
Step 1 교육과정 계획 틀 만들기
Step 2 주제(Unit) 만들기
Step 3 성취기준 배치하기
Step 4 수업 시수 조정하기

3단계 수업 만들기(CM: Curriculum Making)
Step 5 수업 계획 틀 만들기
Step 6 주제(Unit) 목표 정하기
Step 7 평가 계획하기
Step 8 차시별 수업 구상하기

교사 교육과정 실천 및 피드백

또한 교사 연수를 진행해 보면 위 단계들을 외우거나 정리하게 하지 않아도 교사들이 해 왔던 경험을 통해 교사들만의 교육과정이 자연스럽게 실행되고 있음을 알 수 있다. 지금까지 교육과정을 어떻게 실천해 왔는지 동료 교사들과 서로 이야기 나누다 보면 위에 제시된 과정들과 관련한 이야기들이 자연스럽게 나오고 그 과정들이 비슷한 모습으로 정리되는 것이다.

지금 책을 보는 여러분에게도 "교육과정을 정리하려면 어떤 내용이 정리되어야 할까요?"라고 물어보면 '목표', '성취기준', '차시', '활동' 등 자신만의 지식과 생각을 쏟아낼 것이다. 이렇게 교사들이 지금까지 해 왔던 그 모든 것이 교사 교육과정이 되는 것이고, 자신만의 방법과 형식으로 교사 교육과정을 정리해 왔다. '모든 교사는 그들만의 이야기가 있지만 대부분 이를 인식하지 못하고 있다'는 스케디(Shkedi, 1998)의 말처럼 교사는 자신만의 실천적 지식을 가지고 있음을 공감하게 되는 것이다.

그리고 그동안 학자들이 제안한 Tyler모형, Taba모형, 이해 중심 교육과정 설계 등 다양한 교육과정 설계 모형들이 제시되어 왔지만 학교 현장에서 그 모형을 그대로 사용하는 교사는 매우 드물었다. 이론적 모형을 참고하되 교사 각자의 스타일에 따라 그 모형이 변형되어 사용되는 것이 일반적이었다. 이처럼 교사 교육과정을 개발하는 데 정해진 절차나 개발 모형은 없다. 단지 교사 각자에 맞는 모형이 있을 뿐이다.

계획한 교과 시수가 실제랑 똑같나요?

Q 학기 초 교육과정 계획에서 정해진 교과 수업 시수랑 학기 말 실제 운영 시수가 똑같나요? 꼭 맞춰야 하나요?

이 질문은 초등에 해당되는 것으로, 중등에서 교육과정 운영 중 교과 시수가 변한다는 것은 상상할 수 없는 일이다. 중등에서의 교과별 시수는 교과 담당 교사의 실제 수업 시간이기 때문에 당연히 학년 초부터 교과별 수업 시수 편성이 민감한 사항인 데다 계획대로 운영되기 때문이다.

그러나 초등의 경우에는 교과별 시수 편성이 크게 중요하다고 인식되지 않는 편이다. 기본적으로 초등은 담임교사 체제이기 때문에 한 교사가 다수의 교과를 담당하여 교과 간 수업 운영에 융통성이 있고, 상시 생활교육이 병행되기 때문에 특정 교과로 편성하기 애매한 상황이 발생하기도 한다. 한편으로는 교과서가 교수·학습의 기본 자료이다 보니 '학기동안 교과서만 마치면 된다'는 인식이 존재한다. 즉 초등에서 학기 초 교과별 수업 시수 편성은 다소 형식적인 일로 생각되며, 기본 시간표를 따르되 실행상의 변칙적 운영을 인정한다. 이처럼 초등은 수업 시수 편성에 덜 민감하고 계획과 실제 운영이 달라지더라도 굳이 교과별 시수를 변경하여 재공지(정보공시 등)하지는 않으며, 나이스(NEIS)상의 시간표 입력도 학기 초 계획을 그대로 반영하거나 또는 학기 말에 시수가 같지 않으면 이를 모두 '0'으로 바꾸는 등 형식적으로 대응하는 편이다. 그럼에도 교과별 시수의 불명료함은 초등교사에게 늘 불편함과 함께 의문을 갖게 한다. 학기 초 계획된 시수를 꼭 따라야만 하는 걸까?

계획한 대로 해야 하는 거죠? 달라지면 안 되는 거죠?

예전만큼 교과서에 얽매여 차시별 수업을 모두 해야 하고, 주별/차시별 계획된 수업을 밀리지 않아야 한다는 생각에는 다소 변화가 있기는 하지만, 여전히 2월의 '교육과정 계획은 그대로 따라야 하는 것'이라는 생각이 보편적이다.

이유는 크게 두 가지로 귀결되는데, 하나는 학기 초에 시수를 결정하여 정보공시하였으니 이를 바꿀 수 없다는 것이고, 다른 하나는 나이스(NEIS)상에 교과별 시수는 학년 단위로 입력되므로 학급에서도 똑같이 해야 한다는 것이다.

구체적으로 살펴보자.

먼저, 정보공시상의 문제. 대국민의 알 권리 보장을 위한 정보공시법(2008)[1]에 따라 각급 학교별 교육과정 계획(학사 일정, 교과 수업 시수, 교과 진도 계획 및 평가 계획 등)은 4월 초에 모두 공개하게 되어 있다. 이에 수업 시수의 경우, 학년 초 교육과정을 준비하는 기간 동안 각급 학년에서는 총 수업 일수 및 교과별 기준 수업 시수에 맞춰 해당 학교에서 운영할 수업 시수를 결정하고 이를 공지하게 된다. 수업 시수를 결정할 때 고려되는 요소로는 20% 시수 증감제이며, 해당 학년·학급의 교사 교육과정 계획에 따라 교과별 시수를 증감하여(물론, 아직도 형식적으로 ±를 하는 학교도 있고, 교무·연구부장이 일괄적으로 수업 시수를

---

1 교육 관련 기관이 보유, 관리하는 정보를 법령에 따라 공시하는 제도. 초·중등학교는 '학교정보공시'로, 고등교육기관의 경우에는 '대학정보공시'로 구분한다. '교육과정 편성과 운영'은 특례법 제5조에 명시된 학교정보공시의 의무 공시 15항목 중 하나다.

결정해서 통보하는 학교도 있다고 한다) 학교장의 결재를 받아 정보공시하게 된다.

그러나 정보공시법상 내용상의 오류나 변경 사항이 있어 수정이 필요한 경우에는 재결재의 과정을 밟아 재공지할 수 있다. 따라서 교육과정 실행상 교과별 운영 시수에 변동이 있어 수정이 필요하다면 재결재의 과정을 거쳐 수정할 수 있다. 결국 정보공시의 문제로 시수를 바꿀 수 없다는 것은 맞지 않는 말이다.

두 번째, 나이스(NEIS)상의 학년 단위 시수 편제의 문제. 현행 나이스는 교과별 시수 입력을 학년 단위로 하게 되어 있다. 따라서 교사 교육과정의 취지대로 우리 학급의 필요와 요구를 반영한 교육과정을 운영하다 보면 크게는 아니어도 학급별 시수 차이가 나기 마련이지만 이를 온전히 반영할 수 없는 체제이다. 나아가 지역에 따라 생활기록부 작성 관련 연수에서 '각 교과별 시수 차가 0이어야 한다'고 안내하기도 한다. 이에 학년 계획에 따라 시수 차를 '0'으로 만드는 숫자 장난이 발생하는 것이다. 그러나 현 국가 교육과정에서 제시하는 시수 편제의 원칙은 '학년(군)별 총 시수제'로, 교과별 기준 시수는 20% 증감이 가능하되 학년군별 최소로 제시된 총 시수만 확보하면 된다. 다시 말해 '학급별 시수가 학년 기준과 다르더라도 학년 총 시수만 같으면 된다'는 말이다.

결국 초등에서 교과별 시수의 문제는 '중요성'의 문제이다. 재결재, 수정 등의 절차가 귀찮고 복잡하더라도 중요하다면 당연히 해야 할 일이다. 그러나 변경 필요성에 확신이 없다면 '굳이'라는 마음이 드는 것이 사실이기 때문이다.

이상과 같은 이유에서 **초등은 교과별 시수는 학기 초에 하기보다 학년 말에 확정하는 것이 더 타당하다.** 만들어 가는 교육과정의 실행은 학년 말에 확정되며, 실제를 기록하기 위한 나이스(NEIS)의 목적[2]에도 합치되기 때문이다.

※만들어 가는 교육과정 및 교사 교육과정의 특성상 현행 차시별 내용이 담긴 교과 진도표의 문제는 『교사 교육과정을 디자인하다-이론편』 299쪽을 참고하기 바란다.

---

2 2002년부터 상용화된 학교행정정보시스템(NEIS, National Education Information System)으로, 학생 개인별 체격, 학습 능력, 학교생활 등 학교 이력을 장기간 보관하는 전산 시스템이다. 교사는 교육과정 내용 및 학습 결과, 출결 등 다양한 자료를 입력하고 관리하는 책임을 갖는다.

주제(단원)는 어떻게 정하나요?

Q 선생님은 주제를 어떻게 선정하시나요?

주제 선정이 교사 교육과정의 출발점이라고 하는데,
성취기준이나 교과서의 내용 이외에 교사 교육과정의
주제가 될 수 있는 것에는 무엇이 있을까요?

주제는 무엇에서 선정되어야 하는가?

　국가 교육과정은 학교에서 공부해야 할 내용을 결정해 제시한다. 그래서 교사 교육과정에서 선정할 주제도 교과 교육과정, 성취기준, 교과서와 같은 교과를 가장 먼저 생각하게 된다. 교과 내용은 교사가 학생들에게 반드시 가르쳐야 할 교육 내용이자 방법의 기준으로 주제 선정의 주요 원천이 된다. 그러나 교육과정을 구성하는 주제의 원천은 교과 외에도 존재한다. 교사 교육과정을 계획할 때 교과와 함께 고려할 수 있는 주제의 원천에 대해 알아보자.

교육과정 이론에서 살펴보는 개발의 원천

　주제 선정의 원천은 일찍이 다양한 교육과정 이론에서 다뤄져 왔다. 특히 교육과정 개발 모형의 고전이라 할 수 있는 타일러(Tyler) 이론에서부터 학습자, 사회, 교과(전문가)라는 세 원천(sources)의 중요성이 제시된다.

　조금 더 자세히 살펴보면, 타일러는 다음의 네 가지 질문에 답을 구해 가는 방식으로 이론을 전개한다.

> ① 학교는 어떤 교육목표를 달성하고자 해야 하는가?
> ② 교육목표의 달성을 위해 어떤 학습 경험이 주어져야 하는가?
> ③ 어떻게 하면 학습 경험을 효과적으로 조직할 수 있는가?
> ④ 무엇을 보면 애초의 교육목표가 달성되었는지 확인할 수 있는가?

그의 이론은 목표를 가장 선순위에 두고 교육과정 구성 원리를 전개한다. 먼저 목표를 선정하고 이후 그 목표를 달성하고 확인하기 위한 일련의 과정이 이어진다. 그래서 그의 이론은 '목표 모형'이라는 별칭을 갖고 있다. 이러한 타일러의 이론에서 교육목표를 설정하기 위한 세 가지 원천이 제시되는데, 학습자, 사회, 교과(전문가)다. 이 세 가지는 당시 대립하던 아동중심교육, 생활적응교육, 전통적 교과교육 세 가지 교육 사조의 원천을 모두 수용한 것이다. 타일러 이론은 이견을 종합해 목표를 추출하고자 했다는 측면에서 지금까지 그 의의를 인정받고 있다. 그는 세 가지 원천에서 나온 목표들을 선택하고 판별하는 기준으로 교육철학과 학습심리를 두 가지 기준(screens)으로 삼는다. 이를 통해 종합적이고 합리적인 판단 절차를 마련하고, 누가 무엇을 왜 배워야 하는지에 대한 가치 판단의 논리를 정립한다.

이후 후속 연구가들은 타일러의 교육이론을 기반으로 교육목표 선정의 원천 또는 교육과정 개발의 원천을 제안한다. 타바(Taba)는 학습자, 사회, 교과에 추가로 '문화'를 고려해야 한다고 하고, 슈왑(Schwab)은 '교사'를 포함시켜야 한다고 말한다. 비네(Beane)는 교과 교육과정을 통합하기 위한 조직 중심체(Organizing Centers)의 원천으로 학생의 문제나 관심사, 학생의 인기 주제, 사회 문제나 쟁점, 교과 주제와 더불어 '과정 중심의 개념'을 언급하기도 한다. '변화', '체제', '순환'과 같은 개념들은 특정 주제에 대해서가 아니라 실질적으로 모든 것에 적용할 수 있는 과정에 관한 것이라는 점에서 다른 원천들과는 다른 특성을 지닌다(Beane, 1997).

주제 선정의 네 가지 원천

이상의 이론을 종합하면, 주제 선정의 원천으로 교과, 교사, 사회(상황), 그리고 학생을 생각할 수 있다. 먼저 교과에서 성취기준은 교사가 학생들에게 가르쳐야 할 교육 내용이자 방법의 기준이다. 주제와 관련된 성취기준을 재구조화해 종합한다면 주제 학습의 목표를 도출할 수 있다. 이는 평가 기준으로도 활용할 수 있는데, 성취기준의 재구조화를 통해 학생들의 학습량과 평가량을 적정화할 수 있다.

두 번째로 교사는 교과와 학생을 끊임없이 연결한다. 그 과정에서 자신의 생각과 해석을 반영하고 제공한다. 교사의 관심이나 선호 분야, 교육관, 가치 및 신념 등이 교육과정 개발에 중요한 요소인 이유다. 학생을 가장 잘 아는 사람이자 직접 만나는 사람으로서 교사는 자기 스스로를 주제의 원천으로 인정하고 자신과 학생의 흥미와 관심 속에서 주제를 선정할 수 있다.

세 번째로 사회(상황)도 중요한 주제의 원천이다. 교육과정은 교사와 학생 간의 상호작용으로 만들어지지만, 그 과정을 포괄하는 사회(상황)가 배경으로 존재한다. 우리 학교의 특색 교육 활동, 우리 지역의 사회 · 환경 자원, 범교과 주제 등이 모두 주제의 원천이 될 수 있다. 상황적으로 이미 정해져 있는 활동을 중심에 놓고 주제 학습을 구성하면 활동의 의미를 살리고 성과를 증대시킬 수 있다.

끝으로 학생은 학습의 가장 직접적인 주체이자 필요한 배움을 가장 적합하게 말해 줄 수 있는 존재다. 학생 역시 중요한 주제 선정의 원천이다. 그러나 주제 원천에 대한 현장 연구 결과를 살펴보면, 학생은 교과, 교사, 환경에 이어 가장 낮은 순위에 머물러 있다(이원님 · 정광순,

2021). 우리는 학생을 교육적 대상이자 수동적 객체에서 교육 당사자이자 능동적인 주체로 전환해야 함을 충분히 인지하고 있지만, 주제의 원천으로 제대로 활용하지 못하고 있다. 교육과정의 최종 목적은 학생의 성장이다. 학생을 위한 교육과정이라면 그 출발점 역시 학생으로부터여야 한다. 학생의 관심이나 흥미, 요구 사항 등을 어떻게 교육과정 개발에 반영할 수 있을지 조금 더 구체적으로 살펴보자.

학습자에서 찾는 주제의 원천

학생을 교육과정 주제 선정의 원천으로 고려할 방법을 두 가지 제안한다. 하나는 교육과정에 여백을 두어 학생들을 교육과정 개발에 참여시키는 것이다. 다음의 표와 같이 일정 기간 전체를 비워 두거나, 주제 학습의 차시 중 일부를 비워 학생들과 함께 만드는 교육과정을 운영할 수 있다. 교육과정이 운영되는 과정에서 학생들이 스스로 판단한 활동을 삽입함으로써 교육과정의 주체로서 학생들의 주도성을 강화할 수 있다.

주제(units)		통합 운영					
주제명	주요 학습활동	국어	도덕	사회	미술	체육	자율
미안하고 고마웠어	• 4학년 교육과정 정리하기 • 친구들과 꿈 나누기 • 미안하고 고마운 마음 전하기	9. 감동을 나누며 읽기	만드는 도덕 수업	3. 변화와 문화	11. 감상	여가	
		9. 감동을 나누며 읽기	만드는 도덕 수업	3. 변화와 문화	11. 감상	여가	
		우리가 만드는 수업					발표회
		2. 마음을 전하는 글쓰기					

다른 하나는 주제(단원)를 학생과 함께 계획하는 것이다. 비네(Beane, 1997)는 '통합 교육과정'은 분절된 지식의 습득보다 삶 자체를 교육과정의 중심에 두기 위해 학생과 교사의 협력을 필수 요소로 삼아야 한다고 했다. 학교에서도 새 학기를 시작하며, 학생들과 이번 학기에 중점을 두었으면 하는 주제를 함께 정해 보는 시간을 통해 단원을 계획할 수 있다. 교과와 상황에 대한 교사의 전문성과 학생들의 필요와 요구가 결합한다면 교과와 학습자가 자연스럽게 연결되는 교육과정을 개발할 수 있을 것이다.

덧붙여, 다양한 원천에서 선정된 주제(단원)의 제목을 학생 친화적으로 만들기를 추천한다. 학생 친화적인 제목은 학생들의 관심을 끌고 사고를 자극할 수 있다. 예를 들어, '농구형 게임', '코딩 수업', '어린이 신문을 읽고 나의 생각 쓰기'와 같이 딱딱한 제목이 아니라 '뭉쳐야 쏜다!', '스마트 빌리지를 건설하라!', '나는야 시사왕!'과 같은 제목이 현재의 지식을 발판으로 신선한 도전 의식을 불러일으킬 수 있다.

주제(단원)는
꼭 성취기준으로 만들어야 하나요?

• 추갑식, 신재한(2015)

…교육과정 통합 및 재구성의 유형 중 제1유형은 '핵심 역량 및 성취기준 중심의 수업 목표 추구'였다. 이를 선택한 교사들은 '현재 교육부와 지역 교육청에서 가장 강조하고 있는 사항이므로 실제 교육과정 통합 및 재구성을 이렇게 한다'고 설명하였다.

• 2015 개정 교육과정 연수 강사 자료집(교육부, 2016)

…통합을 할 때에는 통합하고자 하는 두 개 혹은 세 개의 '성취기준'을 먼저 정해야 한다.

위 내용은 교사 교육과정 연수(워크숍)에서 전형적으로 설명되는 교육과정 재구성 방법이다. 그러나 교사 교육과정을 개발할 때에도 꼭 성취기준에서 주제(단원)를 정해야 할까? 이를 교사 교육과정의 발달 과정(교과서 재구성, 교육과정 재구성, 교사 교육과정 개발)에 비추어 설명해 본다.

교과서 재구성 시기

중앙집권적 교육과정 체제인 우리나라는 초기부터 국정 교과서를 개발·보급하였다. 이에 단위 학교에서 교사의 역할은 주어진 교육과정을 잘 전달하는 것, 즉 교과서 진도 나가기였고, 이것이 가장 일반적인 가르침과 배움의 과정이었다.

그러나 학교 생태계의 특성상 돌발적인 학교 행사나 학생들의 상황, 교과서 내용의 부적절성 등은 교사의 자율적인 교과서 재구성을 촉발하였다. 예를 들어, 가을 운동회와 같은 학교 행사로 주어진 교과서 내용과 다른 프로그램을 운영해야 한다든지, 교과서 자료를 학생들이 더 좋아하는 내용으로 대체하는 등 현실적인 필요에 의해 지도 시기를 변경하거나 내용의 대체, 감축 또는 삭제, 통합 등 '교과서 재구성'을 하였던 것이다.

이 시기 교수·학습의 주 자료인 교과서는 성서(textbook as bible)처럼 여겨졌으며 아직 성취기준에 대한 인식은 미흡하였기에 교과서 재구성이 지배적이었다.

교육과정 재구성 시기

1990년대 후반 열린 교육 열풍이 '수요자 중심의 교육'을 강조하면서 교과서 중심의 수업에서 학생 선택권을 강화하여 다양한 코너 학습(자리 학습)과 선택 학습지를 확산시켰다. 2000년대 초반 '작은 학교 살리기 운동'에서 정책화된 혁신학교 운동은 학교 차원의 특색 있는 프로그램을 마련하는 과정에서 교육과정 통합(Integrated Curriculum)을 활성화하였다. 이제 학교는 교과서의 성역에서 벗어나 교육과정을 전제로 다양한 프로그램을 운영할 수 있었고, 이는 2009 개정 교육과정에서 강조된 '성취기준 중심의 교육과정 운영'이 근거가 되었다. 즉, 단위 학교에서는 절대적이었던 교과서관에서 벗어나 '성취기준'을 중심으로 교과서 내용을 가감할 수 있었고, 이로써 성취기준의 해석·통합·재구조화를 통해 '교육과정 재구성'을 실행하게 되었다.

교사 교육과정 개발 시기

우리나라에서 교사 교육과정(Teachers' Curriculum)이라는 용어는 비교적 최근의 일로, 교육과정 재구성 용어에 대한 애매성과 학교 자치(교육과정 자치)의 맥락에서 국가에서 개발한 교육과정과 단위 학교(교사)에서 개발한 교육과정 간의 위상을 동일하게 보고자 하는 의도를 반영하고 있다.

먼저, 교육과정 재구성이라는 용어의 애매성은 서명석(2011)의 설명대로 확정된 실체가 아닌 교육과정은 텍스트로서 변화 가능성을 전제하는데, 재구성(re-constructing)이라는 표현은 '이미 정해진 것을 다시 구성한다'는 의미로 올바른 표현이 아니라는 것이다. 또한, 그간의 교육과정 실행 연구를 통해 단위 학교에서 교사가 개발하는 교육과정은 개발 원천, 과정, 결과물 등 교육과정 개발 과정을 볼 때에도 국가에서 개발하는 교육과정과 차이가 없기에 이를 '재구성이 아닌 개발'로 동등하게 불러야 한다는 것이다(이원님, 2021; 이윤미, 정광순, 2015; 교육부, 2016). 이처럼 교사 교육과정은 '교육과정 개발자로서 교사'의 역할을 강조하며 교사가 개발한 교육과정(교과서 재구성, 교육과정 재구성 등) 모두를 포괄하는 것을 의미한다.

특히 교육과정 자율권 강화에 따라 단위 학교(교사)에서 '성취기준 개발'을 허용[3]함으로써 교사는 국가에서 제시한 교과별 성취기준 외에도 학교 및 학생의 필요와 요구를 반영한 성취기준 개발도 가능해졌다. 이는 교사 교육과정의 주제는 성취기준 이외에도 학생들의 필요와 요구, 학교 상황 등 다양한 원천에서 개발할 수 있음을 의미한다.

교사 교육과정에서 주제 개발의 원천을 분석한 이원님(2021)의 연구를 보면, 실제 교사들은 다음의 표와 같은 다양한 원천에서 주제를 개발하고 있었다.

---

3 학교생활기록부 기재요령(2022. p.88): 본책 64쪽 참조

유형	세부 원천
교과	단원, 성취기준, 교과 가치, 공통 주제, 활동명, 역량, 교육과정의 문제점/강조점 등
학습자	학생의 필요, 어려움, 흥미, 삶-실생활 연계, 발달 특성, 재미 등
환경	범교과 주제, 미래 사회의 요구, 연구 시범학교 주제, 지역 사회의 요구, 학교 중점 교육 활동 등
교사	교육적 판단, 관심 분야, 교사관(가치) 등

　또한 학습자, 환경, 교사 유형에서 주제(단원)를 개발한 경우에는 주제(단원)에 맞는 성취기준을 연계하여 학습 내용을 보완하기도 하였다.

　이처럼 교사가 개발하는 교육과정에서 주제(단원)는 성취기준 그 자체에서 출발(standard-driven curriculum planning: 성취기준 출발형)하기도 하지만, 학생들의 필요와 요구, 학교의 특성 및 사회적 요구, 교사의 관심 등이 반영되어 주제(단원)가 결정(standard-conscious curriculum planning: 성취기준 도달형)된 후, 성취기준과 무관하게 또는 연계하여 운영하기도 한다. 즉, 주제(단원)를 개발하는 방법은 성취기준(교과) 외에도 학생, 교사, 환경 등의 다양한 원천이 있는 것이다.

　이에 학기 초 학년이 함께 교육과정을 개발할 때 이를 적용해보자. 주제(단원) 개발의 4가지 원천(교과, 학생, 환경, 교사)을 알고 순서를 정해 확인해 보는 것이다.

[환경] 우리 학교에서 강조하는 ○○는 어떻게 반영하면 좋을까요?
[교과] ○학년의 교육과정 내용 중, 교과서 내용이 적합하지 않아 새롭게 바꿔야 될 것이 있을까요?
[교사] 선생님이 올해 꼭 해 보고 싶은 교육과정이 있으신가요?
[학생] 올해 아이들에게 필요한 내용 또는 아이들이 원하는 것은 어떻게 반영하면 좋을까요?

학생들의 흥미와 요구는 어떻게 교육과정에 반영하나요?

Q 학습자가 교육과정의 주체가 될 수 있을까요?

학생들의 흥미와 요구를 교육과정에 반영해야 한다고들 하지요. 그래야 학생들이 교육과정의 주체가 될 수 있으니까요.

그렇다면 교사는 교육과정에 어디서부터 어디까지 학생들의 흥미와 요구를 반영해야 할까요? 학생들이 하고 싶은 대로 다 할 수는 없지 않나요?

학습자가 교육과정의 주체가 될 수 있을까?

　교육은 결국 학생을 위한 것이다. 우리나라에서도 국가 교육과정이 개정되어 감에 따라 국가에서 학생으로 무게 중심이 넘어가고 있다. 교과를 일방적으로 학생들에게 전달하는 것이 아니라 학생의 삶에 부합하도록 재구성하여 학습될 수 있도록 하고자 한다. 열린 교육 운동이나 혁신학교 운동과 같이 학생을 교육과정의 중심에 놓고자 하는 현장의 노력도 꾸준히 이어지고 있다. 이러한 학생 중심 교육과정의 흐름은 학생의 흥미와 관심을 교육과정에 반영토록 한다.

　그런데 간혹 학생의 흥미와 관심을 잘못 이해하는 경우가 있다. 학생들이 원하는 것을 그대로 하는 것이 곧 학생 중심 교육과정이라고 여기거나, 학생들의 재미와 교육적 흥미를 동일시하는 것이다. 과연 이상적인 학생 중심 교육과정은 주제 선정부터 학습 내용과 방법, 평가까지 모두 학생들이 만들어 가는 것일까? 학생들이 수업에 재미있게 참여하면 그 수업은 흥미가 반영된 수업일까? 학습자가 진정한 학습의 주체가 된 교육과정을 이해하기 위해서는 그 바탕이 되는 학생의 '흥미'에 대해 조금 더 살펴볼 필요가 있다.

흥미에 대한 고찰: Dewey의 흥미론

　'흥미'에 대한 대표적인 교육 이론가는 존 듀이(John Dewey)다. 듀이는 흥미(interest)란 개념을 우리가 일상적으로 사용하는 '대상에 관한 관심' 정도의 의미가 아니라 철학적으로 엄밀하게 정련된 의미로 재개념화하여 사용한다(양은주·임황룡, 2010).

듀이는 먼저 전통적 교육론에서 아동과 교과 간의 분리와 같이 흥미와 노력 간의 분절이 이어져 오고 있다고 지적한다. 아동의 흥미와 관심에 최우선 목적을 두고 교육과정을 구성해야 한다는 '흥미 이론'과 주어진 교과를 인내와 노력으로 묵묵히 습득할 수 있도록 교육과정을 구성해야 한다는 '노력 이론'이 경쟁하고 있다는 것이다. 듀이가 활동하던 시대에 치열하게 대립하던 진보주의 교육 사조와 전통적 교과 중심 교육 사조가 그것을 대표한다.

그러나 듀이는 외견상 대립하는 듯한 두 이론의 기저에는 사실 공통의 원리가 전제되어 있다고 말한다. 그것은 학생과 학습 목표, 내용, 그리고 생각 등이 분리되어 있다는 가정이다(Dewey, 1913). 듀이는 전통적 노력, 흥미 이론 모두는 진정한 흥미가 될 수 없다고 말한다. 이것은 겉으로는 공부하는 척하지만 마음속으로는 늘 다른 것에 관심이 가도록 하고, 하고 싶지 않지만 달콤한 사탕을 먹기 위해 억지로 관심을 갖도록 하는 종류의 것이다. 그에 의하면 성장하는 자아(학생)와 학습할 사실이나 행위(학습 목표, 내용, 생각 등)가 분리된 이론으로는 진정한 흥미가 일어날 수 없다. 특히 외재적 동기유발로 학습자의 흥미를 돋우고자 하는 잘못된 흥미 이론은 학생을 학습의 수동적 대상이자 객체로 전락시킨다.

반면, 듀이가 말하는 진정한 흥미는 성장하는 자아와 학습할 사실이나 행위가 통합됨을 의미한다. 이는 자기가 직면한 대상이나 활동을 자신과 동일시할 때 나타나는 현상이다(Dewey, 1913). 흥미의 어원은 inter-esse로 '사이에 있는 것, 사이에 있음'을 의미한다(Dewey, 1916).

그래서 흥미는 사람과 학습 간의 거리를 없앤다는 것, 달리 말해, 어떤 경험이나 행위에 가치를 인식하여 그것에 몰입하고 열중하는 장면에서 일어나는 것을 뜻한다.

듀이의 흥미론을 바탕으로 우리는 참된 흥미의 의미에 대해 다시 한 번 생각해 볼 필요가 있다. 그저 학생들이 원하는 대로 설계된 교육과정, 학생들이 재미있어하는 수업이 전부가 아닐 수 있다. 학습에 있어 진정한 흥미란 학습자와 학습 내용이 분리되지 않고 내재적 연관을 맺는 것, 학생의 현재로부터 배워야 할 교과를 연결 짓는 것을 의미한다.

교과와 아동을 어떻게 연결 짓는가?

문제는 학생의 삶에서 대부분의 교과 내용은 관심 밖에 존재한다는 것이다. 어떻게 학생과 교과를 연결 지어 학생들에게 참된 흥미가 일어나게 할 것인가가 관건이다. 이러한 고민에 대해 듀이는 세 가지 해결 방안을 제안한다. 세 가지로 나누어 설명하지만, 이는 결국 진정한 흥미를 이끌어 내기 위한 하나의 방법론이라 할 수 있다.

첫째, 아동의 능력, 활동 경향성을 먼저 이해해야 한다. 무엇을 '흥미롭게 만든다는 것'은 학생들의 현재 능력, 경험 및 필요와 학습 내용을 관련짓고 그것의 가치를 인식하는 것이다. 만약 학생이 학습 내용의 가치를 인식하지 못하고 있다면, 기존에 가지고 있는 의미 있는 무엇인가와 학습 내용을 관련지어 그 가치를 깨달을 수 있도록 해야 한다. 학생들은 기존의 활동 경향성이 교사로부터 교육적 가치를 인정받고,

새롭게 학습할 내용이 그것과 연결됨으로써 점차 흥미를 갖게 된다.

이는 벌에 대한 공포, 교사나 교재의 권위에 대한 숭배, 미래의 성공에 대한 희망, 또래들과의 경쟁심, 수상에 대한 기대 등에 따른 흥미와 구분된다. 이는 달콤한 자극이나 위협에 의한 공포와 같은 외적 동기의 대표적인 예들이다. 아이들의 능력이나 활동 경향성을 먼저 이해한다는 것은 그것이 교과와 연결될 수 있는 관련성을 고민하는 것이고, 이는 학생들이 교과 활동에 몰입할 수 있도록 하는 내적 동기이자 진정한 흥미의 시작이다. 그래서 교사는 무엇을 가르칠 것인가에 대한 고민에 앞서 학생들이 무엇에 가장 관심을 갖고 있는지를 먼저 고려해야 한다.

둘째, 극복 가능한 난관을 제공해야 한다. 사람은 누구나 자신의 성공을 예감하고 도전적으로 참여할 수 있는 활동에 관심을 갖고 몰입한다. 이미 알고 있거나 할 수 있는 일에는 흥미를 느끼기 어렵다. 반대로 활동이 너무 복잡하거나 결과를 성취하기까지 시간이 길어져도 흥미가 감소한다. 따라서 교사는 학생들에게 몰입할 수 있는 적당한 수준의 과제를 제시할 수 있어야 한다. 좋은 과제는 어려운 요소를 포함하여 학생들의 활동이 점차 복잡해질 수 있도록 하면서도, 그 어려움이 학생들을 지치게 하거나 의기소침하지 않게 하는 것이다.

물론 적당한 난관을 지닌 과제라 해도 학생들의 삶과 동떨어진 것이어서는 안 된다. 그것 역시 학생들의 현재 능력 및 활동 경향성과 관련된 것이어야 한다. 학생과 교과를 연결 짓기 위해서 첫 번째 요소와 두 번째 요소가 연결되듯 마지막 세 번째 요소 역시 앞선 요소들과 관련된다.

셋째, 과제를 해결하기 위한 노력을 통해 사고를 유발해야 한다. 듀이가 말하는 노력은 전통적 '노력 이론'에서 말하는 학생의 의무적인 성실과 인내를 뜻하지 않는다. 그가 말하는 노력은 목적을 달성하고 과제를 완성하는 과정에서 수반되는 흥미의 이면이다. 학생들에게 제시된 극복 가능한 난관은 그것을 해결하고자 하는 노력을 유발한다. 그리고 그 노력은 궁극적으로 문제를 검토하고 탐구하며 반성하도록 하는 '사고'를 일으키게 된다. 결국 교사의 역할은 학생에게 좋은 과제를 제시함으로써 학생의 노력을 유도하고 그 과정에서 반성적 사고를 자극하는 것이다. 흥미는 과제 해결에 몰입하는 동안 일어나는 현상을 의미할 따름이다.

진정한 학습자 중심 교육과정의 의미

흥미에 대한 듀이의 이론은 학생과 교과가 분리된 별개의 요소라는 생각을 되짚어 보게 한다. 교과로부터 벗어나 학생들의 현재 관심사에만 집중하거나, 노력과 사고를 유발하지 않는 유희성 과제로 구성된 계획은 학생 중심 교육과정이라 할 수 없다. 교육에서 흥미는 그것 자체가 목적이 아니다. 흥미는 학생이 학습 내용에 몰입하여 사고를 해 나갈 때 결과적으로 얻어지는 것이다.

따라서 진정으로 학생들이 학습의 주체라 여기는 교사라면, 듀이가 말하는 흥미 개념에 주목하여 학생과 교육 내용이 동일시될 수 있도록 해 주어야 한다. 이를 가능하게 하는 방법은 학생들의 현재를 이해하고, 그들이 과거의 교과를 현재의 삶 속에서 탐구할 수 있는 상황을 만들어 주는 것이다. 현재를 위한 교육도, 미래를 위해 현재를 희생시키는 교육도 아닌, 현재로부터 과거를 연결 짓고 미래로 나아갈 수 있도록 하는 것이 흥미 개념이 가진 함의이자 교사의 교육적 판단이 필요한 이유다.

성취기준에 도달하면
잘 가르친 걸까요?

(2021. ○○초) 종합일람표 '교과 평어' 중에서

[1학년] … 우리나라의 상징과 문화를 조사하여 삼각책 만들기로 소개할 수 있으며, 색종이로 한복 접기를 잘함.

[2학년] … 쌓기나무로 여러 가지 모양을 만들 수 있으며, 주어진 쌓기나무를 보고 개수를 확인할 수 있음.

[6학년] … 다양한 경제활동 사례를 통해 가계와 기업의 합리적 선택을 탐색하고, 우리나라 경제 체제의 특징을 설명할 수 있음.

성취기준에 도달하면 잘 가르친 것인가?

이에 대한 의문이 들기 시작한 것은 학기 말 종합일람표를 확인하는 과정에서였다. '수업 내용이자 평가의 기준'으로 성취기준이 강조되면서(교육부, 2018) 일반적으로 교사들은 학생 평가 과정에서 성취기준을 중심으로 평가하고 개별 학생의 도달 정도 및 특징(장점이나 노력 요구 사항 등)을 긍정적으로 서술하는 방식으로 교과 평어를 기술한다.

위 자료에서도 1학년의 교과 평어는 통합 교과 「우리나라」 단원 중 성취기준 [2슬07-01]과 [2즐07-01]을 재구조화('우리나라의 상징과 문화를 조사하여 여러 가지 방법으로 소개하는 자료를 표현한다')하여 평가하고 수업 활동인 '색종이로 한복 접기'의 세부 능력을 담아 서술하였으며, 2학년의 교과 평어는 수학과 「도형」 단원의 성취기준 [2수02-02]의 내용으로, 쌓기나무로 도형 만들기 및 교과서에 나온 쌓기나무 개수 알아보기에 대한 수행 결과를 기술하였다. 6학년의 교과 평어도 사회과 「우리나라의 경제 발전」 단원 중, 수업 시간에 다룬 가계와 기업의 합리적 선택과 관련된 교육 활동의 수행 결과와 성취기준의 도착점이 서술되어 있다.

[2바07-01] 우리와 북한이 같은 민족임을 알고, 통일 의지를 다진다.

[2슬07-01] 우리나라의 상징과 문화를 조사하여 소개하는 자료를 만든다.

[2슬07-02] 남북한의 공통점과 차이점을 비교한다.

[2즐07-01] 우리나라의 상징을 여러 가지 방법으로 표현한다.

[2즐07-02] 남북한에서 하는 놀이를 하고, 통일을 바라는 마음을 다양하게 표현한다.

[2수02-02] 쌓기나무를 이용하여 여러 가지 입체 도형의 모양을 만들고, 그 모양에 대해 위치나 방향을 이용하여 말할 수 있다.

---

* 경제 주체의 역할과 우리나라 경제 체제의 특징

[6사06-01] 다양한 경제활동 사례를 통해 가계와 기업의 경제적 역할을 파악하고 가계와 기업의 합리적 선택 방법을 탐색한다.

[6사06-02] 여러 경제활동의 사례를 통하여 자유경쟁과 경제 정의의 조화를 추구하는 우리나라 경제 체제의 특징을 설명한다.

이처럼 현재의 학생 평가는 성취기준을 기준으로 하며 성취기준의 내용과 기능 중 학생별 수행 능력 정도를 중심으로 기술하고 있다.

그러나 **성취기준이 '가르침과 배움의 궁극적인 목표'라고 할 수 있을까? 즉, 성취기준만 도달하면 잘 가르친 것인가?** 결론을 먼저 말하자면, 성취기준은 평가의 기준은 될 수 있으나 교수·학습의 목표와는 같을 수도 있고 다를 수도 있다.

첫째, 교과별 주제(subject)나 단원(unit)은 하위에 여러 성취기준이 하나의 목표(주제)를 중심으로 통합된 것이다. 즉 여러 성취기준을 통합하는 중심축(통합의 실: thread, 개념적 렌즈)이 있고, 이 중심축이 바로 주제 단원의 개발 목적이다(교육부, 2021).

1학년의 「우리나라」 단원에서도 교과별(바른 생활, 슬기로운 생활, 즐거운 생활) 여러 성취기준이 '우리나라 알기'라는 주제로 묶인 만큼 개별 성취기준의 도달 여부는 '우리나라에 대한 관심과 알기'라는 최종 목표로 수렴되어 평가되어야 하는 것이다. 즉, 성취기준 하나하나를 도달했다 못했다가 아니라 '우리나라에 대한 관심과 알기'라는 상위 목표와의 관련성 측면에서 그 수준과 정도가 기술되어야 하는 것이다.

바른 생활·슬기로운 생활·즐거운 생활 지도서 1-2

'여기는 우리나라'에서는 '우리나라 알기'를 학습 주제로 한다. 우리나라의 전통문화와 우리나라를 나타내는 것을 살펴보고, 남북한이 한민족으로서 가지는 공통점과 차이점을 조사하여 통일에 대한 관심과 흥미를 갖도록 지도한다.

'외국에서 온 내 사촌'은 우리나라를 잘 모르는 사촌 만우에게 우리나라를 소개하는 이야기로 구성되어 있는데, 1) 우리나라의 전통문화를 알아보고, 2) 우리나라를 나타내는 상징물과 자랑거리를 다루면서, 나라를 사랑하는 마음을 갖게 하고, 3) 이산가족의 아픔을 통해 우리나라 통일의 필요성을 알게 하여, 통일 의지를 다지게 한다.

출처: 교육부(2021), p.248

둘째, 수학과 도형 단원 역시 교육과정 해설서를 보면 '도형 단원의 목표는 다양한 조작 활동을 통한 공간 감각의 함양'이라고 명시하고 있다. 즉, 쌓기나무 활동이 입체도형을 경험하는 직접적인 수업 도구이기는 하나 이를 통해 다양한 위치, 방향에서의 모양을 관찰하고 경험하게 하여 궁극적으로 공간 감각을 신장하고자 하는 것이다. 따라서 이 역시 교과 평어는 성취기준 자체의 도달 여부를 기술하기보다는 단원의 최종 목표인 '공간 감각의 함양' 차원에서 서술되어야 한다.

이상의 내용으로 볼 때 주제 및 단원은 개별 성취기준을 아우르는 궁극적인 목표(핵심 개념)를 지향한다. 따라서 교과 평가는 주제 단원의 최종 목표를 고려해야 하며, 교과 평어도 성취기준을 기반으로 하되 주제나 단원이 궁극적으로 지향하는 목표의 관점에서 도달 여부를 기술할 수 있어야 한다. 결국 성취기준은 평가의 기준은 될 수 있으나 교수·학습의 최종 목표와는 다를 수 있으며, 이에 성취기준의 도달 여부는 가르침과 배움의 목표 도달 여부와 다를 수 있는 것이다.

교사에게 학기 말 나이스(NEIS) 평가 작업은 번민과 수정의 연속이다. 단지 50년간 보관되는 공적 기록물이라는 점뿐만 아니라 가정으로 통지되는 자료가 학생의 이후의 학습과 학교생활에 도움이 되면 좋겠다는 바람 때문이다. **따라서 평가가 학생의 입장에서 자신의 교과 학습 태도와 수행 능력에 대한 피드백이 되려면, 지금의 성취기준 중심의 객관적인 도달 여부(잘한다, 부족하다 등)를 넘어 교수·학습의 계획에서부터 '성취기준을 통해 무엇을? 왜 배우는가?'에 대한 주제 단원의 목표**

와 개념적 가치를 명료하게 할 필요가 있다. 그리고 이것이 바로 「개념 기반 교육과정」의 대두 배경이다.

'나는 내가 모든 것을 가르쳤는지 확인하기 위해 성취기준을 보면서 하나씩 체크한다.'(온정덕 외, 2019)란 표현은 '무엇을 가르치고 평가할 것인가'에 대한 단편적인 오류일 수 있기 때문이다.

시끌벅적
교사 교육과정
만들기

2장 **수업 만들기**

수행 과제, 차시별 수업 내용은
무엇이 좋을까?

단원 목표가 필요한가요?

Ｑ 교육과정에 성취기준이 제시되어 있고,
교사 교육과정에 주제와 관련된
성취기준을 안내하는 데 단원의 목표를
진술해야 할까요?

초임 시절 교육과정을 작성하며 교육 목표와 교육 목적의 의미를 명확히 이해하고 싶었던 적이 있었다. 연구부장님이 학급 교육과정을 작성해서 제출하라는데 어떻게 해야 할지 몰라 나름 교육과정 문서도 보고 선배 교사의 학급 교육과정도 살펴보다 생긴 궁금증이었다.

교육과정 문서에도 '학교의 교육 목적과 목표를 달성하기 위해~'라는 문구가 나오고, 선배 교사의 교육과정에도 '교육 목적', '교육 목표'가 진술되어 있는데, 교육의 목적과 목표에 어떤 차이를 두는 것인지 이해하기 어려웠다. 궁금증을 해결하기 위해 선배님과 이야기하다 '선생님의 교육 목표는 뭐예요? 아이들을 왜 가르치고 싶은 거죠?'라는 질문을 들었다. 교육 목표와 목적의 의미를 구분하는 것보다 더 중요한 것은 교사로서 나의 교육 목표가 무엇인지가 중요했던 것이다. 그때 처음 교육 목표가 무엇인지, 내가 아이들을 가르치는 목적은 무엇인지에 대해 생각해 보게 되었다.

요즘은 교육과정에서 목표라는 말보다 성취기준이라는 말이 자주 등장하고 성취기준에 대해 고민하는 선생님들이 많다. 교육과정을 설계하는 데 성취기준을 분석하고 학생들이 성취기준에 도달할 수 있도록 수업 내용을 어떻게 구성할지 고민하는 것이다.

앞의 질문으로 돌아가 '단원 목표가 필요한가?'에 대한 질문을 **'성취기준에 선생님이 담고자 하는 교육 목표가 다 담겨 있는가?'**로 바꿔 보면 어떨까 싶다. 교육과정 계획하기 단계에서 주제(단원)를 정하고 그와 관련된 성취기준을 정리한다. 그때 선생님은 어떻게 주제를 선정하고, 어떤 기준으로 성취기준을 엮어 학생들에게 무엇을 가르치고자 하는지 성취기준 진술만으로 다 표현할 수 있는가?

교육을 하는 데 있어서 교사는 의도를 가지고 교육과정을 설계하게 된다. 그런 교사의 의도가 교육 목표이다. 교사는 자신의 철학과 가치를 반영하여 목표를 정하기도 하고 학교나 학년 공동체의 목표에 따르기도 하며, 때로는 학생들의 바람과 기대를 담기 위한 목표를 가지고 교육과정을 설계한다. 이렇게 교육과정을 설계하며 주제(단원) 선정의 이유와 교육하고자 하는 내용을 교사는 단원 목표로 진술할 필요가 있다.

교육 목표는 학생들의 이해를 돕기 위해 다양한 수준에 맞춰 적절한 도달점을 표현한 것으로 목표가 명확하게 표현되면 수업의 방향과 수업해야 할 내용이 보다 구체화될 수 있다. 그렇기 때문에 타일러(Tyler)의 교육과정 개발 모형 1단계가 교육 목표의 수립이며, 이해중심 교육과정 설계 1단계는 '바라는 결과 확인'이다. 교사가 수업을 통해 학생들에게 이해시키고자 하는 내용, 학생들이 수행할 수 있기를 기대하는 결과 즉, 교육 목표를 맨 먼저 설계하도록 하는 것이다.

성취기준은 학생들의 수행 결과의 기준이다. 기준(standard)에는 어떤 결과의 '최소한'이라는 의미가 담겨 있다. 성취기준(achievement standard)은 교육을 통해 학생들이 최소한 도달해야 할 기준(standard)으로 표현된 것이다. 많은 교사들이 성취기준을 넘어선 그 무언가를 학생들에게 가르쳐 주고자 한다. 그렇기 때문에 하나의 주제에서 여러 개의 성취기준을 엮기도 하고 재구조화하며 개발하기도 한다. 그리고 성취기준은 핵심 개념을 중심으로 구조화될 수 있다. 이 핵심 개념에 따라 성취기준은 명확해질 수 있고, 때로는 다르게 해석될 수도 있다.

위에 제시된 성취기준은 2학년 슬기로운 생활의 성취기준이다. 위의 성취기준 [2슬05-04]의 '동네 사람들이 하는 일'을 '공존'이란 핵심 개념으로 해석하면 학생들에게 동네 사람들이 함께 살아가는 공동체 모습을 중심으로 수업을 구성하여 동네 사람들이 하는 다양한 일, 직업의 모습을 살펴볼 수 있게 수업을 구성하게 된다. 하지만 '변화'라는 핵심 개념으로 해석하면 동네 사람들이 하는 일과 직업이 어떻게 변화하고 있는지 조사하고, 마을이 개발되면서 동네 사람들이 어떻게 변화되었는지 그 모습을 중심으로 조사 내용을 발표하게 될 것이다.

물론 초등학교 2학년 수준에 맞게 [2슬05-04]를 해석하겠지만, 이처럼 교사가 어떤 개념을 중심으로 학생 수준에 맞게 성취기준을 해석하고 수업의 방향을 설정했는지 그 내용을 교육 목표로 진술하는 것이 필요하다. 실제 수업을 계획, 실행하는 데 있어서 단원 목표가 교사에게도 수업의 방향을 알려 주는 나침반의 역할을 하게 된다. 그렇기에 단원 목표의 진술은 중요하다고 할 수 있다.

성취기준은 어떻게 활용할 수 있나요?

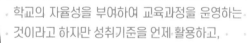

Q 성취기준의 활용, 재구조화, 개발에 대한 이해가 명확하게 될 수 있으면 좋겠습니다.

학교 현장에서 성취기준을 재구조화하는 것이 쉽지는 않습니다. 학교의 자율성을 부여하여 교육과정을 운영하는 것이라고 하지만 성취기준을 언제 활용하고, 재구조화해야 하며 어떤 경우에 개발해야 하는지 잘 구분이 되지 않습니다. 그리고 성취기준을 개발한다는 것 자체가 부담이 됩니다. 성취기준의 활용과 재구조화, 개발은 언제, 어떻게 해야 하나요?

학교 현장에서 성취기준을 어떻게 활용하고 언제 재구조화하며 어떤 방법으로 개발해야 할지 막막하고 어렵다는 이야기를 자주 듣는다. 특히 교사의 교육과정 자율성이 확대됨에 따라 생겨난 성취기준 재구조화, 성취기준 개발로 인해 교사들이 언제, 어떻게 성취기준을 활용하고 재구조화하며 개발해야 하는지 혼란을 겪고 있다. 과연 성취기준의 활용, 재구조화, 개발은 언제, 어떻게 이루어져야 할까?

기본적으로 성취기준에 대한 정의는 학교생활기록부 기재요령에 다음과 같이 정의하고 있다. 학생의 특성이나 학교의 여건 등에 따라 교육과정 및 교과서 내용을 분석하여 재구조화할 수 있도록 자율성을 부여하고 있는 것이 눈에 띈다.

> 나. 성취기준이란 학생들이 교과를 통해 배워야 할 내용과 이를 통해 수업 후 할 수 있거나 할 수 있기를 기대하는 능력을 결합하여 나타낸 활동의 기준을 의미하며, 학생의 특성·학교 여건 등에 따라 교육과정 및 교과서 내용을 분석하여 교과협의회를 통해 재구조화할 수 있다.
>
> 출처: 학교생활기록부 기재요령. 교육부(2022). p.83

그렇다면 구체적으로 성취기준은 어떻게 활용할 수 있을까?

첫째, 성취기준을 해석하는 방식의 4가지 유형으로서 크게 내용 중심으로 해석하는 방식과 학생 중심으로 해석하는 방식으로 나눌 수 있다.[4]

내용 중심으로 해석하는 방식은 객관적 해석에 해당하는 것으로, 먼저 **분절적 해석 방식**이 있다.

---

4 교사 교육과정을 디자인하다(2020, 테크빌교육). p.102-109 참조

분절적 해석 방식은 성취기준을 지식, 기능, 태도로 분절하여 해석하는 방식에 해당한다. 3-4학년군 국어과 성취기준 '[4국04-01] 낱말을 분류하고 국어사전에서 찾는다.'를 예로 들어 설명하면 낱말을 분류하는 것은 지식에 해당하고 국어사전에서 찾는 것은 기능에 해당된다. 따라서 낱말을 분류하는 차시와 국어사전에서 찾는 차시로 배분하여 수업을 계획하는 것이 바로 분절적 해석 방법에 의한 성취기준 해석 방식이다.

다음으로 **핵심 내용으로 초점화하는 방식**이 있다. 위의 국어과 성취기준을 구체적으로 이해하고자 '성취기준 해설' 및 '교수 · 학습 방법 및 유의사항' 등을 참고하여 성취기준의 학습 내용을 먼저 살펴볼 수 있다. 이에 따라 낱말을 분류하는 활동을 지식적으로 학습하기보다는 국어사전에서 낱말을 찾는 활동을 다양한 주제(사회, 예술, 과학, 문학 등)에서 찾아봄으로써 국어사전에서 낱말을 찾는 기능을 익히는 것이 바로 핵심 내용으로 초점화하는 방식이라고 할 수 있다.

학생 중심으로 해석하는 방식으로는 먼저 **학생들이 이미 알고 있는 내용을 생략하는 방식**이 있다. 이 방식은 교사가 학생의 출발점 행동을 파악했다는 것을 가정한 교사의 주관적 해석에 해당한다고 볼 수 있다. 교사가 사전 진단 평가를 실시하여 학생들이 낱말을 분류하는 방법을 알고 있는지 확인한다. 학생들이 낱말을 분류하는 방법을 이미 알고 있다고 확인이 되면 이미 아는 내용을 반복 학습하기보다는 성취기준의 뒷부분에 해당하는 국어사전의 낱말을 찾는 기능적 활동에 초점을 두어 기능에 해당하는 활동에 더 많은 시수를 배치할 수 있다. 이렇게 이미 아는 내용을 생략하는 방식은 사전 진단 평가를 통해 학생들의 성취

수준을 파악한 후 교사의 교수법을 개선하는 순환적 과정이다.

학생 중심으로 해석하는 또 다른 방식에는 **학생들이 진짜 배워야 할 것에 집중하는 방식**이 있다. 학생들이 성취기준을 통해 알아야 할 개념 또는 이해를 중심으로 해석하는 방식이다. 교사는 학생들이 낱말을 분류하고 국어사전에서 낱말을 찾아보는 활동의 진짜 목적이 국어사전 낱말 찾기 능력의 향상에 있을 것이라고 해석할 수 있다. 이에 따라 성취기준을 국어사전 낱말 찾기 향상을 목적으로 하여 낱말 찾기 게임이나 가로세로 퍼즐 등 다양한 활동을 수업으로 계획하여 실행할 수 있다.

성취기준 해석 방법

[4국04-01] 낱말을 분류하고 국어사전에서 찾는다.		
내용 중심 해석	분절하는 방식	**낱말을 분류하고** / **국어사전에서 찾는다.** 　지식　　　　　　　기능
	초점화하는 방식	낱말을 분류하고 / **국어사전에서 찾는다.** 　　　　　　　　　핵심 내용으로 초점화
학생 중심 해석	생략하는 방식	낱말을 분류하고 / **국어사전에서 찾는다.** 학생이 이미 알고 있는 내용(비슷한 말, 반대말, 상위어와 하위어 파악) 생략하기
	집중하는 방식	낱말을 분류하고 / **국어사전에서 찾는다.** 성취기준을 배워야 하는 이유(낱말을 찾는 것)에 집중하기

최근 들어 교사를 중심에 둔 내용 중심 해석보다 학생을 중심으로 하여 학생의 특성에 적합한 맥락적 해석을 지향하고 있으며, 이렇게 학생들의 학습 능력과 수준에 따른 해석을 토대로 하여 교사의 교수학적 해석(Pedagogical Content Knowledge, PCK)을 거치는 개별화 수업

(The Differentiated Classroom)이 자주 거론되고 있다. 이에 교사는 학생을 중심으로 성취기준을 활용하여 학생의 수준, 특성, 배움의 목적 등에 맞게 이미 아는 것을 생략하거나 배워야 할 것에 집중하는 등 학생 중심으로 성취기준을 재해석하는 과정이 꼭 필요하다.

둘째, 성취기준을 재구조화하는 방식으로서 주어진 성취기준이 비슷할 경우 통합하거나 압축하는 방식이 있다. 성취기준 재구조화는 온-오프라인 상황에 맞춰 실제 평가 상황에서 사용하기에 적합하도록 성취기준을 재구조화하는 방식이기도 하다. 이렇게 기존에 주어진 성취기준을 재구조화하는 이유 중 하나는 성취기준을 통합함으로써 학생의 학습 부담을 완화시킴과 동시에 교사의 평가 요소를 내용이 비슷한 것끼리 유목화하여 평가함으로써 학교 현장의 부담을 덜어 주려는 목적이 있다. 따라서 성취기준을 묶어서 통합하여 가르칠 수 있는 경우에는 성취기준을 재구조화하여 교육과정 운영 및 평가를 하는 것이 훨씬 효율적이다. 단, 성취기준의 내용 요소 일부가 임의로 삭제되지 않도록 유의해야 하며 일부 내용 요소를 추가하는 경우에는 학생의 학습 및 평가 부담이 가중되지 않도록 학년(군), 학교급 및

성취기준 재구조화는 '교육과정 성취기준'을 실제 평가의 상황에서 준거로 사용하기에 적합하도록 보다 구체적이고 명료하게 하는 것'을 의미한다. 다만, 성취기준을 통합하거나 일부 내용을 압축하여 재구조화할 경우, 성취기준의 내용 요소 일부가 임의로 삭제되지 않도록 유의해야 하며 일부 내용 요소를 추가해야 하는 경우에는 학생의 학습 및 평가 부담이 가중되지 않도록 학년(군), 학교급 및 교과(군) 간의 연계성을 충분히 고려해야 한다.

출처: 학교생활기록부 기재요령, 교육부(2022), p.88

교과(군) 간의 연계성을 충분히 고려해야 한다.

그렇다면 성취기준을 재구조화하는 경우를 아래의 예로 살펴보자. '주변의 사람이나 사물에 대해 짧은 글을 쓴다.'와 '인상 깊었던 일이나 겪은 일에 대한 생각이나 느낌을 쓴다.'의 쓰기 영역 성취기준을 통합해 '주변의 사람이나 사물과 관련된 인상 깊었던 일을 생각이나 느낌이 드러나는 글로 쓴다.'로 통합할 수 있다.

성취기준 재구조화의 예

성취기준	[2국03-03] 주변의 사람이나 사물에 대해 짧은 글을 쓴다. [2국03-04] 인상 깊었던 일이나 겪은 일에 대한 생각이나 느낌을 쓴다.
성취기준 재구조화	[2국03-03/04 통합 성취기준] 주변의 사람이나 사물과 관련된 인상 깊었던 일을 생각이나 느낌이 드러나는 글로 쓴다.

성취기준을 효과적으로 가르치기 위해 위와 같이 비슷한 두 성취기준을 통합하여 성취기준을 재구조화할 수 있다. 실제 평가 상황에서 두 성취기준을 통합해 글쓰기 평가를 하는 것이 학생과 교사에게 학습 및 평가 부담을 완화시켜 줄 수 있다. 평가에 대한 부담을 완화시키는 것이 성취기준 재구조화의 목적이기 때문에 새로운 내용 요소가 추가되어야 하는지에 대해서는 초등학교 교과의 전 학년 내용 체계표에 따른 계열성을 살펴보며 깊이 고민해야 한다.

셋째, 새로운 성취기준이 필요할 때 성취기준을 새롭게 추가하여 개발하는 방식이 있다. 2022 개정 교육과정에서는 학교자율시간을 확보하여 학교장 개설과목 신설, 지역 연계 특색 프로그램, 교과 교육과정 재구성 등을 학교에서 자율적으로 운영할 수 있도록 하였다. 이는 단위 학교에서 선택 과목을 개발하여 운영이 가능하게 해 줌으로써 내용 요소와 성취기준 등을 유연하게 개발할 수 있도록 국가 교육과정이 개선된 것이다. 이렇게 교사의 교육과정 편성 및 운영의 자율권이 확대됨에 따라 필요시 새롭게 성취기준을 개발할 수 있는 근거가 마련되었다.

그렇다면 성취기준 개발의 예를 들어 보자. 진로 교육을 중점 교육으로 하는 학교는 학교자율시간으로 시수를 정하여 무학년제 성취기준을 개발할 수 있다. '[0학01-01] 다양한 진로 체험 활동을 통해 나의 꿈을 다양하게 표현할 수 있다.'와 같이 학교의 공통 성취기준을 만들 수 있다. 또는 학교 목표가 놀이교육을 중심으로 하는 학교라면 '[0학02-01] 여러 가지 놀이의 종류와 방법을 알고 다양한 놀이에 즐겁게 참여할 수 있다.'와 같은 성취기준을 개발할 수 있는 것이다.

다만, 교육과정 성취기준에 없는 새로운 성취기준을 개발할 때 유의할 점은 기존의 성취기준을 활용하여 교육과정 운영이 가능함에도 새롭게 성취기준을 개발하는 오류이다. 이는 교사와 학생들에게 추가적인 학습 및 평가 부담이 생기게 만든다. 또한 현 성취기준은 교과의 특성에 따라 추상성과 포괄성이 다르다. 내용 중심의 교과(사회, 과학 등)는 세부 내용 간의 차별성으로 인해 한 단원 내에 여러 개의 성취기준이 포함되지만, 표현 중심의 교과(국어, 음악, 미술 등)는 하나의 성취기준이 한 단원으로 구성되기도 한다. 이처럼 성취기준은 '수업 차시'의 기준이 아니라 '단원 개발'의 기준이다. 따라서 학교 현장에서 단원을 개발할 때에도 단원의 목표 및 내용 등을 고려하여 성취기준을 개발하되, 수업 차시별로 성취기준을 개발하는 오류를 범하지 않도록 유의해야 한다.

성취기준 개발	[0학01-01] 다양한 진로 체험 활동을 통해 나의 꿈을 다양하게 표현할 수 있다. [0학02-01] 여러 가지 놀이의 종류와 방법을 알고 다양한 놀이에 즐겁게 참여할 수 있다.

우리는 최신형 스마트폰을 구입했을 때 사용설명서를 꼼꼼히 읽어 보고 사용법을 완전히 익혀서 스마트폰의 모든 기능을 활용해 제대로 사용하려고 한다. 마찬가지로 교사가 성취기준 활용법을 완전히 익혀 언제 성취기준을 활용해야 하는지, 어떻게 재구조화하는지, 왜 개발해야 하는지 명확하게 판단하는 능력을 키운다면 우리는 성취기준을 학교 현장에서 제대로 사용할 수 있을 것이다.

교육과정-수업-평가(기록)의 일체화,
어떻게 해야 하나요?

Q 교육과정-수업-평가(기록)의 일체화, 어떻게 해야 하나요?

교육과정을 재구성해서 수업을 했는데요.
이걸 어떻게 평가해야 하는지 모르겠어요.
어떻게 해야 하나요?

교육과정-수업-평가(기록): 불일치 유형

교사가 자신이 운영할 교육과정을 재구성하고 배움 중심의 철학과 가치를 반영한 학생 참여 수업을 실시하며, 자신이 수업한 내용을 과정 중심으로 평가하여 **교육과정-수업-평가가 하나로 이어지는 방식**

　혁신학교 운동 이후, 학교 현장에 교육과정 재구성(개발), 배움 중심 수업, 과정 중심 평가 등 창의적인 교육과정 및 맞춤형 수업에 대한 노력이 보편화되었다. 교사들은 학교와 지역의 특성, 학생들의 필요와 요구를 반영하여 개별 학교마다의 특색 있는 교육과정을 개발·운영하였고 그에 따라 수업과 평가의 모습도 많이 달라졌다.

　그러나 한편으로는 교육과정, 수업, 평가 혁신의 담론, 정책, 실천 사이에 괴리가 나타났다. 교육과정, 수업, 평가 혁신 정책이 유기적으로 연결되지 못하는 결과를 낳은 것이다. 연계성이 충분히 검토되지 않은 채 개별적으로 전개되는 상황이 벌어짐으로써 학교 현장에는 심리적 부담과 혼란이 초래되었다.

　서용선 외(2014)에 따르면, 현장에서 보이는 교육과정-수업-평가의 불일치 사례는 다음의 4가지 유형으로 분류된다.

유형 1	교육과정≠수업	교육과정 및 성취기준에 대한 검토 없이 수업을 실시한 경우
유형 2	수업≠평가	수업 내용과 무관한 평가 실시로 수업의 의미를 찾기 어려운 경우
유형 3	교육과정≠수업≠평가	교육과정과 연계되지 않은 교과서 중심의 진도 나가기 수업, 일제식 평가를 하는 경우
유형 4	교육과정=수업≠평가	교육과정을 재구성하여 수업하나, 평가는 지식 위주의 일제 평가를 하는 경우

먼저, 〈유형 1〉은 교육과정과 수업이 전혀 연계되지 않은 경우로, 교육과정에 대한 고민이 형식적인 내용에 그치거나 성취기준에 대한 검토 역시 이루어지지 않은 경우이다. 따라서 수업은 교과서 중심의 진도 나가기식으로 진행된다.

〈유형 2〉는 수업과 평가가 연계되지 않은 경우로, 수업 내용과 무관한 평가 실시로 수업의 의미를 찾기 어려운 경우다. 예를 들어 평가는 논술형 평가를 실시하지만 정작 수업에서는 논술 관련 수업을 전혀 하지 않는 경우이다. 따라서 평가는 수업 목표 도달도를 확인할 수 없으며, 학생의 입장에서는 수업 참여도가 저조할 수밖에 없다.

〈유형 3〉은 교육과정 검토 없이 진도 나가기식의 수업을 하면서 수업과 무관한 암기 위주의 일제식 평가를 진행하는 경우이다.

〈유형 4〉는 나름 교육과정을 고민하여 재구성하고 수업을 실시하지만 평가는 제대로 연계하지 않는 경우이다. 이는 평가에 대한 어려움이나 한계로 제대로 하지 못하는 경우도 있지만, 한편으로는 대입과 관련하여 학부모의 요구에 순응한 경우도 이와 같은 모습을 보인다.

이러한 불일치의 문제를 해결하는 방안은 아래 그림과 같이 **선순환적 체제**를 구축하는 것이다.

교육과정-수업-평가(기록)의 일치 선순환 유형

국가에서 주어지는 교육과정을 해석하여 교사 교육과정을 구안할 때에는 별도의 충분한 이유가 있는 것이다. 이것이 교육과정 개발의 목적일 것이며, 그에 따라 수업 내용 및 방식에도 변화가 따른다. 나아가 교육의 방향 또는 목표가 변했으므로 이에 대한 성취 도달도를 확인하기 위해서는 그에 적합한 평가 내용과 방식 또한 달라져야 한다. 그리고 평가를 통해 교육과정상에 문제가 있다면 계획과 실행상에 수정이 필요하며, 이러한 과정이 선순환적으로 일어날 때 비로소 교사 교육과정의 의의가 실현되는 것이다.

결국, 교사 교육과정을 개발한다는 것은 주어진 교과서대로 수업하지 않는다는 의미이며, 주어진 성취기준을 내가 가르치는 학생들에게 맞게 해석하고 재구조화·개발하여 수업하고 평가한다는 것이므로 교육과정-수업-평가의 일체화는 교사 교육과정에서 당연한 과정이다.

교육과정-수업-평가(기록)의 일체화 방안

교육과정-수업-평가의 선순환 체제를 이행하는 첫 단계는 새롭게 개발하는 **주제(단원)의 목표를 명료화하는 것**이다. 이때의 목표는 개별 성취기준과 같을 수도 있고 다를 수도 있다. 특히 여러 개의 성취기준을 통합한 단원을 개발했을 때에는 이를 통합하는 추가적인 목표가 있을 것이고 이것이 단원의 최종 목표가 된다. 주어진 교과서를 벗어나 무엇을 가르치고자 하는지에 관한 목표를 명료화할 때 수업 양상 및 평가의 방향은 보다 명료해지고 그에 따라 일관된 교육이 가능해질 것이다.

다음은 최근 강조되는 **이해 중심 교육과정 일명, 백워드 디자인** (Understanding by Design; backward design)**을 활용해 보는 것**이다. 이해 중심 교육과정은 기존의 단편적인 지식 암기를 넘어 영속적인 이해를 강조함으로써 배움의 전이를 강조하고, 학생들의 '이해'를 확인할 수 있도록 목표 설정 다음으로 수행 과제를 제작한다. '바라는 결과 확인하기(목표 설정) → 수용 가능한 증거 결정하기(수행 과제 선정) → 학습 경험과 수업 계획하기'의 단계는 목표에 따른 평가 과제를 계획하고, 평가를 수행하기 위한 준비의 과정으로 수업을 계획함으로써 교육과정과 수업, 평가를 자연스럽게 연결 짓는다. 한편, 최종 수행 과제를 위해서는 수업에서의 상시적인 과정 평가가 필요하며, 적극적인 피드백을 통해 목표 도달도를 제고할 수 있다.

이해 중심 교육과정에 대해 관심 있는 분들은 관련 서적을 참고하기 바란다.

수업 속에서 '과정 중심 평가(통지)'는 어떻게 하나요?

Q 수업 속에서 '과정 중심 평가(통지)'는 어떻게 하나요?

나이스(NEIS)에 입력한 성취기준을 중심으로
교과 평가를 수행 평가로 실시하여 상중하의 형태나
교과 학습 및 세부 특기 사항으로 학기 말에
안내하고 있습니다. 그렇다면 나이스(NEIS)에
입력하지 않고 수업 속에서 이루어지는
과정 중심 평가는 어떻게 해야 하고,
어떤 방식으로 통지해야 할까요?

길을 가다 보면 육교가 사라지고 대각선 횡단보도가 많이 생긴 것을 볼 수 있다. 예전에는 운전자를 중심으로 자동차들이 빠르게 이동하는 데 목표를 두어 교통 체증을 막기 위해 횡단보도 대신 육교를 지었다. 최근에는 운전자 중심에서 보행자 중심으로 관점이 전환되어 보행자의 이동권을 중심으로 한 대각선 횡단보도가 많이 생겨나고 있는 추세다.

학교에서의 평가 관점도 마찬가지다. 결과를 중심으로 상중하 단계로 평가하던 것에서 벗어나 학생을 중심으로 성장 과정을 평가하려는 과정 중심 평가의 관점이 부각되고 있다. 다시 말하면, 평가의 목적이 선발, 분류, 배치의 결과 중심이 아니라 학생 스스로 자신의 학습을 바라보고 개선할 수 있도록 발달과 성장을 위한 과정 중심의 평가로 패러다임이 전환된 것이다.

교사에게 있어서 평가는 학생들의 학습 목표 도달 여부를 확인하여 다음 차시의 교수·학습 내용을 결정하는 데 중요한 준거가 된다. 이렇게 교사의 평가는 모든 학생들이 성취기준에 도달할 수 있도록 교사의 교수·학습 개선을 도모하기 위해 꼭 필요하다. 즉, 평가의 궁극적인 목적은 학생의 사전 학습을 진단하고 학생의 학습 능력을 향상시키는 데 있으며, 이를 위해 교사는 수업마다 형성평가를 통해 교수·학습 방법을 지속적으로 개선해 나간다.

아이즈너(Eisner)는 교사의 수업을 예술적인 관점에서 바라보았다. 이러한 관점에서 교실에서 이루어지는 교사와 학생의 수업, 교육과정을 오케스트라 지휘자와 단원, 악보에 비유하였다. 교사의 역할을 학생에 대한 이해와 해석 능력을 바탕으로 하여 교육과정을 설계함으로써 교사의 전문성을 질적으로 새롭게 바라본 것이다. 이렇게 교사는 만들어 가는 교육과정을 실천함으로써 학생의 반응에 따라 성취기준과 내용을 연결하여 새롭게 교육과정을 만든다. 계획한 교육과정이 학생들과의 수업과 평가를 통해 수정된 교육과정으로 나타나고 이를 바탕으로 다음 차시의 활동이 새롭게 생성되어 만들어 가는 교육과정이 순환하며 반복되는 것이다.

교사는 수업을 하면서 학생들이 목표에 도달하도록 성취기준과 관련된 평가를 하고 학생들에게 필요한 정보와 피드백을 제공한다. 모든 학생들을 성취기준에 도달시키기 위해 교사는 질의응답을 통해 학생들의 반응을 세심하게 관찰하고 피드백해야 한다. 이렇게 교사의 관찰 평가를 통해 수집한 자료를 가지고 학습목표에 도달하기 위해 교사는 교수·학습 전략을 수정하고 변형한다.

한편, 평가를 한다고 하면 수행 평가지가 있어야 한다고 생각하기 쉽지만 평가에서 반드시 수행 평가지가 있을 필요는 없다. 평가지가 없어도 교사는 학생들을 관찰하며 언어적 상호작용과 질의응답을 통해 비구조화된 평가를 실시하고 있다. 즉, 교사는 매일 하루에 100건 이상 반복적으로 학생들을 관찰하고 질의응답하며 피드백한다. 이렇게 교실에서의 평가란 관찰, 질의응답, 비언어적 표현 등을 통해 학생들에게 끊임없이 주어지는 피드백과 같다. 예를 들어 교사는 학생들에게 글쓰기를 가르치면서 매 수업마다 부족한 부분이 없는지 확인하고 질의응답을 통해 추가적인 피드백을 제공한다. 교사는 학생들이 글쓰기를 할 때 주어가 없다면 '누가 줄넘기를 했니?'라고 묻고 주어를 쓸 수 있도록 돕는다. 또한 학생이 쓴 글에서 구체적인 장소가 없다면 교사는 질의응답을 통해 '어디에서 줄넘기를 했니?'라고 물어 학생의 글쓰기를 돕기도 한다. 교사는 학생이 수학 문제를 풀다가 분모가 다른 분수의 덧셈을 모를 때 통분하는 방법이 무엇인지 차례차례 알려 주기도 한다. 이렇게 교사가 수업 시간에 하는 과제, 연습문제, 단원평가, 퀴즈 등의 구조화된 형성평가와 더불어 관찰, 질의응답, 비언어적 표현 등과 같이 비구조화된 평가를 통해 이루어지는 지속적인 피드백을 과정 중심 평가라고 할 수 있다. 비록 나이스(NEIS)에 입력하지는 않지만 학생들의 과제에 한 줄씩 써 주는 댓글, 이해를 돕는 질의응답들이 모두 과정 중심 평가와 피드백이라고 볼 수 있는 것이다.

학부모의 입장에서 평가에 대해 한 번 생각해 보자. 과연 학부모들은 내 아이의 무엇이 궁금할까? 주로 학부모가 통지표에서 관심 있게 보는 항목은 '교과별 성취도'와 '행동발달 및 종합 의견'이 많다. 학부모들이 교과 학습 및 세부 능력 특기 사항을 잘 보지 않는 이유는 교과에서 추구하는 지식과 기능의 단순 나열식 기재가 많기 때문이라고 한다. 이렇게 '교과 학습 및 세부 능력 특기 사항'이 단순한 지식과 기능의 나열로 인해 학부모들은 내 아이가 교과별로 어느 정도 학습에 도달했는지 쉽게 판단하기 어렵다. 또한 서너 줄의 행동발달 및 종합 의견으로는 내 아이의 재능과 사회적 적응 수준조차 학부모들은 쉽게 파악하기 어려울 것이다.

그렇다면 학생과 학부모, 그리고 교사 모두가 만족할 수 있는 평가 통지 양식은 어떠해야 할까? 무엇보다 학생을 중심으로 하여 성장과 발달이 일어날 수 있는 평가 통지 양식이어야 할 것이다. 평가 통지 양식이 학생에게는 스스로 자신의 수준을 파악하여 부족한 부분에 대한 학습 계획을 세울 수 있도록 도와주고, 학부모에게는 자녀의 학습 상태나 발달 과정을 이해하여 가정에서 피드백이 가능하도록 하며, 교사에게는 학생의 발달 정도 및 수준을 파악하여 교수·학습 개선에 활용될 수 있어야 한다.

평가 통지 사례

위 학교의 평가 통지 사례는 중간 통지 양식으로서 프로젝트와 연계된 활동을 소개하며 학생회에서 결정된 생활 영역과 학습 영역에 대한 자기 평가를 포함하고 있다. 또한, 학생 스스로 학교생활을 돌아보는 성찰을 통하여 교육 활동뿐만 아니라 학교생활을 스스로 돌아보고 얼마나 성장했는지 알게 해 준다.

이러한 중간 통지는 학부모 입장에서 볼 때 프로젝트 활동을 통해 학교에서 무엇을 하고 있는지 자세히 알게 되고 학생들과 대화를 할 수 있는 기회를 제공하여 학생들이 얼마나 성장했는지 알 수 있게 만든다. 교육 활동 및 학교생활 모습을 에세이 형식으로 적어 학생들의 학교생활을 더 잘 알게 되고 평가에 대한 신뢰도와 만족도가 높아질 수 있다. 교사 입장에서는 학생들이 스스로 작성한 자기 평가를 통해 학습면에서 스스로 아쉬웠던 부분이나 생활면에서 좋았던 부분 등을 확인하여 다음 교육 활동이나 프로젝트를 운영할 때 참고자료로 활용할 수 있다.

이러한 프로젝트 중심의 과정 중심 평가 통지 양식은 학부모들에게 있어 교과 학습의 발전 정도뿐만 아니라 정의적인 부분의 성장을 살펴볼 수 있다. 학교생활에서 자녀가 무엇을 깨닫고 느끼는지 알 수 있게 해 주며 학교 적응이나 교우 관계뿐만 아니라 교과 평가에 있어서 부족한 부분을 확인하여 가정에서 보충해야 할 부분 등을 확인할 수도 있다. 학생들에게 있어서 이러한 평가의 긍정적인 부분은 자신감과 자기 효능감으로 이어지기도 한다.

현재 나이스(NEIS) 시스템에서 위와 같이 중간 통지 형태로 평가하는 것은 어렵다. 중요한 것은 나이스(NEIS) 입력을 위한 평가가 아니라 학생들의 성장을 위한 평가, 그리고 학부모를 위한 통지 방식으로 변화가 이루어져야 한다는 것이다. 교사가 학생을 평가하는 목적이 단순히 학생들을 상중하로 나누고 의미 없이 교과 학습 및 세부 능력 특기 사항을 지식과 기능 위주의 단순 나열식으로 입력하는 것이 아니라 학생들의 성장을 도모하는 방향으로 초점을 맞추어 학생, 학부모, 교사 모두에게 의미 있는 선순환 구조의 평가를 실시하고 통지한다면 학생들의 성장을 돕고자 하는 본질적인 과정 중심 평가의 목적이 이루어질 것이며 학생들을 위한 평가도 이루어질 것이라고 믿는다.

시끌벅적
교사 교육과정
만들기

3장 교육과정 자율이
활발한 학교 문화 만들기

우리 학교를 교육과정(수업) 중심의 학교로
만들기 위한 방법은?

동학년에서는 모두 똑같이
교육과정을 운영해야 하나요?

Q 동학년에서 교육과정을 같이 짰다면, 운영할 때에도 똑같이
해야 하지 않나요?

학년에서 좀 곤란한 상황이 있었습니다. 저희는 2월에
동학년이 모여 한 학기 교육과정을 함께 짜는데요.

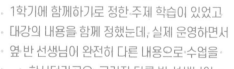

1학기에 함께하기로 정한 주제 학습이 있었고
대강의 내용을 함께 정했는데, 실제 운영하면서
옆 반 선생님이 완전히 다른 내용으로 수업을
하시더라고요. 그러자 다른 반 선생님이
'이럴 거면 뭐 하러 같이 짜느냐고 하는데,
동학년에서 교육과정을 같이 짰다면,
운영할 때에도 똑같이 해야 하지 않나요?

이 내용은 ○○시에서 운영한 '교사 교육과정 워크숍'에서 나온 질문이다. 당시 학년부장이었던 선생님은 이 질문처럼 '동학년에서 교육과정을 같이 짰다면 모든 반이 똑같이 수업을 해야 하는 것이 아닌가?' 하는 생각이었고, 이에 혼자만 수업을 달리 운영한 선생님의 행동에 다소 불만을 갖고 계셨다.

그럼, 생각해 보자!

동학년에서 교육과정을 짜면 모두가 똑같이 운영해야 하는가? 본 연구자들의 의견을 먼저 밝히자면 '그렇지 않다!'이다. 이를 혁신학교 운동의 동학년 문화와 교사 교육과정의 목적 측면에서 설명해 본다.

동학년 교육과정 문화의 시작

동학년 단위 교육과정 개발의 시작은 혁신학교 운동 시기로 볼 수 있다(정광순, 2020). 1990년대 열린 교육 때만 해도 학교 현장의 분위기는 '학생(당시는 '수요자'라는 의미로 많이 언급되었다)들의 관심과 흥미'를 고려해 '차시별 수업'에서 다양한 학습 자료를 준비하기는 했지만, 교수·학습은 여전히 '교과서 기반'이었고 '개별 학급' 중심이었다. 그러나 2000년대 초반 작은 학교 살리기 운동에서 촉발된 혁신학교 운동은 '학교 단위'에서의 변화를 촉구하였고 차별화된 교육 활동을 기획하는 과정에서 '교육과정'을 고민하는 계기가 되었다. 그리고 이는 교육청 주도의 혁신학교 정책으로 일반화되는 과정에서 '동학년 단위'의 교육과정 운영으로 전개되었다. 그리고 초기 동학년 단위의 교육과정 운영은 크게 두 가지의 의미를 내포했다. 하나는 '집단 지성'의 의미로, 교육과정 개발(재구성) 경험이 전무했던 교육 현장에서 혼자보다는 다수의 협의로 보다 실제적이면서도 의미 있는 교육적 경험을 구상할 수 있다는 것이었고, 다른 하나는 일정 수준 이상의 '교육적 질 확보'가 가능하다는 것이었다. 이로써 단위 학교에서는 동학년 단위의 교육과정 개발 및 운영 문화가 자리매김하게 되었다.

교사 교육과정의 발현과 취지

교육과정 실행 분야에서 교사 교육과정의 시작은 1980년대이지만, 우리나라에서 학교·학년·학급 교육과정이 교사 교육과정으로 인식적 전환을 가져온 것은 비교적 최근의 일이다(이원님, 2021). 기존의 학급 교육과정이 교사 교육과정으로 대체되는 과정에서 언급된 교사 교육과정의 개념적 차별성은 크게 두 가지다. 하나는 교육과정이 개발되는 수준 즉, 개발 주체가 학교·학급이라는 '장소' 중심이 아니라 '교사'라는 교육과정 개발 주체로서의 교사의 교육과정 자율성을 강조하는 용어라는 점이었고, 다른 하나는 '교사 교육과정의 출발점은 단위 학급 내의 학생들'이라는 점이었다. 즉, 국가 교육과정이 시대·사회적 요구 및 기존 교육과정의 문제점 해결이라는 거시적 차원에서의 필요성에 의해 개정되는 전국 단위의 공통적·일반적 특성을 갖는다면, 교사 교육과정은 국가 교육과정의 획일적인 표준화의 문제점을 해결하기 위해 지역·학교의 특성 및 학생들의 실질적인 필요와 요구를 반영한 학생 친화적이며, 실제적인 교육과정을 통해 '배움의 주체로서의 학생'의 의미를 실현하는 교육과정인 것이다. 따라서 '교육과정 개발자로서의 교사', '교육과정 최종 의사결정자로서의 교사'의 의미는 교사 교육과정이 교사에 의해 만들어진다는 의미가 아니라, 교육 공동체의 합의를 통해 학생들의 실제적인 필요와 요구를 반영한 교육과정을 개발하되, 교육의 공공성 및 타당성과 실제성 간에는 전문적인 중재가 필요하고 이는 교육과정 전문가인 교사에 의해 가능하다는 교사의 교육과정적 역할을 강조한 의미인 것이다. 결국 교사 교육과정의 발현이자 취지는 단위 학교, 나아가 단위 학급 내 학생들의 필요와 요구를 적극적으로 해결하고자 하는 취지를 담고 있다.

그렇다면 다시 첫 질문으로 돌아가 보자. 동학년 단위의 교육과정은 똑같이 운영해야 하는가?

같을 수도 있지만 반드시 똑같아야 되는 것은 아니다. 동일한 지도안으로 수업을 하더라도 각 반마다 교사의 개성 및 학생들의 성향, 특징에 따라 발현되는 수업의 양상이 달라지듯, 교육과정의 실행 역시 학급마다 달라질 수밖에 없다. 최근의 보편적 학습 설계 및 맞춤형 수업은 심지어 학생 개개인에게 적합한 교육과정과 수업을 지향하듯이 개별 학급의 요구와 필요는 차이가 있을 수밖에 없기 때문이다.

결국, 교사 교육과정이 교육의 공공성과 적합성 차원에서 공동체의 지지와 합의를 전제로 하되 학생 개개인의 맞춤형 교육을 추구하는 것처럼, **동학년 교육과정 역시 개별 학급의 특성이 반영될 여지를 담보해야 한다.** 즉, 동학년 차원에서의 교육과정 개발은 동일한 목표의 주제 학습(단원 또는 프로그램, 프로젝트)을 비슷한 시기에 운영하기로 결정하였더라도 차시별 교육 활동은 학급 특성에 따라 달라질 수 있으며, 또한 동학년에서 결정한 학습 내용 이상의 추가적인 교육과정을 운영할 수 있음을 전제해야 한다. '따로 또 같이'의 미학을 교사 교육과정에도 적용하여 학급별 특색을 담아 추가적인 교육과정을 운영할 수 있도록 여백을 갖는 동학년 교육과정이어야 하는 것이다.

이는 교사 교육과정은 교사마다 달라야 된다는 의미가 아니라 학급 학생들의 성향에 따라 달라질 수 있다는 의미이며, 특히 다교과를 운영하는 초등교육 현장의 어려움을 감안할 때 동학년의 집단 지성을 최대한 발휘하여 교육적으로 의미 있는 교육과정을 개발·운영하기 위해 좋은 자료 및 아이디어는 최대한 공유하되 서로 다른 교육 활동이 전개될 수 있는 여지 또한 마련해 놓아야 한다는 의미이다.

학부모의 공감을 얻는
교사 교육과정이 되려면?

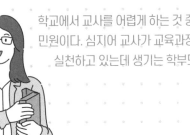

Q 교사 교육과정을 실천하는 데 학부모의 공감은 왜 필요할까?

학교에서 교사를 어렵게 하는 것 중 하나가 학부모의
민원이다. 심지어 교사가 교육과정을 열심히
실천하고 있는데 생기는 학부모 민원은 어떨까?

학교의 전문적 학습 공동체 시간에 선생님들과 교사 교육과정에 대해 이야기를 나누다 한 선생님이 '교사 교육과정이 정말 중요하다고 생각하느냐?'고 물었다. 그 자리에 모인 선생님들은 교사 교육과정이 필요하다고 생각하여 전문적 학습 공동체로 함께 공부한다고 생각했는데 예상 밖의 질문이었다. 이유인즉, 담임 선생님이 교육과정을 재구성하여 교과서를 벗어난 수업을 하자 정작 반 아이는 왜 그렇게 공부해야 하는지 모르겠다고 했다는 것이다. 교과서대로 수업하면 편할 텐데 힘들게 활동하게 하고 친구들과 함께하도록 하는지 모르겠다며 불평했다는 것이다. 그 아이의 담임 선생님은 교육과정을 재구성하고 나름 열심히 했는데 왜 이런 불평이 생겼을까? 그리고 이런 불평은 일부 학생들만의 이야기일까?

한 교감 선생님은 학부모의 민원 중 '교과서대로 수업하지 않고 선생님은 수업을 어떻게 하는 것이냐?'라는 민원을 받았을 때가 제일 난감하다고 했다. 학부모는 아이가 문제집의 문제를 잘 풀지도 못하고, 심지어 교과서가 백지인 것을 보고 화가 났던 것이다. 민원 대상이 된 선생님은 수업 시간에 학생들과 재미있게 다양한 활동을 하는 것으로 알고 있는데 이렇게 학부모의 민원을 받을 때는 그 선생님에게 어떻게 얘기해야 할지 난감하다는 것이다.

왜 이런 일이 생기게 되는 것일까? 어떻게 하면 교육 공동체인 학생, 학부모의 공감을 받는 교사 교육과정을 운영할 수 있을지 고민해 봐야 한다.

그 대안으로 다음의 세 가지 방안을 제안해 본다.

첫째, 교육 공동체가 요구하는 교육의 모습이 무엇인지 알아야 한다.

2022 개정 교육과정은 국민이 만들어 가는 교육과정을 내세우며 학생, 학부모, 교사의 의견을 반영하고자 시도하였다. 이런 과정에서 국민을 대상으로 한 설문조사 결과를 살펴보면 '미래 사회에 대비하기 위해 가장 시급히 추진해야 할 교육'으로 '시민/인성 교육(46.9%)'을 제일로 꼽았다. 이어 과학기술 교육(27.8%), 창의성 교육(20.6%) 순이었다. 그리고 학교 교육의 방향은 '삶과 교과를 통합하는 교육(55%)'으로 설정해야 한다는 의견이 가장 높았다. 국가 교육과정도 이처럼 국민의 의견을 반영하여 교육과정을 개정하려고 노력하고 있다. 이런 결과를 확인하고 '시민/인성 교육'을 고려한 교육과정을 운영한다면 교육 공동체의 공감을 조금은 얻을 수 있지 않을까 생각해 본다.

그렇다면 학생, 학부모가 공감하게 되는 교사 교육과정은 어떨까? 학생들의 의견을 반영하여 교사 교육과정을 설계한다면 학생들은 수업 내용에 집중하게 되고 왜 이런 활동을 하게 되었는지 이해하며 수업에 적극적으로 참여하게 될 것이다. 학부모 역시 교사 교육과정의 필요를 체감할 수 있을 것이다.

둘째, 교사 교육과정에 대한 '소통'이 필요하다.

요즘 학부모들은 정보가 중요하다고 생각하고 자녀가 어떤 공부를 하는지 관심을 가지고 있으며, 그 내용을 알고 싶어 한다. 학생들도 자신이 공부하고 있는 내용을 확인하고 예습할 수 있도록 학교에서는 주간학습안내를 배부하기도 한다.

주간학습안내의 경우, 일반적으로 차시 수업 내용을 정리한 형태이므로 교과서 중심 수업 안내인 경우 교과서를 참고하면 그 내용을 대강 이해할 수 있다. 그러나 교사가 새롭게 교사 교육과정을 설계하여 교과서 이외의 주제로 수업 활동을 하는 경우에는 각 차시별 활동만 보고는 어떤 의미에서 이런 활동이 운영되고 있는지 이해하기 어려울 수 있다.

따라서 주제 중심으로 운영되는 수업인 경우에는 주제와 간단한 활동을 미리 안내하여 수업의 흐름을 이해할 수 있도록 하면 교사 교육과정 운영에 공감대를 형성할 수 있다. 이런 안내는 학생들도 자신이 어떤 주제로 공부하고 있는지 확인할 수 있어 학습의 흐름을 이해하고 적극적인 수업 참여를 이끌어 내는 데 도움이 된다.

교육과정에 대한 안내는 주간학습안내의 가정통신문을 활용할 수도 있고 좀 더 자세한 안내를 위하여 프로젝트 안내서나 월간학습안내 형태로 한 달 동안 진행되는 수업 주제를 안내할 수도 있다. 그리고 2월에 담임과의 만남 시간 혹은 3월에 교육과정 설명회 시간을 마련하여 그 시간에 교사의 교육과정 운영에 대해 학부모들에게 안내하고 원하는 자녀의 교육 활동에 대해 학부모의 의견을 들어 보는 시간을 갖는 것도 좋은 방법일 것이다. 또한 학기 중 과정 중심 평가 결과를 안내할 때 그동안의 교육 활동 내용과 학생 결과물을 안내하면서 앞으로 진행될 교육과정에 대해서도 함께 안내한다면 소통의 또 다른 방법이 될 수 있다.

6-7월 주제 통합 교육과정 : 건강한 여름, 즐거운 여름

교과서: 여름 74~141쪽	단원: 여름 2. 초록이의 여름 여행	주제: 건강하고 즐거운 여름 생활

어느덧 1학기를 마무리할 시기가 되었네요. 2학년 학생들이 지금까지 건강하게 학교생활을 잘해 주었듯이 남은 학기도 건강하게 생활하고 여름 방학을 맞이할 수 있었으면 좋겠습니다.

1학기 마지막 통합 교육과정 주제는 '건강한 여름, 즐거운 여름'입니다. 여름철을 건강하게 지내기 위해 여름철 곤충(해충), 병에 대해 공부하고, 여름 방학 계획 세우기 활동으로 즐거운 여름 방학을 보낼 수 있도록 하고자 합니다.

또한 즐거운 여름을 보내기 위해 여름 과일을 이용한 요리 만들기, 물총 놀이 등 학생들의 의견을 반영한 교육과정을 운영하고자 합니다. 관련하여 추후 준비물을 확인하여 챙겨 주시기 바랍니다.

–'여름'과 관련하여 학생들이 공부하고 싶은 내용: 여름의 꽃, 여름 놀이, 여름 바다 만들기

교육 활동 및 학사 일정

날짜	행사 내용	비고
7월 1일(금)	구강 검진	– 아침 식사 후 꼭 이를 닦고 등교합니다.
7월 6일(수)	과일 요리 만들기	– 수박과 약간의 과일은 학교에서 준비합니다. 학생 개인이 추가하고 싶은 과일은 가정에서 준비 부탁드립니다.
7월 7일(목)	학생 다모임	– '친구와의 즐거운 추억'을 주제로 1학기 교육 활동 중 기억에 남는 활동에 대해 학생들과 이야기 나누고자 합니다.
7월 8일(금)	'맑음 음악회'	– 멋진 연주자들의 음악 공연을 감상하고 함께 1학기 동안 배운 1인 1악기(실로폰)로 '바람이 불어오는 곳'을 합주합니다.
7월 4, 11일(월)	SW교육-오조봇	– SW교육 활동은 1학기 운영(11일까지)으로 마무리됩니다.
7월 13일(수)	여름 놀이–물총 놀이	– 학생들이 가장 하고 싶은 여름 놀이는 '물놀이'였습니다. 학교에서 할 수 있는 활동으로 물총 놀이를 하고자 합니다.
23일(금)	여름 방학식	– 여름 방학식날 급식 없습니다. (돌봄 운영함.)

교과 활동 계획

과목	배움 활동	관련 단원
국어	· 꾸며 주는 말을 넣어 짧은 글짓기	9. 생각을 생생하게 나타내요
	· 듣는 사람의 기분을 생각하며 고운 말로 대화하기	10. 다른 사람을 생각해요
수학	· 묶어서 세어 보기 · 몇 배의 의미 알기 · 곱셈식으로 나타내기	6. 곱셈
통합	· 건강하고 안전하게 생활할 수 있도록 계획 세워 실천하기 · 여름철 동식물 특징 탐구 · 여름 방학 동안 하고 싶은 일과 해야 할 일 계획 · 여름철 동식물 표현과 감상 · 여름철의 여러 가지 놀이	**건강한 여름, 즐거운 여름** 2. 초록이의 여름 여행

통합 교육과정 재구성 (학급 운영에 따라 변경될 수 있음)

핵심 역량	주제 (중점)	지도 시기	관련 단원	교과		활동 내용	시수
심미적 감성 역량	건강한 여름 즐거운 여름 (상호작용) 여름 풍경 2. 건강과 안전 3. 즐거운 여름	6월 3주 ~ 7월 3주	2. 초록이 의 여름 여행	준비	슬생	주제 열기 – 여름철 소리	1
				탐색	슬생	여름철 동물, 곤충 알기 – 종류, 사는 곳, 특징 등	4
					슬생	여름철 식물 – 여름철 꽃, 여름 과일	4
					슬생	여름과 관련된 병 – 일사병, 열사병, 배탈 등	2
					바생	안전한 생활과 생명 존중	2
					즐생	여름 놀이와 안전	1
					슬생	여름 방학 계획	4
				수행	즐생	여름 동물(소리) 흉내 내기와 악기로 연주	5
					바생	여름철 안전 1 – 해충 예방과 생명 존중	1
					즐생	여름 풍경 만들기	2
					즐생	*여름철 과일을 이용한 요리하기	4
					바생	여름철 안전 2 – 여름철 건강한 생활을 위해 주의할 점	1
					즐생	*여름철 다양한 놀이 활동 – 물총 놀이	4
					즐생	여름 방학 계획 세우기	2
				정리	즐생	공부한 내용 확인하기	1
관련 성취 기준	[2바 04-02] 여름 생활을 건강하고 안전하게 할 수 있도록 계획을 세워 실천한다. [2슬 04-03] 여름에 볼 수 있는 동식물을 살펴보고 그 특징을 탐구한다. [2즐 04-04] 여름 방학 동안 하고 싶은 일과 해야 할 일을 계획한다. [2즐 04-03] 여름에 볼 수 있는 동식물을 다양하게 표현하고 감상한다. [2즐 04-04] 여름에 할 수 있는 여러 가지 놀이를 한다.					소계	38

평가 활동 (학급 운영에 따라 변경될 수 있음)

과 목	유형	평 가 내 용
국어	쓰기	꾸며 주는 말을 넣어 짧은 글쓰기
	말하기	듣는 사람을 생각하며 말하기 실천
수학	관찰	곱셈의 의미를 알고 물건을 묶어서 세기
	서술형	상황을 보고 덧셈식을 곱셈식으로 나타내기
통합	실습	여름 방학 계획서 만들기
	자기평가	여름철 건강을 위해 실천할 일을 알고 실천하기
	실습	친구와 협동하여 여름 풍경 (바다, 여름의 동식물 등) 만들기

이렇듯 학생·학부모와 교육 활동에 대해 소통하는 방법은 다양하고 그 모습 또한 시대에 따라 달라지기도 한다. 요즘 학부모들은 스마트 기기를 잘 다루고 빠른 피드백과 쌍방향 소통을 원하고 있다는 점에서 학급 밴드나 홈페이지, 다양한 교육용 앱 등을 활용하여 교육 활동을 안내하고 소통한다면 학부모도 공감하는 교육과정을 운영할 수 있는 또 하나의 방법이 될 수 있다.

셋째, 교사 교육과정은 교육과정-수업-평가(기록)가 일체화되어야 한다.

앞서 교과서대로 수업하면 편할 텐데라고 했다는 학생의 말을 되짚어보면 그 학생은 교과서 내용만 알면 되었다는 의미이고, 교과서 내용을 확인하는 평가를 받았을 것이란 생각이 들었다. 교사가 학생의 흥미를 위해 다양한 활동으로 교육과정을 재구성하고 활동했지만 평가가 교과서 내용을 그대로 확인하는 평가라고 한다면 학생 말처럼 교과서대로 수업하는 것이 가장 확실하고 편한 방법이 될 것이다.

하지만 교사 교육과정은 교육과정-수업-평가의 일체화를 추구한다. 교사가 학생의 배움이 일어나는 교육과정을 설계하고 실제 수업을 통해 학생이 학습한 내용을 평가하도록 하는 것이다. 따라서 교사 교육과정을 설계할 때는 단순히 흥미를 위한 활동이 아니라 학생의 배움을 염두에 두고 평가까지 고려한 설계가 되어야 한다.

이처럼 교사 교육과정은 교사 혼자 설계하는 것이 아니라 교육 공동체의 의견을 반영하여 교육과정을 설계하고 미리 그 내용이 안내되어 활동을 이해할 수 있도록 소통한다면, 그리고 학생들이 수업 활동을 통해 배운 내용을 평가한다면 앞의 학생과 같은 불평을 줄일 수 있지 않을까 생각한다.

　교사 교육과정이라고 하여 교사만 이해하고 실천하는 교육과정을 설계한다면 그것을 배우는 학생도 학부모도 혹은 동료 교사도 교사 교육과정의 필요성을 공감하기 어려울 것이다. 교사 교육과정의 필요성과 장점을 교육 공동체가 함께 공감하고 실천하는 교육과정으로 거듭날 때 공교육의 정상화에도 긍정적인 영향을 줄 것이다.

전문적 학습 공동체를 활성화하려면?

Q 교사의 전문성을 높이고 함께 성장하는 전문적 학습 공동체가 잘 운영되려면 어떠한 가치를 추구하며 운영되어야 할까요?

전문적 학습 공동체란 교사의 전문성을 바탕으로 학생의 배움을 중심에 놓고 교사와 교사가 서로에게 배우고 함께 실천하며 성찰하는 학습 공동체이다. 이는 궁극적으로 학교가 학습하는 조직이 되도록 하는 것에 그 지향점이 있다. 그렇다면 이러한 교사의 전문성을 높이고 함께 성장하는 전문적 학습 공동체가 잘 운영되려면 어떠한 가치를 추구하며 운영되어야 할까? 이러한 질문에 다음과 같이 생각해 보고자 한다.

일상적 나눔이 있는 전문적 학습 공동체

사람은 사회적 동물이라고 한다. 이는 우리 모두가 연결되어 있으며 또한 한 사람의 참다운 삶은 서로 간의 관계 맺음을 통해 실현될 수 있음을 말해 준다. 이러한 서로 간의 관계 맺음은 나의 정체성을 형성해 줄 뿐만 아니라 나의 생각이 굳어지거나 멈추지 않도록 이끌어 주며 계속 성장하고 발전되도록 하는 귀한 자양분이 된다.

전문적 학습 공동체는 교직 경력이나 나이, 공동체 활동 등과 상관없이 배움에 있어서는 자신의 부족함을 늘 고백하고 배울 수 있는 공동체가 되어야 한다. 교사의 전문성 발달을 우선으로 전문적 학습 공동체가 구성되었지만 결국에는 인간적인 만남이 선행되어야 하며, 교사의 성장과 발달이라는 자연스러운 욕구를 드러내기 위한 인간적인 통로가 되어야 한다. 이는 전문적 학습 공동체 운영의 중요한 열쇠다.

전문적 학습 공동체에서는 학교 내 단위 업무, 주요 행사, 에피소드 등 교사, 학생들에 대한 모든 이야기가 주젯거리가 된다. 공동체 안에서 서로가 서로에게 편안하고 열린 마음으로 참여하는 대화의 시간을 통해 자신의 삶을 꾸밈없이 나눌 수 있는 관계가 형성된다. 이러한 일상적 나눔은 공동체성을 바탕으로 서로 간의 지지와 위로, 격려를 통해 서로의 마음을 녹이고 일상적 관계를 형성하며 이는 학교 문화 형성의 중요한 역할을 하게 된다. 이를 위해서는 전문적 학습 공동체의 운영 시간 확보가 무엇보다 필요하며, 이는 '전문적 학습 공동체의 날' 운영, 동 교과 교사들의 시간표를 조정하여 학습 공동체 시간 확보, 함께 모여 논의할 수 있는 공간 확보 등의 지원이 필요하다.

교사 교육과정 구성을 핵심축으로 하는 전문적 학습 공동체

전문적 학습 공동체가 일반화됨으로써 전문적 학습 공동체 조직 구성의 기준이 다양해지고 있음을 발견할 수 있다. 하지만 학교의 모든 교육 활동의 중심은 수업이어야 하고 이에 발맞추어 전문적 학습 공동체의 조직 구성 기준 또한 수업 만들기를 중심에 놓고 구성·조직 되어야 한다. 동 교과 동학년이 아니더라도 프로젝트 수업, 교과 통합 수업 등 수업 만들기가 전문적 학습 공동체 구성의 중심축에 있어야 한다. 전문적 학습 공동체는 단순히 친목을 위한 모임이 아니다. 전문적 학습 공동체는 학생들의 삶의 맥락을 잘 읽어 내어 교육과정을 잘 구성하고 수업으로 구현하여 학생들이 진정한 성장과 배움으로 이어질 수 있도록 구성·조직·운영되어야 한다.

이를 위해서는 학년도가 시작되기 전에 전문적 학습 공동체가 조직·구성되어 교육과정에 대한 지식, 수업 설계 및 평가 계획에 대한 아이디어 같은 수업 계획과 관련된 내용에서부터 해당 수업에 필요한 모둠 편성 방법, 교재 및 교구 활용에 대한 정보 공유, 학교 환경에 따른 변형된 아이디어 등 바로 적용 가능한 구체적 수준의 대화와 나눔이 필요하다.

또한 수업 나눔에 있어서 자율 장학, 수업 짝 활동, 일상적인 수업 공개 등과 연계하여 수업을 공유하고 성찰함으로써 함께 소통하며 성장할 수 있는 기반을 마련할 수 있다.

교사의 정체성을 살리는 전문적 학습 공동체

교사의 전문성은 수업 기술이나 방법뿐만 아니라 올바른 마음가짐, 좋은 수업을 실천하고자 하는 열정, 학생들과 의미 있는 관계를 유지하고자 하는 진정성 등을 포함한다. 이러한 교사의 전문성은 지식과 수행 차원에서만 배운다기보다는 함께하는 동료 교사들의 삶의 모습을 통해 배우며 이는 서로에게 전이됨을 알 수 있다. 실제로 학생들의 온전한 성장을 위해 노력하는 교사의 삶은 학생들에게 긍정적으로 연결되며, 앎과 삶이 하나 되는 경험을 할 수 있는 수업을 위한 교사 교육과정 실천으로 이어진다. 또한 이는 교사 스스로의 정체성을 확립하게 하고 진정으로 수업을 즐기고 향유할 수 있도록 도와준다.

사회가 빠르게 변화하고 있다. 이에 대비하여 학교가 학생들의 성장과 배움에 중심을 두고 그 변화에 대처하기 위해서는 학교 조직이 학습하는 조직으로 변해야 하며, 그 중심에는 교사의 집단 성장과 학교의 역량 강화를 추구하는 교사 학습 공동체가 있어야 한다 (Hargreaves&Fullan, 2014).

전문적 학습 공동체는 인간적 만남과 용기 있는 도전으로 함께 성장하고 교육과정과 수업을 개발하고 실천하면서 교사, 수업, 공동체, 학교 문화의 변화를 통해 학교를 변화시키는 데 실질적인 역할을 할 수 있다. 한편에서는 교사의 문화를 계란판에 비유하며 교사의 고립성을 표현하기도 한다. 그러나 협력은 저절로 이루어지는 것이 아니라 배워야 할 수 있는 것으로 오랜 시간과 노력을 통해 신뢰를 쌓고 능력을 길러 교육 공동체의 행복한 성장을 가져오는 전문적 학습 공동체를 만들어 가야 할 것이다.

학생의 선택을 강화하는 교육과정이란?

Q 학생의 선택을 강화하는 교육과정이란 무엇일까요?

우리나라 국민 공통 기본 교육과정은 초등학교 1학년부터 중학교 3학년까지다. 이 시기의 교육과정은 과목과 이수 시간 등이 정해져 있어 학생들이 배우고 싶은 주제나 과목을 선택하기 어렵다. 학생들은 표준화된 국가의 기준으로 이미 짜여진 교육과정을 고스란히 받아들여야만 했다.

그러나 모든 학생이 배움의 주체가 되어 자신의 특성과 잠재력을 계발하고 배움의 과정에서 자아실현을 구현할 수 있도록 학생의 학습 선택을 다양화할 필요가 있다. 학생이 자신의 관심과 적성을 기반으로 교육과정 편성 및 운영에 있어 주체적인 역할을 할 수 있도록 기회를 제공해야 한다. 학생의 삶을 반영하여 학생의 학습 선택권을 확대하고 학습 경험의 질과 폭을 심화하기 위해 자율적이고 창의적인 교육과정을 개발·운영해야 한다.

2025년 본격 시행되는 고교학점제를 앞두고 초·중학교 교육과정에서도 학생의 선택을 강화하는 교육과정을 확대하자는 목소리가 나오고 있다. 교육부에서 발표한 2022 개정 교육과정은 초·중학교에서 다양한 선택 과목을 개발·운영할 수 있도록 지역 및 학교 교육과정의 자율성을 확대하여 학교자율시간을 다양하게 활용하도록 지원하기로 했다. 이에 초등학교에서도 다음과 같이 다양한 선택 과목을 개발·운영할 수 있을 것으로 보인다.

다양한 학교 선택 과목 개발·운영 예시			
3학년	4학년	5학년	6학년
지역연계생태환경 디지털 기초소양	지속 가능한 미래 우리고장 알기	지역과 시민 지역 속 문화탐방	인공지능과 로봇 역사로 보는 지역

※ 선택 과목: 초등 학년별 선택 과목 2개 운영 가능, 3~6학년 총 8개 과목 운영 가능

출처: 2022 개정 교육과정 총론 시안(2021), p.21

마찬가지로 중학교에서도 학교가 일방적으로 제시하는 선택 과목을 학생들이 맹목적으로 따라가는 것이 아니라, 학생이 원하는 과목을 개설해 주고 선택권을 확대할 필요가 있다. 이를 위해서는 다음과 같이 학생과 학부모를 대상으로 하는 요구 조사가 선행되어야 하며, 선호도에 따라 과목을 다양하게 개설하여 선택할 수 있도록 기반을 조성해야 한다.

준비		요구 조사		운영
• 교육과정 재구성 • 시수 확보	→	• 학생, 학부모 수요 조사 • 과목별, 주제별 선호도 및 관심도 조사	→	• 단일 교과형/교과 통합형 등 다양한 편성 • 수업 및 평가 계획 수립, 운영

먼저, **학교 비전과 철학을 기반으로 학년 및 교과(군) 교육과정을 분석하여 필요한 교과들을 우선 선택함으로써 단일 교과형 또는 교과 통합형 선택 교육과정 운영을 위한 준비를 한다.** 교과 통합형 선택 교육과정을 운영할 경우 교과(군)별 교육과정의 내용을 연계 및 통합한 핵심 주제를 추출한다. 교과(군)별 20% 범위 내 감축된 시수 등을 활용하여 교과와 창의적 체험 활동이 통합된 다양한 학생 선택 교육 활동을 전개한다.

다음으로 **선택 과목의 과목별 성격, 목표, 내용 체계, 교수·학습 및 평가 계획 등에 대한 충실한 안내를 제공한 후, 온-오프라인 설문, 관찰, 면담 등의 방법을 활용하여 원하는 과목에 대한 학생과 학부모의 개별적인 요구를 조사한다.** 학생이 자신에 대한 이해를 돕기 위해 흥미·적성·역량 검사 등을 실시하는 것이 도움이 될 수 있다.

교사가 교육과정을 분석하여 일정 수준의 핵심 주제를 몇 가지 제시하고 학생이 이를 참고하여 그 교육적 수준에 상응하는 다른 주제를 스스로 제시하여 교육과정과 학생의 수요가 적절히 조화를 이루도록 한다.

개별 학생이 원하는 과목들 중 학교의 여건과 상황을 고려하여 고시 및 고시 외 과목들을 자유롭게 개설하는 방식의 단일 교과형과 교육과정을 재구성하여 학생 주도의 교과 융합 프로젝트 과목을 개설하고 학생이 관련 세부 주제를 자유롭게 선정하는 방식의 교과 통합형 운영으로 학생의 과목 선택권을 확대할 수 있다.

단일 교과형	다수의 학생이 선택한 몇 개의 과목을 학교에서 제시하고 학생이 하나의 과목을 선택하는 방식
교과 통합형	교육과정을 재구성하여 다양한 주제 중심의 교과 통합 과목을 개설하여 학생이 하나의 주제를 선택하는 방식

중학교의 선택 교과로 편성·운영이 가능한 과목들은 다음과 같으며, 학생과 학부모의 요구를 바탕으로 원하는 과목을 자유롭게 선택할 수 있도록 다양한 교과들을 편성·운영할 필요가 있다.

· 한문
· 환경
· 생활 외국어(독일어, 프랑스어, 스페인어, 중국어, 일본어, 러시아어, 아랍어, 베트남어)
· 보건
· 진로와 직업
· 민주시민 / 통일시민 / 세계시민
· 기타

교육과정 지침에 제시되어 있는 과목들 이외에 새로운 과목을 개설하려는 경우 다음과 같은 승인 절차를 거쳐야 한다.

· 나이스(NEIS) 교육과정 편제에 과목명(과목 코드)이 등록되어 있지 않은 경우에는 교과 (목) 교육과정을 개발하여 <교과목 신설 승인 신청서>를 관련 서류와 함께 교육감에게 제출하고 승인을 받아야 한다.

· 나이스(NEIS) 교육과정 편제에 과목명(과목 코드)은 등록되어 있으나 해당 과목의 관련 인정도서가 없는 경우에는 다음과 같은 절차를 거쳐야 한다.
  - 해당 교과(목) 교육과정에 근거하여 인정도서를 개발하여 <인정도서 인정 승인 신청 서>를 관련 서류와 함께 교육감에게 제출하고 인정도서의 인정을 승인받아야 함.
  - 인정도서를 개발하지 않고 해당 교과(목) 교육과정과 일치하는 시중의 유통 도서를 교과용 도서로 사용하고자 할 경우에는 <인정도서 인정 신청서>를 관련 서류와 함께 교육감에게 제출하고 인정도서의 인정을 승인받아야 함.

· 나이스(NEIS) 교육과정 편제에 과목명(과목 코드)이 등록되어 있고 해당 과목의 인정도 서가 있는 경우에는 사전에 필요한 절차 없이 편성·운영할 수 있다. 단, 이 경우 해당 과 목의 교육과정과 인정도서가 과목의 개설 취지 및 국가 수준 교육과정에 적합한지 여부 를 확인한 후 편성하도록 한다.

교과 통합형은 교육과정을 재구성하여 다양한 주제 중심의 교과 통합 과목을 개설하여 학생이 하나의 주제를 선택하는 방식으로, 교사가 학교 비전과 철학을 기반으로 학년 및 교과(군) 교육과정을 분석하여 교과(군)별 교육과정의 내용을 연계 및 통합한 핵심 주제를 추출한다. 이 잠정적 주제들을 학생들에게 제시하여 원하는 주제를 선택하도록 하거나, 자신이 원하는 다른 주제를 스스로 제시하도록 한다. 제시된 과목 선택권 확대 유형 중에서 한 가지 유형을 선택할 수도 있고, 유형을 혼합하여 운영할 수 있다. 2, 3학년의 연계 자유학기 또는 교과(군)별 20% 범위 내 감축된 시수 등을 활용할 수도 있고, 2022 개정 교육과정 총론에 근거하여 학교 스포츠클럽의 학년별 34시간 운영(총 102시간)으로 현행보다 감축된 34시간을 활용하여 유연한 미래형 교육과정을 구현해 볼 수 있다.

과목 선택권 확대를 위해 선택 과목은 다양한 방식으로 개설할 수 있다. 예를 들어, '생태와 환경'과 같이 미래 사회가 추구하는 보편적인 가치를 중심으로 범교과적인 주제로 과목을 개설하여 운영할 수 있다. 또는 '프로젝트', '신나는 토론' 등과 같이 주제가 아니라 활동에 초점을 두어 과목을 개설하여 운영할 수도 있으며, '○○디자인', '○○조력발전소' 등 지역 특색 과목으로 개설할 수도 있다. 과목 선택권 확대를 위해 교과 통합형으로 운영하는 경우 교과(군)별 기준 수업시수의 20% 범위 내에서 감축한 시수를 활용하여 학생 주도의 융합 프로젝트를 학교자율시간으로 편성·운영하거나 교육과정을 재구성하여 교과별 성취기준이 누락되지 않도록 하며, 학생 주도의 융·복합적이고 창의적인 활동으로 구성하여 연계 자유학기를 활용할 수 있다.

16+1 교육과정은 어떻게 운영해야 하나요?

Q 학교자율시간 도입에 따른 16+1 교육과정은 어떻게 운영해야 할까요?

2022 개정 교육과정 총론에서는 지역 · 학교 교육과정의 자율성 확대를 중점 추진 과제로 제시하여 학교 교육과정 자율권에 대한 운영 근거를 마련했다. 학교 교육과정 자율권 확대 방안으로 학교자율시간이 도입되었는데, 학교자율시간이란 수업 시수를 탄력적으로 운영할 수 있도록 수업량의 유연화로 한 학기 17주 기준 수업 시수를 16회(수업)+1회(자율 운영)로 개발할 수 있음을 의미한다. 학교자율시간 운영 방안은 진로 설계 · 체험을 위한 진로 집중 수업 활동, 교과별 보충 학습을 위한 보충수업 활동, 동아리 활동 연계 수업 활동, 타 교과 및 실생활 프로젝트 수업 활동, 지역과 연계한 다양한 프로젝트 수업 활동 등으로 운영할 수 있다.

그럼 고등학교에서 다소 여유로운 1차 지필고사, 2차 지필고사가 끝난 후의 기간에 학교자율시간을 활용한 과정을 사례를 통해 살펴보도록 하자.

고등학교에서는 창체 시간을 활용해 1학년 때 자신의 진로를 고민하고 학업계획서를 작성함으로써 필요한 선택 과목이 무엇인지 탐색해 보는 시간을 갖는다. 하지만, 고등학교에서 과목을 선택한다는 것은 생각만큼 쉬운 결정이 아니다. 그래서 학생들이 과목을 선택한다는 개념부터 체계적인 진로 학업 설계 활동이 필요하다는 데 교육 공동체가 의견을 같이하여 진로 · 진학을 위해 학교자율시간을 운영했다.

교시	진로 집중형 프로그램			진로 프로젝트형 프로그램	
	1일차(5/26)	2일차(5/27)	3일차(5/28)	4일차(7/12)	5일차(7/13)
1교시	진로 캠프	진로 디자인 씽킹	· 교육과정 설명회 · 선택 과목 박람회	A타임	A타임
2교시				A타임	A타임
3교시				B타임	A타임
4교시				B타임	창의적 체험 활동
5교시				A타임	B타임
6교시			창의적 체험 활동	B타임	B타임
7교시				창의적 체험 활동	B타임

- 운영 시기: 1차 지필 평가 이후 3일, 2차 지필 평가 이후 2일
- 1차 지필 평가 이후 3일은 학생들의 진로 설계 및 체험 중심의 진로 집중형 프로그램 운영
- 2차 지필 평가 이후 이틀은 학생이 본인의 진로와 적성에 맞는 프로그램을 선택하여 참여할 수 있는 프로젝트형으로 운영
- 프로젝트 수업은 2~3시간의 블록 수업으로 시간표 편성

	1일차(5/26)	2일차(5/27)	3일차(5/28)
	진로 캠프	진로 디자인 씽킹	교육과정 설명회 및 진로 박람회
1교시	진로진학복지부 주관 진로 캠프	1학년부 주관 '나에 대한 이해'	교육과정부 주관 교육과정 설명회 및 선택 과목 박람회 안내
2교시			
3교시			온-오프라인 선택 과목 박람회
4교시		사전에 선택한 주제 탐구 활동	
5교시			학업계획서 작성하기
6교시			
7교시			

- 1일차(5/26)에는 진로진학복지부 주관으로 진로 전문 강사를 초빙해 '진정한 의미로서 진로와 질문의 중요성', '진로 찾기 보드를 활용한 진로 설계와 미래 트렌드 이해', '실패를 대하는 태도', '회복 탄력성'이라는 주제로 활동

- 2일차(5/27)에는 1학년부 주관으로 1~3교시는 '나에 대한 이해', 4~7교시는 학생들이 사전에 선택한 전공 분야(직업)별 주제 탐구 활동

- 3일차(5/28)에는 교육과정부 주관으로 1, 2교시는 교육과정 설명회 및 선택 과목 박람회 안내, 3, 4교시는 온-오프라인 선택 과목 박람회, 5교시는 학업계획서 작성하기 활동

진로 프로젝트형 프로그램 안내

강좌명	강좌 설명	A타임	B타임
우리말과 역사 탐구	국어와 한국사 과목의 교과 융합 프로젝트 수업으로 진행, 우리말, 민족운동 등을 소재로 다룬 소설, 영화 등을 감상하고 분석한 후, 이에 대한 자신의 생각을 보고서로 작성하여 발표.	50명	50명
역사적 사실과 상상의 차이	조선왕조실록에 수록된 역사적 사건을 사료(한문 원문 자료 및 번역 자료)를 통해 살펴보며 역사 연구 방법을 체험하고, 이를 토대로 역사적 상상력을 발휘하여 웹툰 혹은 간단한 시나리오 등의 창작물 만들기	25명	–
미니북 만들기	미니북 만들기를 통해 자기 자신의 장단점, 버킷리스트, 좌우명, 미래의 내 모습 등을 영어로 표현해 보는 자신에 대한 이해 탐구 활동	50명	50명
지속 가능한 미래(기후편)	기후 변화를 막기 위한 행동으로서 생활 습관을 분석하고, 에너지를 절약하고 에너지 효율을 높여 적은 에너지로도 살아갈 수 있는 방법을 찾아나서는 프로젝트(엑셀 사용)	25명	50명
지속 가능한 미래(환경편)	신천동 주변의 생태 환경 조사 및 연구 지역 탐방을 통한 생태 탐구 프로젝트 등 생태 환경 회복 프로그램	25명	–
온라인 코딩 파티	온라인 코딩 프로그램으로 컴퓨터로 수업 참여 가능한 학생만 신청 가능	25명	–
신체 활동과 여가 생활	트래킹(소래산 등산로), 우천시 실내 활동 대체(이론 + 실내 트래킹)	–	50명
행복	나에게 가장 큰 행복을 주는 음악을 찾아 감상하고, 후렴구 가사를 개사하여 비주얼 씽킹으로 나타내거나 음원 제작하기, 개인 경험을 바탕으로 행복했던 순간을 추상 또는 사실적 표현으로 작품화시킴.	50명	50명

- 학생들은 자신의 진로나 관심 있는 강좌를 A타임과 B타임에서 각 1개씩 선택

학교자율시간이 학교 교육과정의 본래 취지에 맞게 실현되기 위해서는 교사의 적극적인 참여 및 자발성에 기초하여 학생, 학부모가 함께 설계하고 운영할 수 있어야 한다. 학교자율시간이 초기에는 교사가 중심이 되어 기획·편성·운영될 수 있겠지만 학교자율시간의 궁극적인 목적은 학생들이 스스로 배움의 주체가 되어 삶의 역량을 키우는 것임을 잊지 말아야 한다. 또한 학교자율시간이 '학교생활기록부의 기록'이라는 입시에 종속된 교육과정으로 전락될 수 있다는 점과 일회성 행사로 운영될 수 있다는 우려가 있지만 이를 극복하고 학생들의 진정한 배움과 성장을 가져오도록 하기 위해서는 교과협의회, 전문적 학습 공동체 등을 통한 교사 교육과정에 대한 고민과 실천이 가장 필요하다.

학교 교육과정 한해살이 계획을
알려 주세요

Q 학교 교육과정의 한해살이 계획은
어떻게 되나요?

학교 교육과정을 의미 있게 구성·운영하기 위해서는 신학년도를 맞이하기 전, 이전년도 학년 말에 미리 준비해야 한다. 필요한 절차를 간단히 도식화하면 다음과 같다. 각 단계별로 무엇을 어떻게 해야 하는지 구체적인 추진 내용을 살펴보자.

단계	시기	추진 내용
준비	11~12월	1. 기반 구축 2. 기초 조사 및 진단·분석
계획	12~2월	3. 학교 비전 및 교육목표, 중점 교육 활동 계획 4. 학교·학년 교육과정 계획
운영 및 평가	연중	5. 교육과정 중심의 학교 운영 6. 학교·학년 교육과정 평가 및 환류

출처: 인천광역시교육청(2019), 2021 함께 만들어 가는 교육과정 워크북

첫째, 학교 교육과정을 운영하기 위해 가장 먼저 무엇을 해야 할까?

우선 학교교육과정위원회를 구성해야 한다. 학교교육과정위원회는 학교장이 교육과정 운영에 관한 의사를 결정하는 데 자문 역할을 하는 조직으로 국가 수준 교육과정에 명시되어 있다. 이때 학교교육과정위원회의 위원은 교원뿐만 아니라 학부모 및 지역 인사, 전문가 등 다양한 인사들을 참여시키는 것이 바람직하다. 예를 들어, 지구자율장학협의회, 교육과정컨설팅지원단, 교육과정연구회, 교과교육연구회, 교원 양성 대학 교수, 지역 교육 관련 단체 및 교육 전문기관의 연구원 및 전문가 등을 위원으로 참여시킬 수 있다. 학교 교육과정은 학교의 여건을 다각적으로 분석하여 반영할 수 있는 여러 기관의 조언

과 위원들의 협의를 바탕으로 할 때 그 편성 방향이 바람직하게 설정되기 때문이다.(☞부록1 참고)

둘째, 교사와 학생, 학부모의 의견을 어떻게 수렴하여 활용할 수 있을까?

교육 주체별 의견 수렴을 하는 등 기초 작업을 준비해 두어야 한다. 모든 교육 주체, 즉 교사, 학생, 학부모를 대상으로 온-오프라인 설문지와 인터뷰, 관찰, 워크숍, 간담회, 토론회 등을 통해 의견을 수렴한다. 주요 교육 활동 및 부서 운영의 효율성 등을 중심으로 부서별 의견을 수렴하며, 교과 및 창의적 체험 활동, 수업과 평가, 생활 지도, 전문적 학습 공동체, 학교 행사 등의 내용을 바탕으로 학년별 의견을 수렴한다. (☞부록2 참고) 또한, SWOT 분석을 통해 학교의 내부 환경과 외부 환경을 분석하여 강점과 약점, 기회와 위협 요인을 규정하고 이를 토대로 전략을 수립한다. 이를 통해 학교 문화 및 학교 의사결정 구조(교직원 회의), 교사 전문성 신장 활동(연수, 수업 나눔, 장학 등), 학사 일정 및 일과 시간 운영, 업무 체계 등을 진단하여 외부로부터의 기회는 최대한 살리고 위협은 피하는 방향으로 강점을 최대한 활용하며 약점을 보완하도록 한다. (☞부록3 참고)

셋째, 학교의 교육 비전과 교육 목표, 중점 교육 활동 계획은 어떻게 수립해야 할까?

모든 구성원들이 함께 학교의 교육 비전과 핵심가치를 추출하고 그에 따른 교육 목표를 수립해야 하는데, 이를 위해 고려해야 할 요소들을 정리하면 다음과 같다.

- 시대적 흐름 및 미래 교육의 방향
- 국가 및 지역 수준 교육과정의 방향 및 특징
- 교육 주체별로 수렴한 의견
- 학교 교육환경의 분석 결과
- 전년도 교육 활동 평가 분석 결과 등

구성원들의 의견을 효율적으로 이끌어 내고 공유하기 위해 다음의 피라미드 토론 방식을 활용하면 도움이 될 수 있다.

이제 학교의 비전과 교육 목표를 바탕으로 학교 및 학년의 중점 교육 활동을 계획한다. 학교의 학사 일정을 살펴보고 부서별 주요 교육 활동을 계획하며, 부서 간 협조 체제를 구축한다. (☞부록4 참고)

넷째, 학교·학년·교사 교육과정은 어떻게 계획할까?

담임 및 교과 담당 교사가 함께 모여 학년의 교육 방향을 설정하고 교육과정 재구성을 통한 학년 교육과정을 수립한다. 학교 교육과정의 편제표를 살펴보고 학년별 교과 및 창의적 체험 활동 운영을 위한 논의를 한다. 단일 교과뿐만 아니라 교과 간, 교과와 창의적 체험 활동 간 통합 활동을 위해 공통 주제를 추출하고 교수 · 학습 및 평가 계획을 세우는 일이 필요하다. 전일제 또는 블록 수업의 형태로 운영할 필요가 없는지 살펴보고 그에 따라 시간표 운영을 계획한다. 더 나아가 학교 밖 지역 사회의 인적 · 물적 자원을 탐색해 보고 학교의 교육 활동과 연계하여 지원받을 수 있는 인적 · 물적 인프라를 구축한다.

학교 · 학년 교육과정과 더불어 교사의 철학을 반영하여 교사 교육과정을 계획한다. 다음과 같은 질문을 교사 상호 간에 주고받으며 스스로 답해 본다면 교사의 철학을 세우는 데 도움이 될 수 있다.

교육관	교육이란 무엇인가?
수업관	수업이란 무엇인가?
교사관	교사는 어떤 존재이고 어떤 역할을 해야 하는가?
학생관	학생은 어떤 존재이고 어떤 관점으로 접근해야 하는가?
지식관	지식이란 무엇이고 지식을 얻기 위해서는 어떻게 접근해야 하는가?
개인적 신념	교사가 가지고 있는 가치관과 신념은 무엇이고 수업 속에서 어떻게 드러날 수 있는가?

교과서에 얽매이지 않고 학생 주도형 수업을 위한 다양한 교수 · 학습 자료를 활용하며 학생의 성장과 변화를 이끌기 위한 과정 중심 평가를 계획하여 연간 지도 운영 계획을 수립한다. 교사 교육과정 편성 및 운영 시 유의해야 할 점은 다음과 같다.

다섯째, 교육과정 중심의 학교 운영을 위해 무엇을 해야 할까?

학교 조직을 학습 조직화하여 분업적이고 피동적인 학교 조직을 역동적이고 협업적인 연구·실천 조직으로 개편해야 한다. 이를 위해 교무 업무 중심의 학교 조직을 학년 및 교과별 팀별 체계로 전환하고 연구, 학생 생활, 교과 교육을 강화할 수 있도록 재조직해야 한다. 교사의 전문성 강화와 창의적 교육과정 운영을 위해 교육과정 및 수업 연구 개발을 위한 연구 모임을 활성화하고 공유하는 장을 마련한다.

전문적 학습 공동체를 활성화하려면 교사들의 자발적 참여와 동기 부여가 중요하다. 이를 위해 모든 교사들이 적극적으로 참여할 수 있도록 공감대 형성이 필요하며 정기적인 시간 및 공간을 확보하여 운영해야 하며, 교사들의 배움과 성장을 이끌어 낼 수 있는 방안을 모색할 필요가 있다.

끝으로, 학교·학년 교육과정 평가는 어떻게 해야 할까?

학교 교육과정 평가는 학교의 교육 활동에 대한 성찰을 통해 학교 구성원의 요구를 점검하고 이를 학교 교육과정에 반영함으로써 학생 중심 교육과정을 실현하고, 학교 교육과정의 질을 개선하며 교사의 교육적 책무성을 제고하는 데 목적이 있다. 학교 교육과정 평가 방법은 정성평가와 정량평가를 병행하여 설문조사, 열린 소리함, 학교 홈페이지, 면담 및 관찰, 자체 평가, 사례 연구 등을 통해 실시한다. 이를 통해 교육 활동의 실태를 파악하고 문제를 발견하며 교육과정 편성 및 운영을 개선하기 위한 문제의 구체적인 성격 및 발생 원인, 개선 가능성 등에 대한 정보를 수집한다. 평가 영역은 학교 교육과정 편성 계획의 적절성, 계획서 작성 과정에 대한 평가, 수정·보완된 사항 및 원인, 실천 과정에 대한 평가, 교육 목표 달성에 대한 평가, 교육 공동체의 만족도 분석, 혁신교육 추진을 위한 학교 문화 평가, 기타 지원 활동 등을 포함한다. (☞부록5 참고)

2022 개정 교육과정:
학교자율시간, 선택 과목?

Q 2022 개정 교육과정에서 초·중학교에서의 '학교자율시간'이 제시되었고, 초등에서도 '선택 교과'가 가능하다는데, 이게 무슨 말인가요?

'문 · 이과 통합 교육과정(2015 개정 교육과정)', '고교학점제 교육과정(2022 개정 교육과정)'이라는 별칭이 있을 만큼 우리나라 국가 교육과정은 늘 중등교육 중심이라고 해도 과언이 아니다. 하지만 금번 2022 개정 교육과정의 주요 내용 중 초등과 직접적인 관련이 있는 획기적인 변화 중 하나가 바로 '학교자율시간'과 '선택 교과'이다. 2022 개정 교육과정 추진 과제 중 '2. 학교 현장의 자율적인 혁신 지원' 정책은 '지역 · 학교 교육과정의 자율성'을 확대하는 방안으로 '학교자율시간'과 '초 · 중학교에서의 선택 과목 개발 · 운영'을 제안한다.

먼저, **'학교자율시간'이 갖는 교육적 의미는 학교 현장에서 실행되는 교과(군)와 창의적 체험 활동을 실제적으로 통합하여 운영할 수 있는 근거를 마련한 것이다.** 그간 교육과정 자율화 방안의 하나인 '20% 시수 증감'은 교과(군)와 창의적 체험 활동을 분리함으로써 즉, '교과(군)에서 감축한 시수는 교과(군)에서만 증배할 수 있고 창의적 체험 활동은 증배는 가능해도 감축은 할 수 없다'고 하여 실제 학교 현장에서 교과(군)와 창의적 체험 활동을 통합하여 운영해도 나이스(NEIS) 등 행정적인 문서에서는 교과별로 시수를 분리 · 제시해야 하는 불합리함이 있었다(이에 교육과정 계획-시수 편제는 '숫자 놀음'이라는 오명을 쓰기까지 한다). 그러나 이번 '학교자율시간'은 이러한 교과(군)의 벽을 허물어 '20%의 시수 증감'을 운영할 때 교과(군)와 창의적 체험 활동을 통합하여 활용할 수 있다고 선언함으로써 교과와 창체를 통합하여 운영했던 학교 현장의 실제를 그대로 나이스(NEIS) 및 교육과정 문서에 반영할 수 있게 되었다.

이처럼 '학교자율시간'은 교과(군)와 창의적 체험 활동 간의 분리된 교육과정 편제에 실제적인 여유(space)를 확보함으로써 현장의 시수 기재 문제를 해결함과 동시에 실질적인 통합 교육의 장을 마련하였다.

나아가 2022 개정 교육과정은 단위 학교의 다양한 교육과정을 '학교 선택 과목'으로 명명하여 운영할 수 있는 길도 열어 두었다. 그동안 '학교장 개설 선택 과목'은 중·고등학교에서만 가능하였으나, 2022 개정 교육과정 총론 지침에서는 이를 '초·중학교 선택 과목제'로 명시함으로써 초등학교급까지 확대하였고, 이로써 모든 학교급에서 자율적으로 다양한 선택 과목을 개발·운영할 수 있는 근거를 마련한 것이다.

제시된 구체적인 방안으로는 학교자율시간 확보를 통한 다양한 학교장 개설 과목 신설, 지역 연계 특색 프로그램, 교과 교육과정 재구성 등을 통한 단위 학교별 특색 있는 교육과정의 개발과 운영 등이다.

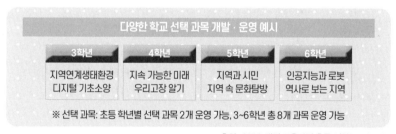

다양한 학교 선택 과목 개발·운영 예시

3학년	4학년	5학년	6학년
지역연계생태환경 디지털 기초소양	지속 가능한 미래 우리고장 알기	지역과 시민 지역 속 문화탐방	인공지능과 로봇 역사로 보는 지역

※ 선택 과목: 초등 학년별 선택 과목 2개 운영 가능, 3~6학년 총 8개 과목 운영 가능

출처: 2022 개정 교육과정 총론 시안(2021), p.21

이처럼 '학교 선택 과목'은 학교별 중점 교육처럼 전 학년이 공통으로 운영하는 프로그램일 수도 있고 학년·학급별로 개발한 교육과정도 가능한 영역으로, 단위 학교급에서 교사가 개발한 교육과정을 '교

과목'으로 허용함으로써 교육과정 개발자로서의 교사의 전문성을 인정하는 실례라 하겠다.

학교자율시간 확보 및 운영 방안

현행	개선안
• 교과(군)별 증감 범위 활용 • 연간 35주 기준 수업 시수 운영 • 중학교 학교장 개설 선택 과목 개발 · 운영 가능 ☞학교 특색 및 지역과 연계한 과목, 활동 운영 시간 확보의 어려움	• **교과(군) 및 창의적 체험 활동 증감 범위 활용** • 한 학기 17주 기준 수업 시수를 탄력적으로 운영할 수 있도록 **수업량 유연화 활용** ☞17주 수업 → 16회(수업) + 1회(자율) ※학년별 최대 68시간 확보 가능 • 초등학교, **중학교 선택 과목 개발 · 운영 가능**

국가 교육과정	▶ 학교자율시간 도입을 위한 **교육과정 운영 근거를 총론에 마련** ▶ (교과) 한 학기 17주 기준 수업 시수를 16회로 개발하고 1회 분량은 자율 운영할 수 있도록 내용 요소와 성취기준 등을 유연하게 개발
지역 교육과정	▶ 지역과 학교의 교육 여건 등에 적합한 기준과 내용 개발, 지역 특색을 살린 **선택 과목 및 체험 활동 개발 · 운영**(시도교육청 개발 가능) ※(예) 지역 생태 환경, 인공지능으로 알아보는 우리 고장, 지역과 민주시민, 역사 체험 등
학교 교육과정	▶ 지역과 연계한 다양한 **교육과정 및 프로젝트 활동 편성 · 운영**, 학교 자율적으로 **지역 연계 선택 과목 개발 · 활용**, 교과 교육과정(지역 연계 단원 구성, 성취기준 등)에 대한 교사의 교육과정 편성 · 운영 자율권 확대

출처: 2022 개정 교육과정 총론 시안(2021), p.20

2부
교사
교육과정
실천기

'나만의 방식'이 살아 있는 교사 교육과정은
어떻게 만들까요?

자음이와 모음이의 한글 여행 초1

이해 중심 교육과정(UBD)[5]과
귀납적 탐구를 적용한 교사 교육과정

[마태 효과 Mattew Effect]

무릇 있는 자는 받아 풍족하게 되고
없는 자는 그 있는 것까지 빼앗기리라.

---

5   백워드 설계라 불리는 이해 중심 교육과정(Understanding by Design)은 단편적인 사실, 정보 이상의 '바람직한 이해'를 강조하며, 단원을 계획할 때 기존의 '목표-내용-평가'가 아니라 '목표-평가-내용'의 순으로 진행된다. 보다 자세한 내용은 「이해중심 교육과정-백워드 설계」(김경자·온정덕, 2014) 또는 「맞춤형 수업과 이해중심 교육과정의 통합」(Tomlinson & McTighe, 김경자·온정적·장수빈 공역, 2018)을 참고하세요.

한글 교육(한글 문해력)의 중요성은 굳이 말하지 않아도 알 것이다. 마태 효과처럼, '도구 교과로서의 국어과' 성격은 한글 해득이 가능해야 타 교과 학습이 가능하다는 것이고, 실제 저학년에서의 읽고 쓰기의 가능 여부는 이후의 모든 학습에 대한 자신감과 교우 관계에서의 자존감에 큰 영향을 주기 때문이다. 이에 2015 개정 교육과정에서도 '한글 책임 교육'이라는 목표 하에 개정의 주요 방향 중 하나로 '한글 교육 강화'를 제시하였다.

그럼, 나의 한글 교육과정은 왜, 어떻게 시작되고 실행되었을까? 이제부터 그 이야기를 풀어 보고자 한다.

1. 교육과정 계획하기

교육과정 계획하기(CP: Curriculum Planning)

Step 1	주제(단원)[6] 정하기
Step 2	교육과정 풀기(성취기준 & 수업 시수)
Step 3	수행 과제 정하기
Step 4	단원 계획(frame) 정리하기

---

6 교육과정 재구성·교육과정 개발 분야에서 새롭게 만들어지는 교육 내용들은 '주제', '단원', '주제 단원'이 혼용되어 사용되고 있다. 대체로 '주제'는 주제 통합 교육과정, 프로젝트 학습의 theme, topic의 번역어이며, '단원'은 교육과정 및 교과서 영역에서의 unit의 번역어이다. 그리고 '주제 단원'은 근래의 교사 교육과정 개발 분야에서 '교과목으로서의 주제(subject)'를 포함하는 확장된 의미를 담고 있다. 이하의 글에서도 맥락에 따라 위 용어가 혼용되어 있다.

> ### Q. 왜 한글 단원을 개발하려는 걸까?
>
> **주제 선정의 원천:** 교과서의 부적합, 학생의 필요
> **주제 선정 이유**
> • 국어과 교과서 내용 제시 방식에 대한 이견(異見)
> • 모두가 즐겁게 배울 수 있는 수업 방식의 필요성
> **주제(단원)의 목표**
>   모두가 즐겁게 한글을 익히고, 능숙하게 읽고 쓸 수 있다.

　한글 교육과정이 필요하다고 본 이유는 **첫째, 한글 해득을 위한 교과서 내용 체계 및 제시 방식이 부적합하다고 보았기 때문이다.**

　2015 개정 교육과정은 '한글 책임 교육'이라는 목표 하에 개정의 주요 방향 중 하나로 '한글 교육 강화'를 제시하였다. 이에 2009 개정 교육과정 국어과에서 27차시 분량인 한글 학습 내용은 2015 개정 교육과정에서 68차시로 증배되었으며[7], 국어과 교과서도 5개의 단원으로 확대되었다. 이처럼 초등학교 1학년 1학기 국어과의 주요 내용은 '한글'이 되었다.

7　2022 개정 교육과정 시안에서는 다문화 가정의 확대 및 학교 현장의 요구를 반영하여 한글 교육 강화를 위해 다시금 34시간의 시수를 증배한다고 발표했다.

차시	2009 개정 교과서	2015 개정 교과서
	27차시	62차시
단원명	1. 즐거운 마음으로 2. 재미있는 낱자 3. 글자를 만들어요 4. 기분을 말해요 5. 느낌이 솔솔 6. 문장을 바르게 7. 알맞게 띄어 읽어요 8. 겪은 일을 써요	1. 바른 자세로 읽고 쓰기 2. 재미있게 ㄱㄴㄷ 3. 다 함께 아야어여 4. 글자를 만들어요 5. 다정하게 인사해요 6. 받침이 있는 글자 7. 생각을 나타내요 8. 소리 내어 또박또박 읽어요 9. 그림일기를 써요

출처: 이경화 외(2009), 김도남 외(2015)

위 표에서 보듯이 현행 국어과 교과서는 한글 해득의 교육 내용을 보다 세분화하여 위계적으로 배치하였다. 2단원의 자음자를 시작으로 3단원에서는 모음자를, 그리고 4단원에서는 자음과 모음의 결합을 통해 글자가 만들어짐을 학습한다. 또한, 6단원 이전까지는 받침 없는 글자를 중심으로 학습하고, 6단원에서 본격적으로 받침 있는 글자를 학습하도록 하여 기초적인 한글 해득 능력이 완성되도록 하고 있다[8].

그러나 현 교과서 체제는 한글 창제 원리와 다르게 자음자를 모음자보다 먼저 가르치도록 되어 있고, 특히 차시별 수업 내용에서도 여

---

8 2015 개정 교육과정에서 한글 해득 능력의 완성 시기는 초2이다. 1학년 1학기에서 기초적인 한글 글자를 익힌 후, 2학기와 2학년 과정에서 복잡한 받침을 제시함으로써 한글 해득 내용이 심화, 확장된다.

러 음소(자음, 모음)를 한꺼번에 제시하여 개별 음소의 소릿값을 익히기에는 어려움이 있다. 한글은 소리글자(표음문자)로 각 음소별 소릿값을 정확히 알아야 모든 소리를 바르게 읽고 쓸 수 있으며, 이후 새로운 글자를 표현하는 것까지도 가능하기 때문이다.

1-1학기 국어과 교과서

출처: 미래엔(2021), p.40-41

둘째, 무엇보다도 교과서 진도 나가기의 수업 방식으로는 한글 해득 차가 현저한 학급 내 모든 학생들의 흥미와 배움을 보장하기 어렵기 때문이다.

학교 현장에서 제기되는 한글 지도의 어려움은 학급 내 한글 해득의 차가 현격히 크다는 것이다. 한 학급 내에는 이미 한글에 익숙하여 능숙하게 읽고 쓰는 학생이 있고, '낫 놓고 기역자 모른다'처럼 한글-글자를 그림으로 보는 학생도 있는데, 교과서에 제시된 방식대로 수업을 한다면 누군가는 너무 지루하고 또 누군가에게는 너무 어려운 수업이 된다. 이에 그동안 1학년 교실에서는 70~80%의 학생들이 이미 한글을 안다는 전제 하에 그들을 중심으로 수업을 진행하였고, 한글이 미숙한 학생들은 가정의 몫으로, 즉 가정에서 보충 지도해 줄 것을 요청하는 방식으로 운영되어 왔다. 그러나 2015 개정 교육과정에서의 '한글 책임 교육(한글은 학교에서 책임지고 가르치겠다)'의 공표는 학교 현장에서 학생 모두가 배울 수 있는 한글 지도 방법을 고민하게 만들었다.

실제 3월 초 우리 반의 한글 실태는 다문화 학생 8명(1명은 최근 입국자로 한국어 대화 자체도 어려운 상황)과 한글 부진 아동이 5명이었고, 이들 중에는 통글자 형태의 글자는 읽으나 개별 소릿값을 몰라 새로운 글자는 읽지 못하는 학생들도 있어 체계적인 한글 교육이 필요한 상황이었다. '모두'가 함께 배울 수 있는 교수·학습 방법이 필요했고, 특히나 장기간에 걸친 내용이기에 '재미있게' 배울 수 있는 한글 프로그램이 필요했다. 이에 교과서를 넘어서는 '우리 반만의 한글 교육과정'이 필요했고, 목표는 '모두가 즐겁게 한글을 익히고 능숙하게 읽고 쓸 수 있다'로 정하였다.

한글 교육(기초 문해력)[9] 관련 성취기준은 다음과 같다.

[2국02-01] 글자, 낱말, 문장을 소리 내어 읽는다.
[2국03-01] 글자를 바르게 쓴다.
[2국04-01] 한글 자모의 이름과 소릿값을 알고 정확하게 발음하고 쓴다.
[2국04-04] 글자, 낱말, 문장을 관심 있게 살펴보고 흥미를 가진다.

이 중, [2국02-01], [2국03-01], [2국04-01]은 1학년에서 반드시 완성되어야 하는 중점 성취기준이다. 일반적으로 성취기준은 학년군으로 배정되어 2년간 도달해야 할 목표이자 내용이지만, 국어과의 경우에는 성취기준을 중점 성취기준과 지속 성취기준으로 구분하여 제시한다. 중점 성취기준은 특정 학년에만 배정되어 있어 해당 학년에서 반드시 성취되어야 하는 성취기준이고, 지속 성취기준은 2년간 지속적으로 지도하는 성취기준이다. 따라서 성취기준의 성격으로 볼 때 한글 해득은 초등 1학년에 중점 배치된 만큼 1학년에서 최우선 과제로 성취되어야 할 내용이자 목표인 것이다.

---

9 한글 문해력은 한글 자체를 읽고 쓰는 '기초적인 문해력'과 낱말의 뜻, 맥락상의 의미를 이해하는 '기본/심화적인 문해력'으로 구분한다. 2015 개정 교육과정에서의 '한글 교육 강화'는 기초적인 한글 문식성을 의미하며, 이에 본 자료에서 설명하는 한글 교육 내용('자음이와 모음이의 한글 여행')은 1학기의 것으로, 한글 글자 자체를 읽고 쓰는 것에 초점을 둔 프로그램이다. 이후 2학기에서는 기본 문해력 신장을 위해 문학 작품을 중심으로 능숙하게 읽기 및 어휘와 의미를 이해하는 내용으로 구성된다.

이에 본 한글 학습 단원을 숙의·개발할 때에도 **한글 해득을 1년간의 장기 목표로 설정**하고, 1학기에는 한글을 읽고 쓰기 위한 기본으로 한글 자모의 이름과 소릿값을 정확하게 발음하고 쓸 수 있도록([2국04-01]) **'발음 중심의 교수법'을 중점에 두었고**, 2학기에는 이를 반복 연습하고 심화하여 문장과 글 속에서 의미를 이해하고 표현할 수 있도록 기획하였다.

수업 시수는 한글 해득과 관련하여 **총 98시간 이상**(장기 운영: 1학기)으로 계획하였다. 한글 학습을 3월 3주차부터 시작했는데, 이는 본격적인 한글 학습에 앞서 '세종대왕의 한글 창제 이야기'나 '모음이 만들어진 이야기' 등 설화를 통해 한글에 대한 호기심과 자부심을 갖고 학습에 임하게 하고 싶었기 때문이며, 국어과 교과서는 1단원의 바른 자세와 5단원의 인사하기를 제외한 전 단원의 내용을 한글 해득의 관점에서 수업했다. 물론 이는 학기 초 예상 시간으로, 최종 수업 시수는 실제 수업 상황(학생 이해도 및 진행 상황)에 따라 증배될 수 있었다.

> **[장기 운영: 국어과] 한글 수업 시수**
> ≒ **1학기 교과 배정 시수 - 주제 외의 교과서 단원 시수 + α**
> = 98차시 - 10차시 + 10차시 이상
>
> 1단원: 4차시   입학 초기: 10+증배 가능
> 5단원: 6차시

성취도를 확인하기 위한 수행 과제는 다음과 같다.

제목은 '세종대왕님께 자랑해야지~'로, 한글 자모의 이름과 소릿값, 글자 읽고 쓰기를 수업 시간 중 미션(세종대왕을 구하라!)으로 과정 평가하고 두 차례(5월, 7월)에 걸친 개별 평가를 통해 학습 상황을 상시 파악하되, 학생들의 입장에서는 배움에 대한 즉각적인 피드백으로 성취감과 자신감을 갖도록 유도하였다. 특히 학기 말 단원 마무리는 '한글 관련 책 만들기(전시)와 한글 인증서'를 수여함으로써 한글과 세종대왕님께 '자랑스러운 마음'을 가질 수 있도록 계획하였다.

평가 기준(이해의 증거)은 위 국어과 '한글 성취기준'과 단원 개발 시 중심축(개념적 렌즈)으로 잡았던 '한글/세종대왕에 대한 자부심'이다. 본 단원을 프로젝트로 계획함에 있어 '한글 해득 능력'과 함께 '자부심'을 염두에 두었기에 이를 평가하는 성취기준([2학01-01] 한글 자부심)은 추가로 생성하였다. 다만, 추가된 성취기준이 학생들의 학습에

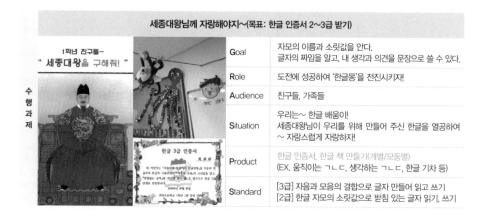

수행 과제

세종대왕님께 자랑해야지~(목표: 한글 인증서 2~3급 받기)

Goal	자모의 이름과 소릿값을 안다. 글자의 짜임을 알고, 내 생각과 의견을 문장으로 쓸 수 있다.
Role	도전에 성공하여 '한글몽'을 전진시키자!
Audience	친구들, 가족들
Situation	우리는~ 한글 배움이! 세종대왕님이 우리를 위해 만들어 주신 한글을 열공하여 ~ 자랑스럽게 자랑하자!
Product	한글 인증서, 한글 책 만들기(개별/모둠별) (EX. 움직이는 ㄱㄴㄷ, 생각하는 ㄱㄴㄷ, 한글 기차 등)
Standard	[3급] 자음과 모음의 결합으로 글자 만들어 읽고 쓰기 [2급] 한글 자모의 소릿값으로 받침 있는 글자 읽기, 쓰기

부담이 되지는 않도록 학습 과정 속에서 강화하고 평가하였다.

평가 기준	방법	매우 잘함	보통	노력 요함
[2국02-01] 글자, 낱말, 문장을 소리 내어 읽는다.	체크 리스트	글자, 낱말, 문장을 정확하고 능숙하게 소리 내어 읽을 수 있다.	글자, 낱말, 문장을 정확하게 소리 내어 읽을 수 있다.	글자, 낱말, 문장의 일부를 소리 내어 읽을 수 있다.
		S T	S T	S T
[2국03-01] 글자를 바르게 쓴다.	관찰 평가	바른 자세를 유지하면서 받침이 있는 글자를 낱자의 모양과 간격을 고려하여 짜임과 필순에 맞게 쓸 수 있다.	바른 자세를 유지하면서 받침이 있는 글자를 짜임과 필순에 맞게 쓸 수 있다.	받침이 없는 글자를 짜임과 필순에 맞게 쓸 수 있다.
		S T	S T	S T
[2국04-01] 한글 자모의 이름과 소릿값을 알고 정확하게 발음하고 쓴다.	수행 평가	한글 자음자와 모음자의 이름과 소릿값을 알고, 언어생활에서 한글 자모를 찾아 정확하게 발음하고 쓸 수 있다.	한글 자음자와 모음자의 이름과 소릿값을 알고 이를 정확하게 발음하고 쓸 수 있다.	한글 자음자와 모음자의 이름과 소릿값을 일부 알고, 이를 발음하고 쓸 수 있다.
		S T	S T	S T
[2국04-04] 글자, 낱말, 문장을 관심있게 살펴보고 흥미를 가진다.	관찰 (자기, 교사)	글자, 낱말, 문장에 적극적인 관심과 흥미를 가지고 탐구한다.	글자, 낱말, 문장에 관심과 흥미를 가진다.	글자, 낱말, 문장에 큰 관심을 보이지는 않는다.
[2학01-01] 훈민정음의 의미를 알고, 한글에 대한 자부심을 갖는다.	관찰 평가 (자기, 교사)	훈민정음의 뜻을 알고, 우리나라 글자(한글)의 우수성을 설명할 수 있다.	한글 창제 이야기를 통해 한글 창제 배경과 특징을 설명할 수 있다.	한글 창제 이야기를 통해 한글 창제 배경 및 특징을 다소 이해한다.
		S T	S T	S T

Step 4 단원 계획(Frame) 정리하기

학기 초 정보공시용이자 교사용으로 정리하는 **진도표는 대강화**하여 활용하였다. 교육과정 작성 프로그램(이지)을 활용하되, 교사 교육과정에 대한 정보(주제, 성취기준, 교과서 단원 또는 평가 계획, 시수 등)가 드러나도록 양식을 수정하여 사용하였다.

1학기 교육과정 운영 계획 (진도표-이지○○ 활용)

TC 개발 단원: 3개
- 학기 초: 진짜 1학년 되기 프로젝트(입학 초기 적응 활동)
- 국어과: 자음이와 모음이의 한글 여행(한글 교육)
- 학년 말: 책거리 및 교육과정 발표회

통합 교과: 주제 단원별 내용 재구성
창체(자율): 학급 활동 중심
- 마주 이야기(월1) / 회복적 생활 교육(금5)
- 학급의 날, 생일 축하 등

2021학년도 1학기

주	기간	수업 일수	수업 시간	학교 행사	주제/단원 – 주요 내용		성취기준 ⇨ 평가 계획
1	3. 2-3.5	4	14	3.2(화) 입학식	**진짜, 1학년 되기 프로젝트~!** –사람과 친해지기: 친구, 교사 등 –교실과 친해지기: 교실, 사용법, 학급 약속 등 –프로젝트 발표회: 기념 떡, 입학 선언서 등	(80) 자45 통20 국4 수1	
2	3. 8-3.12	5	20				(자율)입학 초기 –누가 기록
3	3.15-3.19	5	20				
4	3.22-3.26	5	23	3.26(금) 1반의 날			
5	3.29-4. 2	5	23	4.2(금) 진짜 1학년? 4.2(금) 문화예술수업		80	[2바01-01] 학교생활에 필요 한 규칙과 약속을 정하고 실천하기
6	4. 5-4. 9	5	23	4.9(금) 문화예술수업			
7	4.12-4.16	5	23	4.14(수) 국악수업 4.16(금) 문화예술수업			

국 어			수 학		통 합(바슬즐)		창의적 체험 활동	
한글 1탄 -선 그리기		창					◆입학식(자2) ★진짜 1학년 되기(8) -자리 정리 (사물함, 서랍, 신발장 등)	14 14
한글 1탄 -진단 활동		창	진단활동		1. 학교에 가면	12 12	★진짜 1학년 되기(12) -진단활동 -학용품 사용법 -화장실 사용법 -복도 통행법 등	8 22
1. 바른 자세로 읽고 쓰기	한글 2탄 -한글 창제 이야기	창			1. 학교에 가면 2. 도란도란 봄동산	19 31	★진짜 1학년 되기(12) -자음모음이 책 연습 -20분 그림 그리기	1 23
3. 다같이 아야어여	모음 ㅏㅑㅓㅕ	2 2			2. 도란도란 봄동산	19 50	★진짜 1학년 되기(12) -개별/팀별 미션 연습 -학급 약속 정하기 등	4 27
3. 다같이 아야어여	모음 ㅗㅛㅜㅠ	3 3			2. 도란도란 봄동산 -약물, 인터넷 중독(3)	11 61	★학교상상 프로젝트(5) ◆마주 이야기(자1) ◆문화예술수업(동1) ◆안전한 생활(1)	7 34
2. 재미있게 ㄱㄴㄷ	모음 ㅡㅣ	12	수학은 내 친구(1) 1. 9까지의 수(3)	4 4	2. 도란도란 봄동산 -생명존중 교육(2)	8 69	◆마주 이야기(자1) ◆문화예술수업(동1) ◆안전한 생활(1) -성교육(1) -성폭력, 성희롱 예방교육(1)	4 38
2. 재미있게 ㄱㄴㄷ	자음 ㄱㄲ/ ㄴㄷㄸ	17	1. 9까지의 수(4)	4 8	1. 우리는 가족입니다. ◆국악수업(2) -성교육(1) -직업안전(2)	11 80	◆마주 이야기(자1) ◆문화예술수업(동1) ◆안전한 생활(1)	3 41

단원 세부 계획은 아래와 같다. **(단원 개발의 초점(개념적 렌즈**[10]**)인 '한글에 대한 자부심'을 중심으로)** 중점 성취기준과 핵심 질문을 명시하여 학습의 초점을 명료화하고자 하였으며, 한글 해득용 교재를 개발하여 활용하고자 하였다.

교과서 단원	2~9단원 (1, 5단원 제외)			총 시수	98차시	관련	국어(국활), 창체(입학 초기)
중점 성취기준	[2국02-01] 글자, 낱말, 문장을 소리 내어 읽는다. [2국03-01] 글자를 바르게 쓴다. [2국04-01] 한글 자모의 이름과 소릿값을 알고 정확하게 발음하고 쓴다.			개념적 렌즈	세종대왕과 한글에 대한 자부심		
지속 성취기준	[2국02-05] 읽기에 흥미를 가지고 즐겨 읽는 태도를 지닌다. [2국03-04] 인상 깊었던 일이나 겪은 일에 대한 생각이나 느낌을 쓴다. [2국04-03] 문장에 따라 알맞은 문장부호를 사용한다. [2국04-04] 글자, 낱말, 문장을 관심 있게 살펴보고 흥미를 가진다. [2국05-03] 여러 가지 말놀이를 통해 말의 재미를 느낀다.			핵심 역량	의사소통 역량, 지식정보처리 역량, 창의적 사고 역량		
				핵심 질문	• 한글을 배우는 게 왜 중요할까? • 모음은 왜 모음(母音)일까? • 자음의 소릿값에는 어떤 비밀이 숨겨져 있을까?		
사실 & 개념 〈앎〉	글자, 낱말, 문장	문장부호	그림일기	기능 (사고/탐구) 〈함/됨〉	【기본 생활+학습 태도】 • 바른 자세로 앉기, 읽기, 쓰기 • 글자, 낱말, 문장에 흥미 갖기 【학습 능력】 • 말의 재미 • 문장 쓰기		
	• 자음과 모음의 이름과 소릿값 • 문장부호	• 글자의 짜임 • 바르게 쓰기(맞춤법, 자세)					
일반화된 지식	• 듣기와 말하기는 화자와 청자가 구어로 상호교섭하며 <u>의미를 공유하는 과정</u>이다. • 읽기의 가치를 인식하고 자발적 읽기를 생활화할 때 읽기를 효과적으로 수행할 수 있다. • 쓰기는 쓰기 과정에서의 문제를 해결하며 의미를 구성하고 <u>사회적으로 소통하는 행위</u>이다. • 발음 · 표기, 어휘, 문장 · 담화 등 국어 규범에 대한 이해를 통해 <u>국어 능력</u>을 기르고 바른 국어 생활을 할 수 있다. • 국어의 가치를 인식하고 국어를 바르게 사용할 때 국어 능력이 효과적으로 신장된다.			방향성 * 교재	• 한글에 대한 흥미 • 체계적인 한글 지도 • 놀이 교육과정 		

---

10 개념적 렌즈(conceptual lenze)는 개념 기반 교육과정(Concept-Based Curriculum & Instruction)에서 사용되는 용어로, 단원/주제를 관통하는 실(thread)과 같은 개념이다. 즉 차시차시별 수업을 하나로 묶어낸 중심축-주제 단원에서 일관되게 지향하는 핵심 개념-과 같은 것이다.

【한글】 지도 계획 = 「자음이와 모음이의 한글 여행」 = 절충식 방법 (하향식: 발음 중심 + 상향식: 의미 중심)

시기	학습 내용	교재	맞춤형 전략	평가
도입	• [도입] 할머니의 한글 이야기 • 모음은 어떻게 만들어졌을까? 원리: 천(天: •) / 지(地: ㅡ) / 인(人: ㅣ)	• 스토리 텔링	매일 숙제: 쓰기 1번 선택 과제: 바르게 쓰기	
모음	• 이름과 소릿값 ㅏㅑㅓㅕ / ㅡㅣ / ㅗㅛㅜㅠ	• 수업 ppt • (경남)아이좋아 교재 • 10칸 공책	♣세종대왕님께 자랑해야지~ ▶도전 읽기　(유토/클레이) ▶모음 노래　모음 만들기	
자음 (글자의 짜임)	• 이름과 소릿값 ㅇㅎ / ㄱㅋㄲ / ㄴㄹ / ㄷㅌㄸ / ㅁㅂㅃ / ㅅㅈㅊㅆㅉ	**음절** • 칸 이용: 모음 그리기 • 모음이 들어간 낱말 쓰기　교과서 (2,3,4,6 단원)	♣세종대왕을 구하라! ▶도전 읽기　(유토/클레이) ▶자음 노래　자음 만들기	[1차: 5월쯤] ⇨ 가정 통지 -자음, 모음 이름과 소릿값 -태도 등 정의적 평가 ▶한글 인증서 3급
받침 (글자의 짜임)	• 소릿값 ㄱ가족 / ㅅ가족 ㄷ가족 ㄴㄹㅁㅂㅇ	**낱말** • 자음 스티커 활용 • 자음 낱말 찾기　국어 활동 (98-109) : 글자 바 르게 쓰기	♣세종대왕을 구하라! ▶도전 읽기　낱말 놀이터 ▶받침 노래　(어휘력)	
복잡한 모음	• 소릿값 ㅐㅔ / ㅒㅖ / ㅘㅚㅙ / ㅝㅞㅟ / ㅢ	**문장** • 받침 낱말 찾기 • 복잡한 모음 낱말 • 문장 만들기	♣세종대왕을 구하라! [읽기] ▶받침 없는 동화책　낱말 놀이터 ▶한글 노래　(어휘력)	▶한글 인증서 2급 　[2차: 1학기말] ⇨가정 통지 - 받침 글자: 낱말 읽기 ※한글 또박또박
[2학기] 겹받침	• 소릿값 ㅄ / ㄲ / ㅆ	**문단** • 겪은 일이 드러나 게 문장 쓰기　국어 활동	♣세종대왕을 구하라! [국어] ▶그림책 활용 교육과정 운영	▶한글 인증서 1급 　[3차: 11월] - 기초학력평가

2. 수업 만들기

수업 만들기(CM: Curriculum Making)	
Step 5	프로젝트 상황 만들기
Step 6	차시별 수업 만들기
Step 7	과정평가 계획하기
Step 8	교육과정 실행하기[11]

Step 5 프로젝트 상황 만들기

Q. 「자음이와 모음이의 한글 여행」이 뭐야?

프로그램명: 자음이와 모음이의 한글 여행

프로그램 특징

- 교수·학습 방법: 발음 중심 교수법('자모 소릿값'에 초점)
- 재미 요소: 한글몽(원숭이 인형), 한글 놀이
- 도전 요소: '세종대왕을 구하라' 단체 미션

프로그램 종료

- 한글몽이 세종대왕님께 도착할 때!
- 한글 인증서, 한글 책 만들어 자랑하기

---

11 'Step 8. 교육과정 실행하기'는 단계별 계획과 함께 설명하였다.

「자음이와 모음이의 한글 여행」은 한글 학습용 프로젝트[12]다. 한글을 자모부터 체계적으로 가르치되 소릿값의 원리를 찾을 수 있도록 차시별 수업은 '탐구학습'으로 계획하였고, 모두가 즐겁게 배울 수 있도록 '도전과 재미'라는 상황 요소를 가미하였다.

먼저, 이 프로그램에서 학생들에게 '성취감'을 경험할 수 있도록 고안한 전략은 **'도전' 요소**다. 일명 **'세종대왕을 구하라!'** 미션은 그날의 수업 내용(한글 원리) 중 일부를 기억하고 확장하여 '제한된 시간 동안 정해진 개수 이상의 낱말을 쓰는 것'이다. 예를 들어, 그날의 수업 내용이 '한글 자음 ㄱㅋㄲ의 이름과 소릿값을 배우는 것'이라면 수업 후반부에 도전 과제로 'ㄱㅋㄲ이 들어간 낱말을 7개 이상 쓰시오.'가 제시되고, 학생들은 각자 자신의 정답을 허니콤보드에 적어 칠판에 붙이는 것이다. 이렇게 정해진 시간 내에 모든 학생들이 낱말을 써서 붙이면 함께 읽으며 정확도를 확인하고, 도전 과제(미션)의 성공 여부를 폭풍 칭찬한다. 이 과정에서 교사는 학생들의 학습 정도를 점검할 수 있고(과정 평가), 학생들은 자신의 학습(배움, 연습과 노력)에 대해 성취감을 맛볼 수 있다.

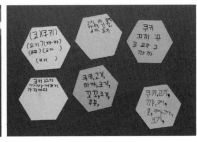

---

12 여기서 '프로젝트'의 의미는 길패트릭의 구안법(Project Method)처럼 학생들이 직접 계획하여 운영하는 학습법이라는 의미보다는, 일상적 용어로 사용되는 '장기간의 주제 학습' 또는 '일정 기간 해결해야 하는 문제-상황'의 의미이다.

이 프로그램에서 **'재미(Fun)' 전략**은 **'한글몽'**과 **'다양한 놀이'** 활동이다. 먼저, '한글몽'은 본 한글 해득 수업이 장기간의 프로젝트인 만큼 지속적인 한글 학습에 대한 흥미를 유도하기 위하여 구안된 전략이다. 즉, 수업 시간에 진행되는 일련의 도전 과제(미션 활동)를 일회성이 아닌 '세종대왕을 구하기' 위한 일련의 과정으로 만드는 것이다. '한글몽'은 학생들의 미션 성공 여부를 가시적으로 보여 주기 위한 아바타로, 미션을 성공할 때마다 학생들을 대신하여 밧줄을 타고 전진하며, 한글몽의 최종 도착지에는 세종대왕이 갇혀 있어서 우리가 한글을 열심히 공부하여 세종대왕을 구한다는 설정이다. 이러한 전략은 학생들에게 한글몽(인형)이라는 친근함뿐만 아니라 세종대왕에 대한 관심과 한글 학습의 재미·중요성에 대한 막연한 동경과 자부심을 갖게 할 수 있다. 또한, 이러한 도전과 성공 여부가 개별이 아닌 학급 전체 학생들의 참여와 학습으로 결정되는 만큼 서로가 격려하고 노력하도록 유도하는 활력소이자 자극제가 되었다.

그 외 '심화 및 재미' 전략으로 수행한 놀이 활동으로는 클레이로 글자 만들기, 자모 이름으로 전래 놀이하기(한글 꽃이 피었습니다. 우리

집에 왜 왔니 등), 화이트보드에 글자 쓰기, 글자 전달하기/릴레이 쓰기, 이구동성 게임, 글자 라벨 붙이기 등이며, 이는 한글 공부가 단순히 읽고 쓰는 정적인 활동이 아닌 충분히 재미있게 활동할 수 있는 공부라는 경험과 인식을 만들어 주고자 의도하였다.

Step 6 차시별 수업 만들기

차시별 수업은 **홀소리(모음)** ⇨ **닿소리(자음)** ⇨ **받침 없는 글자** ⇨ **받침 있는 글자의 순**으로 계획하였다.

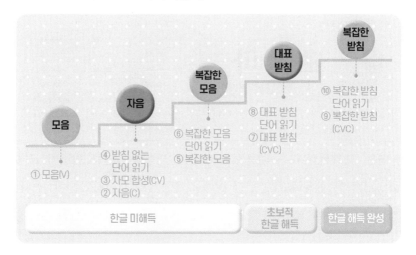

한글 창제 원리에 기반하여 체계적으로 가르치되, 학생들 개개인이 한글의 원리를 익혀 낯선 글자도 스스로 읽고 쓸 수 있도록 탐구학습을 지향하였다. 즉, 공통 소릿값(音素: 자음, 모음)별로 수업을 계획하되 (예: ㄱㅋㄲ, ㄴㄷㅌㄸ 등), 2차시의 블록 수업을 기본으로 하여 소릿값을 익히고 공통점(한글 원리)을 찾아 미션 수행하는 것을 한 세트로 설정하였다.

단위 차시의 수업 내에서 충분히 발음을 연습할 수 있도록 직접 교수법(Direct Method: 설명하기 ⇨ 시범 보이기 ⇨ 질문하기 ⇨ 활동하기)을 기본으로 자모의 이름과 소릿값 알기(설명), 소리 따라 읽기(익히기), 소리의 규칙 찾기(탐구), 규칙대로 읽어 보기(응용) 등으로 수업하였다.

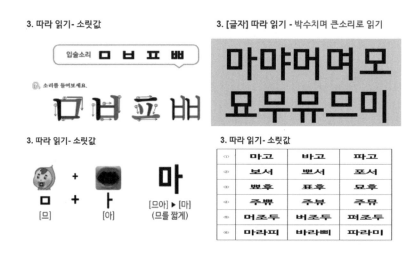

한편, 교과서와 다른 내용으로 수업이 진행되는 만큼 별도의 교재를 제작하여 활용하였다. 한글 교재는 총 3개로 제작하였는데, 첫 번째 교재(자음이와 모음이의 한글 여행: 1탄)가 기본 선 그리기, 색칠하기,

숫자 세기 등 학습의 기초 능력을 확인하는 것으로 3월 입학 초기 적응 활동 시간에 활용되었다면, 본격적인 한글 학습의 주 교재인 「자음이와 모음이의 한글 여행: 2탄」은 교육부(교육과정평가원, 인천광역시 교육청)에서 배부한 「찬찬한글」을 수정·편집[13]해 활용하였고 가정용 과제(학년 공통; 매일 10분 숙제)로 복습·심화하였다.

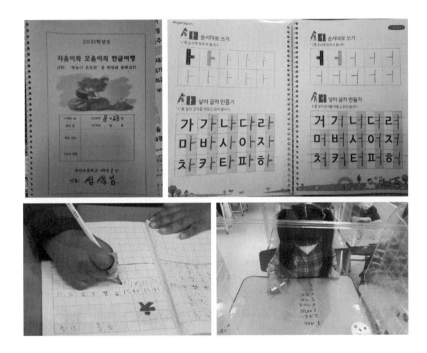

---

13 '찬찬 한글'이 교육부에서 배부한 공식 한글 교재(차시별 유튜브 방송도 있음)라면, 각 지역 교육청에서는 이를 수정하여 여러 교재를 제공했다.
   * 경남에서는 '아이좋아'라는 이름으로 교사용, 학생용 교재를 배부했는데, 한글 창제 원리에 기반을 두면서도 지도 순서 및 연습용 내용들이 있어 본 프로그램에서는 이를 기본 교재로 사용했다.
   * 광주교육청에서는 '똑똑 글자놀이'라는 이름으로 교재와 차시별 유튜브 방송까지도 지원하는데, 교재의 내용 중 자모의 음가 부분에 대한 설명과 그림이 자세하여 지도시 이를 적극 활용했다.
   * 경기도 교재는 '한글로 움트는 배움과 성장'으로, 특히 교수·학습 방법에 대한 다양한 예가 좋아 수업 방법에 참고했다.

「자음이와 모음이의 한글 여행: 3탄」은 2학기에 활용하였다. 「자음이와 모음이의 한글 여행: 3탄」은 1학기 한글 해득 내용을 복습하고 심화하는 교재로 크게 두 부분으로 조합되었다. 하나가 '말놀이 동요'를 활용하여 동시에 있는 받침 글자 등을 찾고 노래하며 새로운 낱말과 어휘를 문장으로 만들어 보는 심화 활동이었고, 다른 하나는 '받아쓰기 연습' 자료로 한글 창제 원리에 따라 제시된 낱말과 어휘 꾸러미에서 한글 원리를 찾아 연습하는 복습 자료였다. 2학기부터 시작한 받아쓰기는 이 자료로 사전에 학교에서 원리 찾기 탐구 학습을 하고, 가정에서 매일 10분씩 숙제로 연습하였으며, 주 1회 학교에서 받아쓰기로 평가하였다.

그리고 가정으로 배부되는 주간학습안내에는 관련 교과서 단원과 실제 수업 내용인 「자음이와 모음이의 한글 여행」을 함께 안내하였다.

	월(5/24)	화(5/25)	수(5/26)	목(5/27)	금(5/28)
아침맞이	나침반 5분: 안전 교육 – 손 소독 및 발열 체크				
1블럭 (9:10~ 10:30)	창의적 체험 활동(자)	국어	국어	국어	국어
	·마주 이야기 ·도서관: 반납, 대출	2. 재미있게 ㄱㄴㄷ	2. 재미있게 ㄱㄴㄷ	2. 재미있게 ㄱㄴㄷ	자음모음 책 글자 연습
	통합(여름)	자음이와 모음이의 한글 여행	자음이와 모음이의 한글 여행	자음이와 모음이의 한글 여행	창체(동아리)
	학교 한 바퀴	자음: 이름과 소릿값 (ㅅ,ㅈ,ㅊ)	자음: 이름과 소릿값 (ㅆ,ㅉ)	자음: 글자 연습 (ㅅ,ㅈ,ㅊ,ㅆ,ㅉ)	컵타 연주
		***	***	***	

한글 지도의 실제

※탐구학습: 기지(旣知)에서 미지(未知)로 진행될 때, 체계적인 반복 속에서 원리 탐구가 가능하다!

① 『모음』 먼저 배우기

– 모음을 알아야 자음과 연결하여 글자를 읽을 수 있으므로, 모음을 먼저 배우는 것이 맞다!

– 차례대로 읽으면 찾아도 ok!

(예) '야' 써 볼까? ⇒ 모음을 순서대로 써놓은 자료에서 앞에서부터 차례대로 '아야…' 읽으면서 찾으면 됨.
이 단계에 익숙해지면 거꾸로도, 섞어서도 읽을 수 있는 단계가 된다.

② 배운 단어 포함+지속적으로 반복되도록 학습하기

– 모음 ㅑ를 배우는 시간이면, 전 시간에 배운 ㅏ를 포함하여 ㅏㅑ로 글자 만들어 보기

(예) 한 글자 – 야! 두 글자 – 아야~ 세 글자 – 아야야~ 등의 순서로

– 자음 ㄱㄴ을 배운 후 복습(ㄱ~ㄴ) ⇒ ㄷ배운 후 복습(ㄱ~ㄷ) ⇒ (ㅅ정도 되면, 아이들이 스스로 규칙을 찾게 됨)

영역	시기 (교육과정)	지도 방법	도서명 or 학습 자료	비고
한글 지도 ※붙임 수업안 참조	교재 제본	• 『자음이와 모음이의 한글 여행』: 자료 제작 –1학기 (1탄) 선 그리기: 기본 선 그리기 　　　(2탄) 자음이와 모음이의 한글 여행: 자음–모음 쓰기 　　　(경남, 아이좋아) –2학기 (3탄) 말놀이 동시집: 색깔 글자, 시화 완성하기 　　　(4탄) 틀린 글자 고치기, 띄어쓰기	– 책 제본	〈한글 해득 수준〉 – 0%: 태○ – 다문화 아동: 8명 – 20~50%: 6명 – 우수: 5명
	3월 3주 시작~! 기본 모음	• (시작) 할머니의 한글 창제 이야기 • 모음의 원리: 천(天: ·) 지(地: ㅡ) 인(人: ㅣ) • [10 기본모음]: ㅏ,ㅑ,ㅓ,ㅕ / ㅡ,ㅣ / ㅗ,ㅛ,ㅜ,ㅠ [1일차] ① '한글몽 모음 송' 노래 부르기 　　　② 전 시간에 배운 글자: 확인 　　　③ 오늘 배울 글자는? 　　　　– 소리 위치/발음 알아보기 　　　　– 따라 읽기/함께 읽기: 연습 　　　④ 게임으로 알아보기: 이구동성 게임 　　　⑤ 공책 정리	• 노래 – 우리말이 정말 좋아요 – ㅏㅑㅓㅕ송 (한글이 야호) –원숭이 모음송	※자음이와 모음이의 한글 여행: 교재 & 쓰 기 공책 활용 ※글자 찾기의 경우, 기 배운 모음에서+배운 모음으로 시작하는 낱말을 포함하여 낱 말 찾도록~ ⇒규칙을 찾게 됨. ※한글몽 이동은 미션 성공에 큰 역할을 한 아동+동기부여가 필 요한 아동

	[2일차] ① 복습 ② 「세종대왕을 구하라」 미션~ – 모음이 들어간 글자 (허니콤보드 활용) – 성공 기준: 전체 10종류 이상 찾기~ (더 많은 아이들이 성공하도록 유도 & 동기부여/격려하기) ③ 세종~ 공책에 정리하기 ④ 복습: 교재 쓰기 (아침 시간 등 활용)		
	[복습-평가] ❶ 국어책, 국어 활동으로 복습 ❶ 같은 모음 그림 찾기: ppt ❷ 텔레파시 게임 ❸ 글자 전달하기: 등에 글자 쓰기 ❹ 몸으로 표현하기: 노래에 모음글자 동작 만들기 ❺ 진단 평가지: 찬찬한글 자료 수정		※충분히 익숙해지도록 연습하기!!
기본 자음 + 복잡한 자음	• 【14 기본 자음+ 5 복잡한 자음】: ㅇㅎ / ㄱㅋㄲ / ㄴㄹ / ㄷㅌㄸ / ㅁㅂㅍㅃ / ㅅㅈㅊㅆㅉ • 자음의 이름, 규칙(이름의 시작과 끝이 자음과 같음) [1일차] ① 수업 준비: '우리말이 정말 좋아요' 노래 부르기 ② 전 시간에 배운 글자: 확인 ③ 오늘 배울 글자는? – 소리 위치/소릿값 알아보기 – 따라 읽기/함께 읽기: 연습 ④ 게임으로 알아보기: 텔레파시 게임, 글자 전달하기, 유토 만들기 ⑤ 세종~공책에 글자 연습: 자음 이름, 가갸거거~ [2일차] ① 전시 학습 복습: 소릿값 ② 「세종대왕을 구하라」 미션~ – 기 배운 글자로 낱말 만들기 (허니콤보드 활용) – 성공 기준: 각자 7종류 이상 쓰기 (더 많은 아이들이 성공하도록 유도 & 동기부여/격려하기) ③ 세종~공책 복습: 우리가 찾은 낱말 쓰기 ④ 복습: 쓰기 교재 (아침 시간 등 활용)		※글자 찾기의 경우, 앞서 배운 글자를 포함하여 반드시 배운 글자에서 찾을 수 있도록 ⇒ 규칙을 찾게 됨. ※차시별 먼저 쓰기가 끝난 친구들은 – 2단계: 책상 복습 – 3단계: 낱말 찾기 미리 써보도록 안 내!
	[심화-평가] ❶ 국어책/국어 활동, 한글 교재로 복습 ❶ 글자 자석/라온 한글 게임: 글자 만들기 ❷ 명화/그림책 장면에서 글자 찾기: 자모음 스티커 활용 ❸ 한글 인증: 2단계-모음/자음 이름과 소릿값 3단계-받침 글자		
복잡한 모음	• 【11 복잡한 모음】: ㅐㅒㅔㅖ / ㅘㅙㅚ / ㅝㅞㅟ / ㅢ – 자음 14자에 모음 붙여: 소릿값 알기		※겹받침 11개는 외우 는 방법 외에는 없음 (대표 음가는 앞 글자, ㄹㄱ,ㄹㅁ,ㄹㅍ(고무 풀)만 뒷받침을 읽음)
받침글자 (2학기 중점)	• 【기본 받침글자】: ㄱ, ㄴ, ㄹ, ㅁ, ㅂ, ㅅ, ㅇ • 【복잡한 받침글자】: ㄲ, ㄸ, ㄶ, ㄺ, ㅄ 등		

'수업 만들기'는 주제(단원)의 목표를 도달하기 위한 세부적인 내용에 대한 계획이다. 따라서 '수행 과제'가 목표 도달도를 확인하기 위한 전반적인 차원의 총괄 평가라면, 이를 도달하기까지의 과정 평가가 필요하고, 이는 다음과 같이 계획하여 실행하였다.

먼저, 3월 한글 진단 평가는 「찬찬한글」에서 제공하는 평가지를 활용하였다. 기본 모음, 자음을 읽을 수 있는지 확인하였고, 이는 이후 수업에서 학생들의 성장 정도를 확인할 수 있는 기준이 되었다.

5월 말에 실시한 중간평가는 기본 자모의 이름과 소릿값을 확인하는 평가로, 받침 없는 글자(글자의 짜임)를 확인하는 평가였다. 자체 평가지를 만들었고, 한글 해득 정도와 태도에 관한 결과 보고서는 가정으로 안내하였으며, 학생들에게는 그간의 노력과 성장에 대한 보상으로 담임 재량의 '한글 3급 인증서'를 수여하였다.

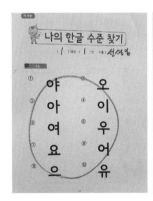
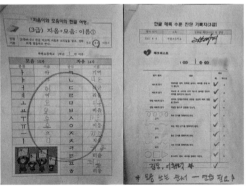

그리고 1학기 말과 2학기 중반에는 교육부에서 제공하는 '한글 또 박또박' 사이트를 이용하여 한글 능력을 평가하였고, 개별 오류 반응을 통해 한글 해득상의 어려움을 확인하였다. 또한, 1-2차 평가의 결과는 학생별 성장 발달이 누가되어 있어 보고서로 출력하여 가정과 연계하였다.

마지막으로 학년 말에는 2학년에서 실시되는 기초 학력 평가 문항을 활용하여 문장 단위의 평가를 실시하였다.

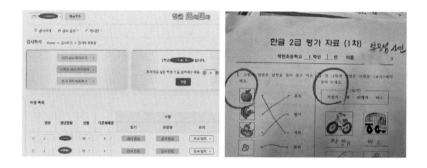

이러한 과정 평가를 통해 최종 목표인 '세종대왕님께 자랑해야지~'는 초등 1학년의 한글 학습을 종결하는 자료로 '한글 책 만들기'를 하였다. '내년 동생들이 한글 학습할 때 보여 줄 책'이라는 설정을 통해 그간 보았던 여러 가지 한글 책(예: 기차 ㄱㄴㄷ, 움직이는 ㄱㄴㄷ, 엄마소리가 말했어, 한글 이야기 등)에 자신만의 아이디어를 더해 만들어 보게 하였으며, 학년 교육과정 발표회를 통해 서로 공유하였다. 또한, 이는 최종 수행 과제로 주제(단원)의 목표 도달도를 확인하는 자료가 되었다.

1학기 한글 학습에 대한 학생별 나이스(NEIS) 평어는 다음과 같다.

(권○○)
한글 자음의 소릿값 및 음소는 확실하게 구분이 가능하나 모음 및 받침 글자를 많이 헷갈려 하여, 들은 소리나 자신의 생각 등을 글로 쓰는 데 어려움이 있음. 특히 자음 ㄴ과 ㅁ의 소릿값을 구분하지 못하고 발음하는 것도 어려워하여 전문적인 검사가 필요해 보임. 자신이 경험하고 겪은 일을 일기글로 쓰는 연습을 통해 쓰기 연습을 지속하기 바라며, 특히 소리 내어 읽기를 통해 글을 능숙하게 읽는 연습을 하기 바람.

(김○○)
꾸준한 노력으로 글자를 바르게 쓰는 실력이 좋아졌으나, 새로운 글자를 만났을 때에는 떠듬떠듬 읽거나 글자를 빠뜨리고 읽는 경향이 있어 소리 내어 읽기를 더 연습하기 바람.

(김○○)
한글을 반듯하게 잘 쓰고, 자신이 겪은 일상과 소감을 일기글로 잘 표현하며, 특히 맞춤법 및 문장부호 사용 실력이 매우 우수함. 알맞은 크기의 목소리로 책을 능숙하게 읽으며, 실감나는 목소리로 연극 발표에 즐겁게 참여함.

한글 교육과정

"이 주제 단원의 '키워드'는 뭔가요?"

이 수업을 구상하면서 고려한 핵심 키워드(개념적 렌즈)는 한글(우리나라–세종대왕)에 대한 자부심'과 '나도 할 수 있다는 성취감'입니다.

초1이 학교 학습의 첫 시작인 만큼, 모든 학습의 첫 출발점인 '한글 교육'을 차근차근 시작해 보자는 설명은 학생들에게도 충분히 이해될 주제라고 생각돼요. 다만, 이번 학습을 통해 학생들에게 기대하는 바는 크게 2가지인데, 첫 번째는 한글에 대한 자부심. 교과서에 있으니까 해야 된다가 아니라 '한글이 이렇게 과학적이고 백성들을 위해 만들어진 대단한 글자야~'라는 세종대왕의 한글 창제 원리를 통해 우리나라에 대한 자부심을 느끼게 하고 싶었어요.

두 번째는 '모두~'가 배움에 대한 재미와 성취감을 경험하면 좋겠다는 거였어요. 이미 한글에 능숙한 아이들이 있지만 전혀 모르는 아이들도 있으니, 체계적으로 배우되 모두가 재미있게 배울 수 있는 상황을 만들자는 것이지요. 재미있게 함께 배우고 도전적 요소를 넣어 학습에서 작은 성공을 맛보아야 배움을 즐겁게 받아들일 테니까요. 제가 생각하는 초1의 핵심이 바로 '한글'이거든요.

❝'Step 5. 프로젝트 상황 만들기'라는 단계는 직접 만드신 거죠?❞

네. 앞서 설명처럼, 교육과정을 개발하는 단계 Step은 교사별, 교과별로 달라질 수 있는 거고, '한글 교육'이 1학기 내내 지속되는 장기간의 수업이라 학생들에게도 차시차시의 수업이 아니라 하나의 긴 실로 맥락을 연결해 줘야 지속적인 학습이 가능하다고 생각했어요. 그걸 프로젝트 상황이라는 이름으로 쓴 거고요.

❝중점 성취기준, 지속 성취기준은 선생님이 만드신 건가요?❞

아니요. 국어과 지도서에 성취기준을 그렇게 구분하여 제시하고 있어요. 국어과의 교과적 특성인데, 중점 성취기준은 해당 학년에서 반드시 달성해야 하는 거고, 지속 성취기준은 1–2학년군에서 지속적으로 배우는 내용이거든요. 타 교과랑 다른 점이죠.

여기 초1에서의 '한글 교육'은 '한글 해득'과 직접적으로 관련되는 내용이라 중점 성취기준이 배치되어 있어요. 물론 한글 해득의 목표(최종 도달 시기)는 2학년까지지만, 1학년 2학기나 2학년에서는 겹받침 등 어려운 받침이나 글자와 소리가 달라지는 내용 등이 추가되는 정도고, 기본 자모음의 소릿값 등 기초적인 내용은 모두 1학년에 배치되어 있거든요.

우리 마을을 알다, 동네 한 바퀴 초2

개념적 렌즈로 통합 교과 비틀어 보기

힐베르트의 역설-무한 호텔

무한개의 객실이 있는 호텔에 투숙객이 꽉 차 빈방이 없는 상태에서
손님 한 명이 온다면 새로운 손님은 호텔에 묵을 수 있을까?
주인은 객실로 올라가 모든 투숙객들에게 옆방으로 한 칸씩 이동해 달라고
부탁한다. 손님들은 자신의 '객실 번호+1번 방'으로 이동하고 새로 온 손님은
비어 있는 1호실로 들어간다. 이것은 무한대의 특성을 이용한 법칙이다.

초등 1-2학년 통합 교과는 '핵심 개념'을 통해 바른 생활, 슬기로운 생활, 즐거운 생활 교과를 통합하여 2015 개정 교육과정이 추구하는 통합 수업을 강화하였고, 교육과정의 '핵심 개념'을 '소주제'로 수용하여 주제별 교과서를 구성하였다. 이 점에서 1-2학년 통합 교과는 교사 교육과정에 대한 고민이 필요 없지 않을까 생각되기도 하고, 이미 개발된 교육과정이 많을 텐데 새로운 교육과정을 고민할 필요 없이 기존의 교육과정을 잘 활용하면 된다는 인식이 있기도 하다.

하지만 소주제에 한 달 동안 몰입하고 심화할 수 있는 학습을 이끌어야 한다는 점, 바른 생활, 슬기로운 생활, 즐거운 생활 교과 모두 '활동 중심'의 성격을 띠고 있고 활동을 통해 성취기준에 도달해야 한다는 점, 학생 발달 특성에 따라 주관적→객관적, 심리적→논리적, 개인적→사회적인 것으로 앎의 세계를 형성해 나간다는 점을 반영한 교육과정이 필요함을 고민해 볼 때 오히려 교사 교육과정을 잘 설계해야 할 필요가 있다. 특히 통합 교과는 '구성 차시'가 도입되어 학생의 요구를 중심으로 수업하도록 하고 있다는 점에서 교사 교육과정의 방향을 말해 주고 있다고 할 수 있다.

이에 교육과정을 다시 찾아보며 통합 교과에 제시된 핵심 개념을 살펴본 결과 교육과정에 제시된 '가을맞이' 등의 소주제가 핵심 개념으로서의 성격을 잘 반영하고 있지 못하다는 생각이 들었고, 봄, 여름 등 계절과 관련된 대주제의 성취기준을 살펴본 결과 비슷한 내용의 성취기준이 1, 2학년으로 구분되어 교과에 반영되어 있었다. 예를 들어 '가을 날씨의 특징과 주변의 생활 모습을 관련짓는다'란 성취기준은 2학년 때 학습하지만 '겨울 날씨의 특징과 주변의 생활 모습을 관련짓는다'란 성취기준은 1학년 때 학습하도록 하고 있다. 이렇게 계절의 특징을 어떤 계절은 1학년 때, 어떤 계절은 2학년 때 배우게 하는 기준이 무엇인지 교육과정 문서에 나타난 바가 없고, 계절과 관련된 내용의 위계성이 무엇인지 제대로 설명되어 있지 않았다. 특히 2학년인 경우 1학년 때 배운 계절 관련 내용과 어떻게 차별을 두어야 할지 고민되었다.

영역(대주제)	교육과정 성취기준	교과서 반영 1학년	교과서 반영 2학년	영역(대주제)	교육과정 성취기준	교과서 반영 1학년	교과서 반영 2학년
가을	[2바06-01] 사람들이 많이 모이는 곳에서 질서와 규칙을 지키며 생활한다.		○	겨울	[2바08-01] 상대방을 배려하며 서로 돕고 나누는 생활을 한다.	○	
	[2바06-02] 추수하는 사람들의 수고에 감사하는 태도를 기른다.	○			[2바08-02] 생명을 존중하며 동식물을 보호한다.		○
	[2슬06-01] 가을 날씨의 특징과 주변의 생활 모습을 관련짓는다.		○		[2바08-03] 겨울방학 생활 계획을 세워서 실천한다.		○
	[2슬06-02] 여러 가지 자료를 활용하여 가을의 특징을 파악한다.	○			[2슬08-01] 겨울 날씨의 특징과 주변의 생활 모습을 관련짓는다.	○	
	[2슬06-03] 추석에 대해 알아보고 다른 세시 풍속과 비교한다.	○			[2슬08-02] 겨울철에 쓰이는 생활 도구의 종류와 쓰임을 조사한다.	○	
	[2슬06-04] 가을에 볼 수 있는 것을 살펴보고, 특징에 따라 무리 짓는다.		○		[2슬08-03] 동식물의 겨울나기 모습을 살펴보고, 좋아하는 동물의 특성을 탐구한다.		○
	[2즐06-01] 가을의 모습과 느낌을 창의적으로 표현한다.		○		[2슬08-04] 겨울에 하고 싶은 일, 해야 할 일 등을 조사한다.		○
	[2즐06-02] 가을과 관련한 놀이를 한다.	○			[2즐08-01] 겨울의 모습과 느낌을 창의적으로 표현한다.	○	
	[2즐06-03] 여러 가지 민속놀이를 한다.	○			[2즐08-02] 여러 가지 놀이 도구를 만들어 겨울 놀이를 한다.	○	
	[2즐06-04] 가을 낙엽, 열매 등을 소재로 다양하게 표현한다.		○		[2즐08-03] 동물 흉내 내기 놀이를 한다.		○

1. 교육과정 계획하기

교육과정 계획하기(CP: Curriculum Planning)

Step 1	주제 정하기
Step 2	성취기준 배치하기
Step 3	수업 시수 조정하기
Step 4	교육과정 계획 정리하기

　2015 개정 교육과정이 2017년부터 1-2학년 학생들에게 적용되었지만 교사인 나는 2017년부터 고학년을 주로 담임했던지라 2학년 담임이 된 2021년에야 1-2학년군 교육과정과 성취기준을 분석적으로 살펴보는 시간을 갖게 되었다.

　실제 1-6학년 6개 학년을 담임하게 되는 초등교사는 개정 교육과정이 발표되면 큰 틀에서 교육과정의 변화 모습을 살펴보지만 각 학년별 교육과정을 세세하게 이해하고 연구하는 시기는 담임으로 배정된 시기일 것이다. 따라서 교사에게 1-2월, 7-8월의 방학은 자신이 담임하고 있는 학년의 교육과정을 연구하는 중요한 시기란 생각이 든다.

　특히 1-2학년의 통합 교과 대주제 영역은 '학교, 봄, 가족, 여름, 마을, 가을, 나라, 겨울' 8개로 그 주제가 같다. 2학년인 경우 성취기준만 확인하여 수업을 설계할 경우 1학년 때 공부한 내용과 중복되는 경우가 생길 수 있기 때문에 2학년 통합 교육과정을 설계하기 전에 1학년 때 배운 내용을 확인하고 학생들의 선경험과 지식이 무엇인지 확인이 필요하였다.

　또한 학생들의 삶의 모습과 학생 의견이 반영된 학생 중심의 교육과정을 어떻게 설계하면 좋을지 학생들의 이해를 돕는 핵심 개념이 무엇일지에 대해 고민하며 교사 교육과정을 설계하고자 하였다.

Step 1 주제 정하기

2학년 통합 교과는 주제별로 구성되어 있어 봄, 여름 등 각 주제를 살펴보고 그 주제를 언제 어떻게 가르치는 것이 효과적일지 학습 시기의 적절성을 먼저 고려한 후 국어, 수학 교과와 연계하여 운영할 부분이 있는지 생각해 보는 순서로 교육과정을 설계하였다.

2021학년도 여름 방학 때 2학기 교육과정을 다시 살펴보던 중 코로나로 미뤄진 2020 도쿄 올림픽이 열리고 있었고, 개학하면 패럴림픽이 개막될 시기였다. 올림픽과 관련하여 「7.2 다른 나라」 주제를 먼저 공부하는 것이 시기 적절하다는 생각이 들었고, 다음 주제의 지도 시기인 10월쯤에는 가을이란 계절에 맞게 「6.1 가을맞이」란 주제를 다뤄야겠다는 생각이 들었다. 그리고 학생들이 좋아하는 체육 활동을 고려하여 우리 학교 가을 운동회인 '어울림 한마당'을 학생들이 계획하여 활동하는 '미니 올림픽'으로 구성하면 「7.2 다른 나라」와 「6.1 가을맞이」 주제가 연계성 있게 운영될 것으로 보였다. 또한 「6.1 가을맞이」 주제를 공부할 때 '가을-독서의 계절'의 특징을 살려 '국어-온작품읽기 활동'을 함께 진행하고자 하였다.

이렇게 지도 시기를 고려하여 주제의 순서를 변경하기도 하고, 학생의 흥미를 고려하여 새로운 주제를 만드는 과정을 통해 주제를 수정하였다.

교과서에 제시된 주제 순서		교사 교육과정에 따라 수정된 주제 순서
교과	대주제-소주제 (단원명)	
가을	마을 - 5.2 우리 동네 (동네 한 바퀴)	두근두근 세계 여행
	가을 - 6.1 가을맞이 (가을아 어디 있니)	어울림 한마당 - 미니 올림픽
겨울	나라 - 7.2 다른 나라 (두근두근 세계 여행)	가을을 느껴요 (국어 독서활동 - 온작품읽기)
	겨울 - 8.2 겨울나기 (겨울 탐정대의 친구 찾기)	동네 한 바퀴
		겨울 탐정대

Step 2 성취기준 배치하기

주제를 대강 정리하고 나면 그 주제 목표를 생각하며 해당하는 성취기준을 확인하여 배치하게 되고, 성취기준과 관련하여 평가, 수업을 어떻게 진행할지 머릿속으로 고민하게 된다. 이번에는 주제 목표뿐 아니라 '핵심 개념'을 고민하며 성취기준과 연결하고자 하였다.

2015 개정 교육과정에 제시된 2학년 통합 교과의 핵심 개념은 '교과의 기초 개념이나 원리'를 담고 있기보다는 대주제(가을, 마을)에서 소주제(가을맞이, 우리 동네)를 정리해 놓은 느낌이었다.

2015 개정 교육과정 - 통합 교과

영역 (대주제)	핵심 개념 (소주제)	일반화된 지식
5. 마을	5.2 우리 동네	내가 생활하는 동네에는 서로 다른 일을 하는 사람들이 있다.
6. 가을	6.1 가을맞이	사람들은 가을의 자연환경에 어울리는 생활을 한다.
7. 나라	7.2 다른 나라	각 나라는 독특한 문화를 가지고 있다.
8. 겨울	8.2 겨울나기	사람과 동식물은 겨울 환경에 적응하며 생활한다.

그래서 학생들에게 각 교과의 내용을 공부하도록 하는 이유가 무엇인지, 어떤 목표로 이 주제를 설계했는지 교육 목표를 되돌아보며 핵심 개념을 다시 정리해 보았다.

대주제	소주제	교사 교육과정 주제 순서	핵심 개념
7. 나라	7.2 다른 나라	두근두근 세계 여행	공감과 존중
		어울림 한마당 – 미니 올림픽	규칙
6. 가을	6.1 가을맞이	가을을 느껴요	변화
5. 마을	5.2 우리 동네	동네 한 바퀴	공존
8. 겨울	8.2 겨울나기	겨울 탐정대	적응

그렇게 2학기 성취기준을 살펴보며 정리하던 중 즐거운 생활 성취기준을 어떻게 평가하면 좋을지 고민하게 되었다. 2학년 즐거운 생활 성취기준을 살펴보면 '~표현한다.'로 진술된 성취기준이 많음을 확인할 수 있었다. 물론 표현하는 방법이 그림, 만들기, 노래, 춤 등 다양하게 나타날 수 있지만 학생들이 흥미를 갖고 참여하게 하며 평가할 수 있는 방법이 무엇일까를 고민하게 된 것이다.

또한 각각의 성취기준을 하나씩 평가하기보다 성취기준을 재구조화하여 평가할 때 학생들의 사고를 촉진할 수 있고 학생, 교사 모두 평가에 대한 부담감을 줄일 수 있다는 장점을 알고 있기에 성취기준이 비슷한 것이 없는지 확인하게 되었다. 그렇게 살펴보니 「6-1. 가을맞이」의 즐거운 생활 교과 성취기준과 「5-2. 우리 동네」 성취기준을 재구조화하여 평가해도 좋을 것이란 생각이 들었다.

즐거운 생활 성취기준 재구조화

[2즐06-01] 가을의 모습과 느낌을 창의적으로 표현한다.

[2즐05-03] 동네 모습을 다양하게 표현한다.

[성취기준 재구조화] 우리 동네에서 느낄 수 있는 가을의 모습을 창의적으로 표현한다.

　실제 수업 운영 시 학생들 입장에서 보면 2학년 2학기 「가을」 교과에 '동네'와 '가을' 소주제가 함께 구성되어 있고, 가을이란 계절의 변화를 이해하는 데에도 학생이 살고 있는 마을의 풍경을 통해 배우게 될 것이고, 마을 단원의 우리 동네 탐방 또한 마을을 통해 이루어지는 활동으로 통합하여 수업을 구성하면 좋겠다는 생각이 들었다. 특히나 우리 학교는 농촌에 위치한 작은 학교로 학교 주변 논밭의 변화는 계절의 변화를 담게 되며, 추수 등의 풍경은 우리 마을의 특징을 드러낼 뿐만 아니라 가을을 잘 느끼게 해 주는 모습이라 할 수 있다. 이렇게 **우리 마을을 둘러보며 '변화'란 개념적 렌즈를 통해 여름에서 가을로 변해 가는 계절에 따라 우리 동네의 풍경이 어떻게 달라졌는지 알아보는 것이 우리 동네의 모습을 이해하는 데 더 도움이 되리라 생각**되었다.

　이렇게 핵심 개념과 성취기준 재구조화까지 생각하다 보면 앞의 '주제 재구성하기' 부분을 다시 확인하게 되고 다음 단계의 '수업 시수 조정하기' 단계도 함께 고려하게 된다. 따라서 '가을'과 '마을 탐방' 두 내용을 '변화'란 개념적 렌즈를 통해 학생들의 삶을 중심으로 한 현장 체험 학습 수업 형태로 재구성하면 좋겠다는 생각에서 교과서에 제시된 활동 주제와 그 내용을 다음과 같이 변경하였다.

가을 교과서에 제시된 교육 내용

대주제	소주제	단원명	활동 주제	주요 활동 내용
5. 마을	5.2 우리 동네	동네 한 바퀴	우리 동네 모습	– 동네 탐험 – 동네 모습 그리기
			우리 동네 사람들	– 동네 사람 만나기 – 동네 사람들이 하는 일
			우리 동네 이모저모	– 동네를 위한 실천 – 동네 소개

교사 교육과정에 따른 교육 내용

주제명	핵심 개념	활동 주제	주요 활동 내용
동네 한 바퀴	변화	우리 마을의 가을을 찾아라	– 마을의 가을 모습 – 우리 마을의 특징 이해
	공존	마을 사람을 만나러 갑니다	– 마을 사람들이 하는 일 – 마을 사람들 소개
		마을을 위해 함께해요	– 동네를 위한 실천 – 미래 우리 동네 설계

활동 주제명도 학생들이 흥미롭게 참여할 수 있도록 하기 위해 **'우리 마을의 가을을 찾아라'**와 같이 활동을 서술하여 나타내는 주제명으로 수정하여 학생들이 보물찾기하듯 우리 마을의 가을 풍경, 생활 모습을 찾아보는 활동으로 마을의 특징을 찾아볼 수 있도록 하고, 마을 사람들을 만나는 활동과 마을을 위한 실천 활동을 하게 될 것임을 나타내는 주제명으로 활동 주제를 수정 정리하였다.

주제명	핵심 개념	활동 주제	성취기준
동네 한 바퀴	변화	우리 마을의 가을을 찾아라	[재구조화] 우리 동네에서 느낄 수 있는 가을의 모습을 창의적으로 표현한다. [2슬05-03] 동네의 모습을 관찰하고, 그림으로 그려 설명한다.
	공존	마을 사람을 만나러 갑니다	[2슬05-04] 동네 사람들이 하는 일, 직업 등을 조사하여 발표한다. [2즐05-04] 동네에서 볼 수 있는 직업과 관련하여 놀이를 한다.
		마을을 위해 함께해요	[2바05-02] 동네를 위해 할 수 있는 일을 찾아 실천하면서 일의 소중함을 안다.

Step 3 수업 시수 조정하기

1-2학년 통합 교과의 한 주제는 바른 생활, 슬기로운 생활, 즐거운 생활 시수를 합하여 총 40차시로 구성되어 있다.

2학년의 시간 배당 기준을 보면 바른 생활 68시간, 슬기로운 생활 102시간, 즐거운 생활 204시간 총 374시간을 운영할 수 있는데 통합 교과에 제시된 내용은 바른 생활 54차시, 슬기로운 생활 96차시, 즐거운 생활 170차시 총 320차시가 개발되어 있다. 교과서를 기준으로 수업한다고 하더라도 나머지 54시간을 교사가 융통성 있게 교사 교육과정으로 운영해야 한다는 것이다.

그리고 교육과정 재구성 차시 ±20%를 감안하고, 학교 중점 교육 활동과 학교 행사 등의 운영 시간까지 고려하다 보면 교사는 실제 교과 운영 시간을 잘 확인해야 한다.

실제 우리 학교에서도 학교 중점 교육 활동인 문화예술 교육 활동 운영 시간으로 즐거운 생활 시수를 20차시 증배 운영하고 있고, '어울림 한마당 – 미니 올림픽'과 같이 교사가 학생의 요구를 반영하여 운영하고 싶은 주제의 운영 시간 확보, 성취기준 재구조화에 따라 활동 주제를 운영할 시간 등을 고려하다 보면 실제 운영 시수는 조정될 수밖에 없다.

이런 면에서 1장에서 언급한 것처럼 초등학교인 경우 교과별 시수는 학기 초보다는 학년 말에 확정하는 것이 더 타당하다고 생각된다.

교사 교육과정에 따라 수업 시수 조정한 내용

교과서 기준 운영 시수				교사 교육과정에 따른 실제 운영 시수			
단원명	바	슬	즐	주제	바	슬	즐
동네 한 바퀴	8	12	20	두근두근 세계 여행	5	15	17
가을아 어디 있니	7	11	22	어울림 한마당 – 미니 올림픽	2	0	8
두근두근 세계 여행	5	15	20	가을을 느껴요	7	9	13
겨울 탐정대의 친구 찾기	7	14	19	동네 한 바퀴	10	9	21
				겨울 탐정대	6	10	19
총합	**27**	**52**	**81**	**총합**	**30**	**43**	**78**

Step 4 **교육과정 계획 정리하기**

교육과정 계획을 정리하는 방법은 교사마다 다르겠지만 개인적으로 이지○○ 프로그램을 오랫동안 써 와서 그런지 이 프로그램을 이용하는 방법이 편했다. 이 프로그램을 이용하면 차시 추가 삭제가 자유로워 복잡한 시수 계산이 편리해지기 때문이다.

그래서 앞의 1~3단계를 거치며 계획한 주제와 차시를 대략적으로

종이에 정리한 후 이지○○에서 소주제 순서를 조정 또는 계획한 시수대로 소주제별 차시를 가감하여 정리한다. 그리고 [전과목 진도표]를 한글 파일로 다운하면 기간별로 공부하게 되는 교과별 소주제가 2학년인 경우 A3용지 1장으로 정리되어 있었다. 다운받은 [전과목 진도표]를 교사 요구에 맞게 주제 관련 핵심 개념과 관련 성취기준 코드를 먼저 표의 앞부분에 정리하였고, 국어, 수학, 통합 교과로 제시된 교과 순서를 재구성한 통합 교과가 먼저 보이도록 순서를 조정하였다. 그리고 주제와 관련해 운영되는 교과 부분에 배경색을 두어 주제와 관련 교과를 한눈에 볼 수 있도록 편집하였다. (☞ CP 계획 참고)

개인적으로 교육과정을 계획하는 단계에서는 가능한 한 성취기준과 교과 단원명 정도만 보고 주제명을 정하려고 노력한다. 교과서에 안내된 차시의 내용을 훑어보면 새로운 수업 아이디어를 떠올리기도 어렵고, 나도 모르게 교과서의 활동을 다 가르쳐야 할 것 같아 새로운 활동을 고민하기 어려웠기 때문이다. 그리고 학생의 요구도 수용해야 한다는 생각까지 더해지면 일정 시간 안에 해야 할 내용은 늘어나기만 하여 실제 수업을 운영할 때가 되어서는 교사도 학생도 많은 양의 수업을 소화해야 하는 부담에 마음만 급해지고 제대로 된 수업을 하기 어려웠던 경험이 있었다. 그래서 이렇게 정한 학기 초 주제는 실제 수업을 설계하며 다시 고민하게 되고 변경되기도 하며, 학생들의 요구를 반영하다 보면 학기 초 교사가 계획했던 시수 등이 수정되어 실제 수업이 운영되기도 하였다. 이에 교사 교육과정은 만들어 가는 교육과정으로 실천되어야 하는 것이 맞다고 생각된다.

CP 계획

주	기 간	주제	성취기준	바른 생활	시수	슬기로운 생활	시수
1	8.23~8.27	두근두근 세계 여행 (공감과 존중)	1. 다른 나라 문화 알기 [2국01-03] [2슬07-03] [2슬07-04] [2국04-04] [2국05-02]	1. 두근두근 세계 여행(2)	2	1. 두근두근 세계 여행(6)	6
2	8.30~9. 3	1. 다른 나라 문화 알기 2. 다른 나라 문화 즐기기 3. 다른 나라 문화 존중	2. 다른 나라 문화 즐기기 [2슬07-03] [2슬07-04] [2수01-02] [2수01-03]		2	1. 두근두근 세계 여행(6)	6 / 12
3	9. 6~9.10	* 9/15-찾아오는 체험 학습 (줄생, 창체 -1m오케스트라, 꽃바구니 만들기, 전통장 만들기)	3. 다른 나라 문화 존중 [2바07-02] [2안03-01] [2안03-02] [2안03-03] [2안03-04]	1. 두근두근 세계 여행(1)	1 / 3	1. 두근두근 세계 여행(2)	2 / 14
4	9.13~9.17			1. 두근두근 세계 여행(2)	2 / 5		
5	9.20~9.24						
6	9.27~10. 1	* 어울림 한마당 – 미니 올림픽 (규칙)	스포츠 축제로 하나가 되다 [2국01-04] [2국03-02] [2수01-10] [2수01-11]			1. 두근두근 세계 여행(1) 2. 가을아 어디 있니(3)	4 / 18
7	10. 4~10. 8	가을을 느껴요(변화) 1. 울긋불긋 가을 2. 주렁주렁 가을 3. 풍요로운 가을	1. 울긋불긋 가을 [2슬06-01] [2슬06-04] [2수03-02] [2수03-03] [2수03-04] [2안03-05] [2슬03-06] [2안04-01]	2. 가을아 어디 있니(2)	2 / 7		
8	10.11~10.15	*생각UP-슬로우 리딩 (만복이네 떡집)	2. 주렁주렁 가을 [2즐06-01] [2즐06-04]	스포츠 축제로 하나가 되다(2)	2 / 9		
9	10.18~10.22	*10월 6일 문화체험 *10월 15일 어울림 한마당 (미니 올림픽-스포츠로 하나기 되다)	3. 풍요로운 가을(독서, 속담) [2바06-01] [2국01-02] [2국02-03] [2국02-04] [2국05-02] [2국05-03]			2. 가을아 어디 있니(4)	4 / 22
10	10.25~10.29			2. 가을아 어디 있니(2)	2 / 11	2. 가을아 어디 있니(2)	2 / 24
11	11. 1~11. 5			2. 가을아 어디 있니(3)	3 / 14	1. 동네 한 바퀴(1)	1 / 25
12	11. 8~11.12	동네 한 바퀴 (공동체/공존) 1. 우리 마을 모습 2. 우리 마을 사람들 3. 마을과 함께	1. 우리 마을 모습 [2국01-03] [2슬05-03] [2즐05-03] [2국04-02] [2국04-03]	1. 동네 한 바퀴(2)	2 / 16	1. 동네 한 바퀴(2)	2 / 27
13	11.15~11.19		2. 우리 마을 사람들 [2슬05-04] [2즐05-04] [2수05-03] [2수03-06] [2수03-07] [2수03-09] [2수05-02]	1. 동네 한 바퀴(3)	3 / 19	1. 동네 한 바퀴(1)	1 / 28
14	11.22~11.26		3. 마을과 함께 [2바05-02] [2즐05-04] [2국03-04] [2즐05-03] [2안04-02] [2안04-03]	1. 동네 한 바퀴(2)	2 / 21		
15	11.29~12. 3			1. 동네 한 바퀴(2)	2 / 23		
16	12. 6~12.10			1. 동네 한 바퀴(1)	1 / 24	1. 동네 한 바퀴(5)	5 / 33
17	12.13~12.17	겨울 탐정대 (적응) 1. 겨울 탐험 2. 유종의 미	1. 겨울 탐험 [2바08-02] [2슬08-03] [2즐08-03] [2국02-06] [2국03-02]	2. 겨울 탐정대의 친구 찾기(2)	2 / 26	2. 겨울 탐정대의 친구 찾기(2)	2 / 35
18	12.20~12.24		2. 유종의 미 [2바08-03] [2슬08-04] [2즐08-04] [2국01-06] [2수04-01] [2수04-02]	2. 겨울 탐정대의 친구 찾기(2)	2 / 28	2. 겨울 탐정대의 친구 찾기(6)	6 / 41
19	12.27~12.31		[2안04-03] [2안04-04]	2. 겨울 탐정대의 친구 찾기(2)	2 / 30	2. 겨울 탐정대의 친구 찾기(2)	2 / 43
20	1. 3~1. 4				30		43

즐거운 생활		국 어		수 학		창의적 체험 활동	
1. 두근두근 세계 여행(4)	4 / 4	1. 장면을 떠올리며(6)	6 / 6	1. 네 자리 수(3)	3 / 3	◆여름개학식_★자율활동(1) / 보건교육(자)_★자율활동(1)	2 / 2
1. 두근두근 세계 여행(6)	6 / 10	1. 장면을 떠올리며(4) / 5. 간직하고 싶은 노래(3)	7 / 13	1. 네 자리 수(3)	3 / 6	3-(2). 친구와 사이좋게 지내요_★안전한생활(1)	1 / 3
1. 두근두근 세계 여행(4) / 실로폰 연주(1) / 국악(1)	6 / 16	5. 간직하고 싶은 노래(7) / 7. 일이 일어난 차례를 살펴요(1)	8 / 21	1. 네 자리 수(3)	3 / 9	창의UP-SW교육_★동아리활동(2) / 다문화교육_★자율활동(1) / 3-(2). 친구와 사이좋게 지내요_★안전한생활(1)	4 / 7
1. 두근두근 세계 여행(2) / ◆찾아오는 체험학습(4) / 국악(1)	7 / 23	7. 일이 일어난 차례를 살펴요(4)	4 / 25	1. 네 자리 수(1) / 4. 시각과 시간(2)	3 / 12	◆장애인식개선_★자율활동(1) / 창의UP-SW교육_★동아리활동(2) / ◆좌향버스킹_★진로활동(1) / ◆합동소방대피훈련_★자율활동(1) / 보건교육(자)_★자율활동(1) / ◆찾아오는 체험학습_★봉사활동(1) / 3-(3). 나를 지켜요_★안전한생활(1)	8 / 15
1. 두근두근 세계 여행(1)	1 / 24						
2. 가을아 어디 있니(4) / 실로폰 연주(1)	5 / 29	7. 일이 일어난 차례를 살펴요(5) / 9. 주요 내용을 찾아요(2) (생각UP-슬로우 리딩)	7 / 32	4. 시각과 시간(4)	4 / 16	나를 소중히_★자율활동(1) / 국악(자)_★자율활동(1) / 3-(3). 나를 지켜요_★안전한생활(1)	3 / 18
2. 가을아 어디 있니(2) / ◆문화체험(1) / 실로폰 연주(1) / 스포츠 축제로 하나가 되다(2)	9 / 38	9. 주요 내용을 찾아요(4) (생각UP-슬로우 리딩)	4 / 36	4. 시각과 시간(2)	2 / 18	국악(자)_★자율활동(1) / 3-(3). 나를 지켜요_★안전한생활(1)	2 / 20
스포츠 축제로 하나가 되다(6) / 실로폰 연주(1)	7 / 45	9. 주요 내용을 찾아요(4) (생각UP-슬로우 리딩)	4 / 40	4. 시각과 시간(2)	2 / 20	놀이활동_★자율활동(1) / ◆어울림 한마당_★자율활동(5)	6 / 26
2. 가을아 어디 있니(3) / 실로폰 연주(2)	5 / 50	4. 인물의 마음을 짐작해요(6) (생각UP-슬로우 리딩)	6 / 46	2. 곱셈구구(4)	4 / 24	◆좌향버스킹_★진로활동(1) / 보건교육(자)_★자율활동(1) / 놀이활동_★자율활동(1) / 국악(자)_★자율활동(1) / 3-(3). 나를 지켜요_★안전한생활(1)	5 / 31
2. 가을아 어디 있니(4) / 실로폰 연주(2)	6 / 56	4. 인물의 마음을 짐작해요(4) (생각UP-슬로우 리딩) / 3. 말의 재미를 찾아서(3)	7 / 53	2. 곱셈구구(4)	4 / 28	SW교육_★자율활동(1) / 국악(자)_★자율활동(1) / 4-(1). 불이 나면_★안전한생활(1)	4 / 34
1. 동네 한 바퀴(4) / 실로폰 연주(2)	6 / 62	3. 말의 재미를 찾아서(6)	6 / 59	2. 곱셈구구(4)	4 / 32	리더십교육_★자율활동(1) / 4-(1). 불이 나면_★안전한생활(1)	3 / 37
1. 동네 한 바퀴(3) / 실로폰 연주(2)	5 / 67	3. 말의 재미를 찾아서(1)	4 / 63	2. 곱셈구구(1) / 3. 길이 재기(4)	5 / 37	보건교육(자)_★자율활동(1) / ◆친구사랑의 날_★자율활동(1) / 배려하는 삶_★자율활동(1) / 국악(자)_★자율활동(1) / 4-(1). 불이 나면_★안전한생활(1)	5 / 42
1. 동네 한 바퀴(3) / 실로폰 연주(3)	6 / 73	2. 인상 깊었던 일을 써요(6)	6 / 69	3. 길이 재기(4)	4 / 41	놀이활동_★자율활동(1) / 국악(자)_★자율활동(1) / 4-(1). 불이 나면_★안전한생활(1)	3 / 45
1. 동네 한 바퀴(5) / 실로폰 연주(1) / ◆꿈나무재능발표회(2)	8 / 81	2. 인상 깊었던 일을 써요(1) / 6. 자세하게 소개해요(4)	5 / 74	3. 길이 재기(4) / 5. 표와 그래프(1)	5 / 44	◆꿈나무재능발표회_★진로활동(1) / SW교육_★자율활동(1) / 안전교육_★안전한생활(1)	5 / 50
1. 동네 한 바퀴(5) / 국악(1)	6 / 87	6. 자세하게 소개해요(6)	6 / 80	5. 표와 그래프(5)	5 / 49	스마트폰 사용_★자율활동(1) / 4-(2). 계절마다 안전하게_★안전한생활(1)	2 / 52
1. 동네 한 바퀴(1) / 2. 겨울 탐정대의 친구 찾기(3)	4 / 91	8. 바르게 말해요(5)	5 / 85	5. 표와 그래프(3) / 6. 규칙 찾기(3)	5 / 54	보건교육(자)_★자율활동(1) / 건강하게 생활해요_★자율활동(1) / 4-(2). 계절마다 안전하게_★안전한생활(1)	3 / 55
2. 겨울 탐정대의 친구 찾기(8)	8 / 99	8. 바르게 말해요(5) / 10. 칭찬하는 말을 주고받아요(2)	7 / 92	6. 규칙 찾기(3)	3 / 57	4-(2). 계절마다 안전하게_★안전한생활(1)	1 / 56
2. 겨울 탐정대의 친구 찾기(2)	2 / 101	10. 칭찬하는 말을 주고받아요(6)	6 / 98	6. 규칙 찾기(3)	3 / 60	◆22-1학기 학급선거_★자율활동(1) / 나의 2학년 생활_★자율활동(1) / 4-(2). 계절마다 안전하게_★안전한생활(1)	3 / 59
2. 겨울 탐정대의 친구 찾기(4)	4 / 105	11. 실감 나게 표현해요(8)	8 / 106	6. 규칙 찾기(2) / 공부한 내용 확인하기(2)	4 / 64	겨울철 안전생활_★자율활동(2) / 주변을 정리해요_★봉사활동(1) / 겨울철 안전교육_★안전한생활(1)	4 / 63
2. 겨울 탐정대의 친구 찾기(2)	2 / 107	11. 실감 나게 표현해요(2)	2 / 108			◆종업식_★자율활동(1)	1 / 64
	107		108		64		64

2. 수업 만들기

수업 만들기(CM: Curriculum Making)	
Step 5	수업 계획 틀 만들기
Step 6	주제 목표 정하기
Step 7	평가 계획하기
Step 8	차시별 수업 구상하기

수업 만들기는 교사가 계획한 주제를 실제 어떻게 수업하는 것이 좋을지 구체적으로 고민하는 과정으로 단원 목표를 제시하고 수행 평가 과제와 수업 활동 등을 설계하여 정리하는 단계이다.

이 단계에서는 수업의 초점을 명확히 하기 위해 교사가 정한 핵심 개념이 학생 수준에 잘 맞는지 다시 한 번 생각하며 수업을 구성하게 된다.

Step 5 수업 계획 틀 만들기

수업 내용을 정리하는 방법은 학교와 교사에 따라 프로젝트 수업 형식의 틀을 사용하기도 하고, 이해 중심 교육과정의 틀을 사용하여 정리하기도 한다. 내가 신입 교사일 때는 선배 교사의 수업 계획서를 모방하여 만들기도 했다. 그리고 때에 따라서는 학교에서 일정한 양식을 제시하는 경우도 있었다. 교육과정 발표회 등을 준비했던 학교에서는 연구부장이 학교 양식을 제시하고 그 틀에 맞게 정리하기를 요구하기도 했다. 수업 계획 틀에 좋은 양식이 정해져 있다고는 생각하지 않는다. 자유롭게 교사가 보기 편한 형식의 수업 계획 틀을 만들어 사용하면 될 것이다.

이번에는 개념 기반 교육과정과 수업 설계를 공부하며 '개념을 중심으로 수업을 설계하고 그 내용을 정리해 보면 어떨까' 하여 수업 계획에 개념을 정리하였다.

Step 6 주제 목표 정하기

주제의 목표를 정할 때 주제와 관련된 핵심 개념을 통해 개념적 렌즈로 각 주제를 살펴보니 교사 스스로 그 주제에서 배움의 목표를 분명히 할 수 있었다.

가을의 상위 개념 '변화'와 마을의 상위 개념 '공존'의 개념을 좀 더 자세히 살펴보면 다음과 같이 정리할 수 있었다. 통합 교과에서는 '가을'과 '마을' 각각의 주제로 구성되어 있지만 우리 학교가 위치한 곳이 농촌 지역이므로 우리 마을의 가을 풍경을 찾아보는 것으로 가을의 변화와 마을의 특징을 이해할 수 있을 것으로 생각되었다.

◀ 매크로 개념			마이크로 개념 ▶
변화 -	계절 -	가을 -	우리 마을의 가을 모습
공존 -	공동체 -	마을 -	마을 사람들이 하는 일 마을을 위한 실천

핵심 개념을 바탕으로 주제의 목표를 '일반화'[14]로 다음 표와 같이 정리하였다. 변화, 공존이라는 개념에 따라 일반화된 내용은 2015 개정 교육과정에 제시된 일반화된 지식 '우리 동네 – 내가 생활하는 동네에는 서로 다른 일을 하는 사람들이 있다.'와 '가을맞이 – 사람들은 가을의 자연환경에 어울리는 생활을 한다.'보다 학생들이 알고 이해해야 할 내용을 좀 더 분명히 해 준다는 생각이 들었다.

주제명	핵심 개념	활동 주제	성취기준	일반화
동네 한 바퀴	변화	우리 마을의 가을을 찾아라	[2즐05–03] [2즐06–01] 재구조화 [2슬05–03]	• 우리가 느끼는 가을의 모습을 창의적으로 표현한다. • 사람들의 생활 모습은 계절의 변화에 영향 받고 있음을 인식한다.
	공존	마을 사람을 만나러 갑니다	[2슬05–04] [2즐05–04]	• 마을 사람들은 서로 일을 하며 도움을 주고 받는다.
		마을을 위해 함께해요	[2비05–02]	• 사람들은 함께 마을을 발전시키려 노력한다.

Step 7 평가 계획하기

「동네 한 바퀴」 주제에서 학생들과 함께할 활동 주제는 3개로, 수행 과제도 3개로 설계하였다. 그중 첫 번째 수행 과제는 이전 주제 「가을을 느껴요」와 연관 지어 설계된 수행 과제이다.

---

14 '일반화'란 학생들이 배워야 할 일련의 학문적 아이디어, 보편적 지식으로 2015 개정 교육과정에서는 '일반화된 지식'으로 정리되었다.

학생들이 우리 마을을 탐방하며 자신들이 생각하는 우리 마을에서 볼 수 있는 가을의 모습을 찾고 그 모습을 사진으로 찍어서 가을 사진 전시회를 갖도록 하였다. 사진으로 기록하여 우리 마을의 가을 모습을 교실 수업에서 다시 확인할 수 있고, 사진으로 찍은 풍경의 모습과 사진을 찍은 이유를 설명하면서 학생들이 가을의 모습을 잘 이해했는지 확인할 수 있을 것이라 생각했다. 사진으로 찍는 활동은 학생들이 과제에 흥미를 갖게 할 것이며, 자신들이 사는 마을의 모습에 좀 더 집중할 수 있게 될 것이라 생각되었다.

수행 과제 1 우리 마을의 가을을 찾아라

기준	내용
목표(G)	사진 전시회
역할(R)	사진작가
청중(A)	2학년 친구들
상황(S)	우리 마을에서 가을을 나타내는 모습(풍경, 사람들 등)을 찾고 사진 촬영하기
결과물(P)	마을의 가을 모습 사진
준거(S)	• 우리 동네에서 가을을 나타내는 모습 찾기 • 사진의 모습과 사진 찍은 이유에 대해 설명하기 • 가을 전시회의 작품명 짓기

두 번째 수행 과제는 마을 사람들이 하는 일을 조사하고 국어 시간에 소개하는 글쓰기 활동과 통합하여 '마을 소식지 만들기'로 정하였다. 마을 소식지에 들어갈 내용은 학생들이 마을 사람들이 하는 일을 중심으로 조사한 내용을 정리하여 소개하는 글이 담긴 신문을 만드는 활동이었다.

2학년이라 온전한 신문 형식을 갖추어 만들게 하기보다는 소개하는 글과 사진 등을 함께 엮어 글을 써 보게 하고, 여러 사람들과 함께 그 내용을 확인하게 될 것이란 의미에서 '신문'이라고 하였다.

수행 과제 2 마을 사람을 만나러 갑니다

기준	내용
목표(G)	마을 소식지(좌항뉴스) 만들기
역할(R)	기자
청중(A)	우리 학교 학생들
상황(S)	우리 마을 사람들을 소개하는 글쓰기
결과물(P)	동네 사람들이 하는 일을 소개하는 신문
준거(S)	• 마을 사람 인터뷰하고 사람들이 하는 일(직업) 조사 • 마을 사람들이 일하는 모습(사진, 그림)과 고마운 점 찾기 • 동네 사람들을 소개하는 글쓰기

마지막 수행 과제는 실천 활동으로 학생들이 마을을 위해 활동할 내용을 정하고 실천하게 하기 위한 과제였다. 학생들이 마을을 위해 어떤 활동을 계획할지 모르지만 원하는 활동을 꼭 할 수 있도록 지원해 주겠다는 생각이 들었다.

수행 과제 3 마을을 위해 함께해요

기준	내용
목표(G)	마을을 위한 실천가
역할(R)	마을 주민
청중(A)	우리 마을 사람들
상황(S)	우리 마을을 살기 좋은 곳으로 만들기 위한 활동
결과물(P)	마을을 살기 좋은 곳으로 만들기 위한 실천
준거(S)	• 우리가 활동할 수 있는 일 협의하기 • 우리 동네를 살기 좋은 곳으로 만들기 위한 실천 방법 찾아 실행하기 (캠페인, 포스터, 실천 활동 등)

Step 8 차시별 수업 구상하기

스트랜스 (영역)	마을을 통한 교육	마을에 관한 교육	마을을 위한 교육
	우리 마을의 가을을 찾아라	마을 사람을 만나러 갑니다	마을을 위해 함께해요

동네
한 바퀴
	• 수업 협의 및 진단활동(2)
	• 활동 안내 및 안전교육(2)
	• 동네 둘러보기(4)
	• 동네 지도 그리기(2)
	• 동네의 특징 찾기(2)
	• 가을을 나타낸 사진 공유
	   및 작품명 짓기(2)
	• 동네 가을 풍경 전시회(1)
		• 부모님이 하는 일(2)
		• 우리 마을에서 일하는
		   사람들(2)
		• 소개하는 글쓰기 방법 알기
		   (국어 6)
		• 인터뷰 계획: 질문 만들기(4)
		• 소개하는 글쓰기(2)
		• 인터뷰 신문 만들기(2)
		• 직업 체험 놀이 준비(2)
		• 직업 체험 놀이(4)
		• 일의 소중함 이해 및 활동
		   소감 나누기(1)
			• 우리 마을과 다른 마을
			   의 특징 찾기(2)
			• 마을을 위한 활동 계획
			   (2)
			• 마을을 위한 실천(4)
			• 미래 마을 모습 계획하
			   기(2)
			• 미래 마을 모습 표현하
			   기(4)
			• 미래 마을 탐방:
			   결과물 공유(1)
			• 학습 정리: 배느실(1)

차시	15차시	19(국어6)차시	16차시

각 활동 주제별 차시 내용을 정리하고 보니 '마을 교육과정'과도 연계되어 활동할 수 있음을 알 수 있었다. 특히 '우리 마을의 가을을 찾아라'라는 활동 주제는 코로나 시기에 현장 체험 학습을 경험해 보지 못한 2학년 학생들에게 가까운 마을을 직접 둘러보는 체험 학습을 통해 배우는 즐거움을 느낄 수 있도록 한 수업 계획이었다. 그리고 마을 사람들의 직업을 조사하고 그 내용을 국어 교과 - 소개하는 글쓰기와 연계하여 통합 계획함으로써 학생들이 배운 내용을 실제 적용해 보는 수업 활동으로 설계하였다.

3. 수업 실행하기

1) 학습 환경 구성하기

본격적인 수업을 시작하기 전 학생들의 사전 지식 정도를 파악하고 학생 의견을 반영한 수업을 실행하고자 대형 포스트잇을 이용하여 학생들이 자유롭게 자신들의 생각과 의견을 정리할 수 있는 공간을 마련하였다.

가을과 관련된 주제를 수업하기 전에 '가을'에 대해 공부할 것임을 알려 주고, '내가 가을을 느낄 때는?'이라는 질문으로 가을에 대해 알고 있는 것을 표현하고 등하굣길에 살펴본 마을의 모습에서 가을을 느낀 적이 있는지 적어 보게 하였다.

「동네 한 바퀴」 주제를 다룰 때에는 '조사하고 싶은 우리 동네 사람들의 모습'을 포스터에 정리할 수 있도록 하고, 친구들이 조사하고 싶은 내용을 힌트 삼아 각자 조사하고 싶은 우리 마을 사람들을 찾을 수 있도록 하였으며, 조사할 사람이 정해진 후에는 친구들이 그분들에게 궁금한 내용, 질문했으면 하는 내용을 포스트잇에 적어 조사해 올 수 있도록 하였다.

2) 학생 의견 반영하기

학생들의 의견을 반영한 수업 활동을 만들기 위해 학생들의 생각을 정리할 수 있는 학습지가 필요하다는 생각이 들어 학생들에게 주제를 안내하고 주제와 관련된 사전 지식 확인과 공부하고 싶은 내용을 써 보는 활동을 매 주제마다 진행하였다.

'주제와 관련하여 궁금한 점 혹은 공부하고 싶은 내용을 써 주세요.' '주제와 관련하여 꼭 해 보고 싶은 활동과 이유를 써 주세요.'란 간단한 질문인데, 처음 2학년 학생들과 이 활동을 시작할 때에는 학생들이 무엇을 어떻게 써야 할지 몰라서 질문을 많이 했었다. 그러나

1학기 때 학생들이 하고 싶다고 했던 활동을 수업에 녹여 한 경험들이 생기자 2학기 때에는 학생들이 주제를 생각하며 자신들이 하고 싶은 활동을 적극적으로 이야기하였다.

　이 활동의 노하우를 공유하면 먼저 각자 정리하게 한 후 모둠으로 모여 친구들과 토의 후 정리해 보게 하면 더 많은 아이디어가 나왔고, 성취기준을 함께 정리해서 보여줬더니 학생들도 공부할 내용과 관련하여 자신들이 하고 싶은 다양한 활동을 고민하고 이야기해 주는 효과를 얻을 수 있었다.

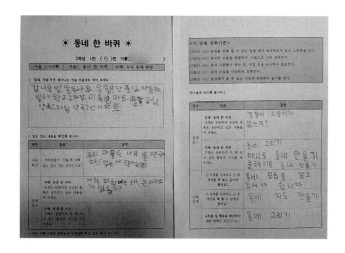

　「동네 한 바퀴」에서는 우리 마을에는 없는 것이 많아서 불편하다는 의견이 나왔고, 그래서 궁금한 점이 '왜 우리 마을에는 대형 마트가 없을까?'였다. 그래서 학생들과 '우리 마을에 없는 것 찾기' 활동을 하고 왜 그런 것들이 우리 마을에 없는지, 대형 마트가 있는 곳과 우리 마을의 차이점은 무엇인지 등에 대해 이야기 나눠 보는 활동을 하였다.

그리고 학생들이 조립 블록이 학교에 있다는 것을 알고 블록으로 마을을 만들어 보고 싶다고 제안하여 '미래 마을 만들기' 활동으로 학생들이 우리 마을의 미래 모습을 설계하여 대형 마트, 애견 카페, 문구점, 소방서 등 우리 마을에서 볼 수 없지만 있었으면 좋겠다는 시설을 만들어 보는 활동을 하기도 했다. 이렇게 학생들의 의견을 반영하여 활동하면 학생들이 수업 활동에 좀 더 적극적으로 참여하게 되어 때로는 하기 싫은 활동에도 참여하는 모습을 보여 주었다.

우리 반 학생들이 세 번째 '마을을 위해 함께해요' 활동 주제를 다룰 때의 일이었다. 우리 마을에 '담배꽁초가 많다'는 문제점을 해결하고 싶다는 의견이 나와 그 문제를 해결하기 위한 방법으로 담배꽁초 줍기, 포스터 만들어 붙이기 등의 활동이 계획되고 있었는데 한 남학생이 자신은 절대 담배꽁초를 줍지 않겠다는 것이다. 더럽고 냄새나는 것을 줍기 싫다면서 짜증까지 내며 반대했다. 하지만 대다수 학생들의 의견에 따라 담배꽁초 줍기 활동은 실천 과제로 결정되었다.

그렇게 친구들은 계속 밖에 나가서 담배꽁초 줍는 활동을 하고 싶어 했고, 미세먼지 등 날씨 관계로 그 활동이 미뤄지면서 그 남학생은 '날씨가 안 좋아서 담배꽁초를 줍지 않아 다행이다.'라며 계속 이 활동을 취소하자는 의견을 냈다. 그러자 여학생들은 그 남학생 때문에 자신들이 활동하지 못한다고 화가 났고, 실천 과제로 정했으니 꼭 해야 한다며 그 남학생을 설득하기 시작했다. 그러면서 이 활동이 마을을 위해 꼭 필요한 활동이고, 우리가 함께 만든 수업 활동이니 같이 해야 한다는 것이다. 그리고 이번에 남학생이 하기 싫은 활동을 하면 친구들도 다음에 하기 싫어도 남학생이 원하는 활동이 학급에서 결정된 활동이라면 함께하겠다며 나름의 논리를 폈다.

결국 교사가 아닌 친구들의 설득으로 '마을을 위한 담배꽁초 줍기' 수업 활동에 참여하였고, 활동을 한 후 남학생의 소감을 물었더니 '생각보다 우리 마을에 필요했던 일이라는 것을 느꼈고, 또 실천해 보니 좋았다'는 소감을 남겼다.

평소 이 학생의 성품으로 보아 교사인 내가 하자고 설득했다면 더 하기 싫다고 화를 냈을지도 모른다. 그러나 친구들의 꼭 하고 싶다는 의견과 설득으로 함께 동참해 주었다. 실제로도 하기 싫다는 말과는 다르게 참 열심히 활동하는 모습을 보여 주었다.

캠페인 활동 중인 학생들　　　　　　　마을 정화 활동 중인 학생들

3) 실천하며 배운 것이 남는다

학생들이 마을을 둘러보며 가을 풍경을 찍는 활동의 결과물은 예상보다 더 좋았다. 학생들이 책을 통해 배운 것보다 실제 마을을 둘러보며 더 많은 것을 배울 수 있었다.

우리 학교가 위치한 마을이 농촌이라 그런지 벼를 수확한 논, 가을 국화꽃 등 책을 통해서 보았던 내용뿐만 아니라 까치밥으로 남겨 놓은 감나무, 김장을 위해 심어 놓은 무와 배추, 가지와 대추 등을 말리는 모습 등 실제 마을을 통해 보고 배운 것이 더 많았고, 가을을 체감할 수 있었다. 저수지에 비친 단풍은 정말 아름다운 풍경이었으며 학생들은 그런 우리 마을이 아름다운 곳이라는 것을 느낄 수 있었다.

그리고 블록으로 미래 마을을 만들면서 학생들이 경험한 것들이 수업에 반영되는 모습, 그리고 새로운 창의력을 발휘하는 학생들의 모습을 찾을 수 있었다. 이케○와 같은 대형 매장에 다녀와 본 학생은 우리 마을에도 그런 대형 가구 판매점과 마트가 있었으면 좋겠다고 했고, 호텔을 다녀와 본 학생은 아름다운 우리 마을을 보러 오는 사람들이 많아서 호텔이 생겼으면 좋겠다고 했다. 미래 마을을 만들며 마을에 넓은 길도 만들어야 한다면서 길을 만드는 학생, 신호등을 만드는 학생 등 다양한 모습으로 학생들의 생각이 표현되었다.

마을을 둘러보는 학생들

미래 우리 마을 만들기 결과물

또한 마을 사람들을 소개하는 글을 쓸 때에도 각자의 상황에 맞게 자기 부모님을 인터뷰하는 학생도 있었고, 실제 약국과 미용실 등을 찾아가 인터뷰하고 온 학생들도 있었다. 이런 활동을 하면서 학부모님의 도움과 인터뷰에 응해 준 마을 사람들에게도 감사의 마음을 가지게 되었다. 그리고 학생들도 실제 인터뷰하며 마을 사람들이 서로 도와가며 살고 있다는 것을 알게 되었다.

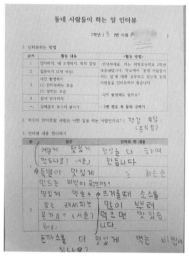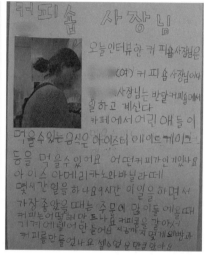

학생들이 얼마나 배우고 느꼈는지는 학생들의 결과물 등을 통해서 충분히 알 수 있었다. 이번 교사 교육과정 실천을 통해 학생들은 교사의 자세한 설명과 지식 전달보다는 스스로 배움에 참여하며 실천해 보는 것이 더 많이 배우고 이해할 수 있음을 느끼게 되었다.

교사가 주려고 하기보다는 학생의 의견을 잘 듣고 그것을 배움으로 어떻게 엮어 나갈지 교육과정 개발자의 역할을 잘해 주면 배움을 학생 스스로 만들어 간다는 것을 새삼 깨닫게 되었다.

4) 핵심 개념은 수업의 나침반이 된다

교과서에 제시된 활동은 아이들에게 때로는 즐거운 활동일 수 있지만 왜 이런 내용을 배우는지 이해하지 못한다면 의미 없는 활동이 되고 만다. 그리고 교과의 활동들이 때로는 활동 주제와 맞게 구성되었는지 의심이 되는 활동이 있기도 하고, 활동이 제시된 순서가 수정되었으면 더 좋겠다는 생각을 하기도 한다.

핵심 개념을 공존으로 설정하고 수업을 실행했더니 교사의 발문이 단순히 '마을 사람들은 어떤 일을 하지?'가 아니라 '마을에서 일을 하는 사람들 중 그 일을 하는 사람이 사라지면 어떻게 될까?'라는 마을 사람들이 함께 연결되어 살아가고 있음을 인식할 수 있는 발문으로 바뀌게 되었다.

개념을 통한 학습은 학생들도 수업 내용을 좀 더 쉽게 이해할 수 있도록 했고, 교과서의 내용을 꼭 하지 않아도 되며 주제에 맞게 자신들이 새로운 활동을 할 수 있음을 받아들일 수 있게 되었다. 교과서에는 '마을 사람들이 하는 일'에 대해 배운 뒤 8차시 후에야 '고마운 분들에게 편지 쓰기' 활동이 뒤쪽에 안내되어 있으나 활동 주제에 따라 '마을 사람을 만나러 갑니다'란 활동에서 마을 사람들의 고마운 점을 느끼고 소개하는 글에 감사의 마음을 표현하는 활동으로 맥락 있게 수업이 전개될 수 있었다.

그리고 '공존-함께하는 것'에 대해 함께 이야기 나누고 미래 마을 만들기 활동을 하였더니 학생들이 마을을 설계할 때 사람들이 살아가는 데 필요한 것들에 대해 친구들과 함께 이야기 나누고 건물 만들기를 하는 모습을 볼 수 있었다. 학교 주변에 문구점과 병원이 가까이 있었으면 좋겠다고 하고, 아파트 주변에 편의점과 경찰서가 있으면 좋겠다는 이야기를 통해 학생들이 생각하며 활동하고 있음을 느낄 수 있었다. 이렇게 학생들의 변화에 의해 교사는 교육과정을 재구성하는 데 노력하게 됨을 다시금 깨닫게 되었다.

개념과 통합 교과 교육과정

"핵심 개념은 어떻게 정했나요?"

2015 개정 교육과정에 핵심 개념이 교과마다 정리되어 있지만 통합 교과에서처럼 소주제의 성격으로 정리되어 있기도 하고, 사회과의 핵심 개념을 보면 '문화', '사회 계층과 불평등'과 같이 내용 요소 정도로 진술되는 경우도 있어 핵심 개념으로 보기에는 부족해 보였어요.

그래서 외국의 교육과정에 사용되는 핵심 개념에는 어떤 것들이 있는지 책을 찾아보기도 하고 다른 선생님들이 개발한 교육과정을 살펴보며 핵심 개념을 찾아보기도 했답니다. 핵심 개념은 이해 중심 교육과정에서는 빅아이디어로 표현되기도 하고, 핵심 아이디어 등으로 나라마다 다르게 표현되었는데, 그 내용은 '계속성과 변화', '원인과 결과', '상호관계' 등 교과의 내용을 아우를 수 있는 상위 개념으로 정리되어 있었어요.

우리나라의 경우 사회과의 핵심 개념이 47개로 개수가 다소 많고, 그 내용이 핵심 개념으로 보기에는 어려운 면이 있어 교사가 교육과정에 대해 좀 더 고민해 봐야 할 것이라 생각되었어요. 아울러 2022 개정 교육과정에서는 이런 핵심 개념을 좀 더 고민하여 각 교과 교육과정을 잘 개발했으면 하는 바람입니다.

네, 통합 교과에는 활동 주제마다 수업 구성 차시를 1차시씩 두어 학생들의 의견을 반영하여 수업을 구성할 수 있도록 했어요. 보통 1개의 소주제는 3개의 활동 주제로 구성되어 [수업 만들기]가 3차시입니다. 저는 이 차시들을 맨 앞에 묶어 학생들과 소주제에서 활동하고 싶은 수업을 의논해 보는 시간으로 두었어요.

학생들이 주제와 관련하여 활동하고 싶어 하는 내용과 평가받고 싶은 내용이 무엇인지 알아보고자 학습지에 정리해 보도록 했는데, 처음 해 보는 활동에 학생들이 무엇을 써야 할지 몰라서 첫 시간은 학생들의 질문만 받다 끝나 버리기도 했지요.

그래서 그다음에는 1학년 때 공부한 내용을 생각해 보게 하고 그 내용 다음에 공부하고 싶은 내용이 무엇인지 물어보며 내용을 정리하도록 했습니다. 그래도 학생들 중에는 학습지에 스스로 작성하고 싶은 마음이 있어 어떻게 해야 할지 알려 달라는 학생이 있었어요. 그래서 교과서를 보고 가장 하고 싶은 활동과 그 이유를 작성해 보도록 했지요.

그러다 곤충을 좋아하는 학생은 매번 곤충만 공부하고 싶다는 의견을 내어 학생들에게 새로운 생각을 하게 하는 것은 더 어려울 수 있다는 판단에 해당 단원과 관련된 성취기준을 알려 주고 수업에 대해 고민해 볼 수 있도록 했어요.

그리고 무엇보다 중요한 것은 학생들이 제안한 내용을 교사가 수용하여 수업 활동으로 만드는 것이었어요. 곤충에 대해 얘기했던 학생은 여름 교과에서 곤충과 관련된 내용을 공부할 수 있도록 해 주었고, 공부하고 싶은 활동에 클레이 만들기라고 쓴 학생의 의견은 가을 활동에서 할 수 있음을 미리 안내하기도 하여 학생들의 요구를 선생님이 받아들이려 한다는 것을 알려 주었습니다.

또한 학생들의 작은 의견을 놓치지 않고 재구성하는 것이 교사의 전문성이라는 생각도 하게 되었어요. 우리 마을에는 없는 것이 많다고 투덜대는 학생의 말을 듣고 교과서에는 없지만 학생들의 궁금증을 해결하기 위한 차시로 '왜 우리 마을에는 대형 마트가 없을까?'란 질문으로 수업 시간에 얘기 나누며 우리 마을이 작은 농촌 마을로서 가지고 있는 특징을 찾아보게 했어요.

2학년 학생들이 수행 과제 설계하기까지는 어려웠지만 그래도 학생들의 의견을 반영하는 시간을 계속 갖고, 이런 경험이 쌓이다 보면 학생들이 고학년이 되어서는 본인들이 중심이 되는 교육과정을 스스로 설계, 실행할 수 있지 않을까 생각합니다.

통일, 찬성하나요? 초4

학생들의 흥미와 요구를 반영한 교사 교육과정

톰소여 효과 Tom Sawyer Effect

같은 과제라도 일로 받아들이면 재미없지만, 놀이로 받아들이면 더 즐겁고 결과도 좋다고 한다.
교사와 학생이 함께 교육과정을 주체적으로 만들어 가면 공부가 훨씬 즐겁지 않을까?

교사 교육과정은 이름 그대로 '교사'가 주체가 되어 개발, 운영하는 교육과정이다. 그래서 교사의 '전문성'이 무엇보다 중요하다. 교사가 어떻게 국가 교육과정을 이해하고 반영하는지, 계획과 실행, 평가를 어떻게 이어갈 것인지, 학생들의 삶을 무엇으로 보고 어떻게 성장으로 이끌어갈 것인지 등에 따라 교사 교육과정의 수준이 결정된다.

'나는 교사 교육과정을 제대로 실천하고 있는가?' 자문해 본다. 곰곰이 생각해 보아도 쉽게 대답하기 어렵다. 모든 교육과정은 의도적인 계획과 계획의 실행, 그리고 실행의 결과를 포함한다고 한다(이승은 · 박양주 · 이동주, 2020). 계획과 실행, 결과 요소는 교육과정의 위상에 따라 그 비중을 달리하게 된다. 국가 수준에서 현장과 지역, 교과 전체를 통할해야 하는 국가 교육과정은 상대적으로 계획으로서의 성격이 강하다. 이에 반해 현장에서 학생들과의 만남과 실제적인 실행을 목적으로 하는 교사 교육과정은 실행과 결과의 성격이 강하다. 내가 나의 교육과정에 자신을 갖기 힘든 이유도 아마 변동성이 강한 실행과 결과를 최우선으로 고려해야 하는 교사 교육과정의 특성 때문일 것이다.

그래서 교사의 진짜 전문성은 실행 속에서 발휘된다고 봐야 한다. 교사는 주어진 상황과 여건 속에서 학생들과의 만남으로 새로운 경험을 만들어 가는 사람이다. 교사 교육과정의 핵심은 온전히 예상할 수 없는 실행의 상황에서 학생들과의 상호작용으로 교육적 경험을 함께 생성해 나가는 것이다. 이러한 점을 고려하며 필자는 지난 1년간 학생들과 함께 교육적 경험을 만들어 보고자 하였고, 그중 일부를 소개하고자 한다.

1. 교육과정 계획하기

교육과정 계획하기(CP: Curriculum Planning)
Step 1 교육과정 계획 틀 만들기
Step 2 주제(Unit) 만들기
Step 3 주제 계획하기(성취기준 배치, 주제 목표 정하기)

Step 1 교육과정 계획 틀 만들기

1학기를 마치며 학생들과 지난 학기를 되돌아보고 2학기를 계획하는 시간을 가졌다. 이를 바탕으로 2학기 교육과정 계획표(진도표)를 함께 작성하였다. 교육과정 계획표는 교육 활동 전체를 조망하는 역할을 한다. 대강화된 틀 한 장 안에 학사 일정, 등교 방식, 주제, 교과 단원 등을 축약하여 모두 담고자 했다. 계획은 실행을 전제로 한다. 교육과정이 운영되는 과정에서 많은 수정, 변경이 있었지만, 한 학기 교육과정 전반을 지속적으로 조망할 수 있어 유용했다.

학생들과도 계획표를 함께 살펴보며 이야기를 나누었다. 우리가 선정한 주제와 주요 학습 활동, 통합 운영되는 과목과 학교 행사와의 연계 등에 대해 함께 검토했다. 그런데 아무래도 계획표는 교사의 편의를 위한 성격이 강해 학생들이 세부 내용을 속속들이 이해하기가 어려웠다. 학생들에게는 매주 작성되어 배부되는 주간학습안내가 활동을 구체적으로 파악할 수 있어 더 선호되었다. 학생들과 함께 매주 다음 주간학습안내를 살펴보며 학습 활동을 예상하고 수정해 나가기도 했다.

4학년 2학기 교육과정 계획표

월	기간	주	주제명	주요 학습 활동	국어	도덕	사회	미술	체육	자율	동아리	봉사	진로	수학	과학	영어	음악
			주제(units)		통합 운영									분과 운영			
8	8.18~8.20	1(3) 등교	2학기다!		3. 바르고 공손하게	만드는 도덕 수업	1. 촌락과 도시	8. 경험	건강			>		1. 분수	1. 식물		
	8.23~8.27	2(5) 원격		2학기 학급 세우기 / 2학기 교육과정 만들기	3. 바르고 공손하게	만드는 도덕 수업	1. 촌락과 도시	8. 경험	건강			>		1. 분수	1. 식물		
	8.30~9.3	3(5) 등교			3. 바르고 공손하게	만드는 도덕 수업	1. 촌락과 도시	8. 경험	건강			>		1. 분수	1. 식물		
9	9.6~9.10	4(5) 원격	움직여 선다!	활동의 의미 탐색하기 / 넷볼의 기능 익히고 연습하기	1. 이어질 장면	4. 협동	1. 촌락과 도시	7. 찍기	경쟁 활동		넷볼			2. 삼각형	1. 물		
	9.13~9.17	5(5) 등교		넷볼의 기능 익히고 연습하기 / 심별 전술 계획하기	1. 이어질 장면	4. 협동	1. 촌락과 도시	7. 찍기	경쟁 활동		넷볼			2. 삼각형	2. 물		
	9.20~9.24	6(2) 원격		팀 응원 도구 제작하기	1. 이어질 장면	4. 협동	1. 촌락과 도시	7. 찍기	경쟁 활동		넷볼			2. 삼각형	2. 물		
	9.27~10.1	7(5) 등교		우리 팀에 관한 이야기 만들기	4. 이야기 속 세상	4. 협동	1. 촌락과 도시	9. 감상	경쟁 활동		넷볼			2. 삼각형	2. 물		
10	10.4~10.8 (운동회)	8(4) 원격		넷볼 리그전	4. 이야기 속 세상	4. 협동	2. 생산과 교환	9. 감상	경쟁 활동		넷볼			3. 소수	2. 물		
	10.11~10.15	9(4) 등교	스마트 발리지를 건설하라!	레○ 로봇으로 코딩 익히기 / 존중의 의미 탐색하기	6. 본받고 싶은 인물	6. 존중	2. 생산과 교환	12. 꿈과 끼	표현 활동		레○로봇		>	3. 소수	2. 물		
	10.18~10.22	10(5) 원격		문제 상황을 공학적으로 해결하기	6. 본받고 싶은 인물	6. 존중	2. 생산과 교환	12. 꿈과 끼	표현 활동		레○로봇		>	3. 소수	3. 그림자		
	10.25~10.29	11(5) 등교		스마트 발리지 건설하기 / 우리가 건설한 발리지 투어하기	7. 독서 감상문	6. 존중	2. 생산과 교환	12. 꿈과 끼	표현 활동		레○로봇		>	4. 사각형	3. 그림자		
11	11.1~11.5 (진로의날)	12(5) 원격			7. 독서 감상문	6. 존중	2. 생산과 교환	12. 꿈과 끼	표현 활동	발표회	레○로봇		>	4. 사각형	3. 그림자		
	11.8~11.12	13(5) 등교	나는 시사왕	통일에 의미 읽기 / 통일에 관한 어린이 신문 찾기	8. 생각하며 읽기	5. 통일	2. 생산과 교환	10. 옛글씨	도전 활동					4. 사각형	3. 그림자		
	11.15~11.19	14(5) 원격		글의 구조를 파악하며 읽기	8. 생각하며 읽기	5. 통일	3. 변화와 문화	10. 옛글씨	도전 활동					4. 사각형	4. 화산		
	11.22~11.26	15(5) 등교		통일에 관해 토론하기	5. 의견 드러내 글쓰기	5. 통일	3. 변화와 문화	10. 옛글씨	도전 활동					5. 꺾은선그래프	4. 화산		
	11.29~12.3	16(5) 원격		나의 의견이 드러나게 글쓰기	5. 의견 드러내 글쓰기	5. 통일	3. 변화와 문화	10. 옛글씨	도전 활동					5. 꺾은선그래프	4. 화산		
12	12.6~12.10	17(5) 등교	마인하고 고마웠어	감동을 나누며 글쓰기	9. 감동을 나누며 읽기	만드는 도덕 수업	3. 변화와 문화	11. 감상	여가					5. 꺾은선그래프	4. 화산		
	12.13~12.17	18(5) 원격		감동을 나누며 글쓰기	9. 감동을 나누며 읽기	만드는 도덕 수업	3. 변화와 문화	11. 감상	여가					6. 다각형	5. 물		
	12.20~12.24 (학예회)	19(5) 등교		4학년 교육과정 정리하기 / 친구들과 점 나누기	우리가 만드는 수업	우리가 만드는 수업	우리가 만드는 수업			발표회		>		6. 다각형	5. 물		
	12.27~12.31	20(5) 등교		마인하고 고마운 마음 전하기 / 2. 마음을 전하는 글쓰기	2. 마음을 전하는 글쓰기	우리가 만드는 수업	우리가 만드는 수업					>		6. 다각형	5. 물		

총 20주, 92일

4학년 1반 주간학습안내 (11월 15일 ~ 11월 19일)

	등교 수업				
	월 (15일)	화 (16일)	수 (17일)	목 (18일)	금 (19일)
아침활동	수학 문제 풀이	어린이 신문 "나는 시사왕!"	수업 준비	어린이 신문 "나는 시사왕!"	수학 문제 풀이
1교시 (09:00 ~ 09:40)	영어 12. How much is it?	국어 5. 의견이 드러나게 글을 써요 "나는 시사왕!"	체육	국어 5. 의견이 드러나게 글을 써요 "나는 시사왕!"	국어 어린이 신문 만들기 "나는 시사왕!"
2교시 (09:50 ~ 10:30)	수학 4. 사각형 최종 정리	도덕 5. 하나 되는 우리 "나는 시사왕!"	3D수영 교육	도덕 5. 하나 되는 우리 "나는 시사왕!"	
3교시 (10:40 ~ 11:20)	국어 5. 의견이 드러나게 글을 써요 "나는 시사왕!"	수학 4. 사각형 단원평가		과학 4. 화산과 지진	수학 5. 꺾은선 그래프
4교시 (11:30 ~ 12:10)	미술 민화 파우치 만들기	영어 12. How much is it?		수학 5. 꺾은선 그래프	과학 4. 화산과 지진
5교시 (12:10 ~ 12:50)		사회 2. 교류하며 발전하는 우리 지역	음악 스타카토와 레가토 주법	사회 2. 교류하며 발전하는 우리 지역	
6교시 (13:20 ~ 14:00)	창의적 체험 활동 학급 동아리				
준비물	교과서		체육복, 운동화		
가정 통신	▶				

Step 2 주제(unit) 만들기

  2학기에는 세 가지의 큰 주제(단원)가 선정되었다. 주제명은 각각

'뭉쳐야 쏜다!', '스마트 빌리지를 건설하라!', '나는 시사왕!'이다. 각 주제는 교육과정 계획표대로 각각 4~5주간 운영되었다. 운동회, 진로의 날과 같은 학교 행사와 연계되고 여러 교과 및 창의적 체험 활동이 통합되어 구성되었다.

세 가지 주제는 공통적으로 교과, 학습자, 사회를 고려하여 교사가 종합적으로 판단해 선정하였다. 우선 학생들이 학습해야 할 성취기준과 사회적·환경적 상황을 내놓고 다음으로 학생들의 삶과 학습 내용이 연결되어 흥미를 가질 수 있도록 주제를 고려하였다. 지난 1학기 동안 상호 작용으로 얻은 학생들의 능력과 활동 경향성에 대한 인식을 바탕으로 학생들이 극복 가능한 수준에서 주제 목표를 설정하여 주제 활동에 몰입할 수 있도록 하였다.

주제 1: 뭉쳐야 쏜다!

첫 번째 주제인 '뭉쳐야 쏜다!'는 체육 교과 중 경쟁 활동을 중심으로 한 주제다. 경쟁 활동의 특성상 팀원 간의 협력과 전략 구상이 무엇보다 중요하다. 코로나19 사태로 인해 개별화된 학습이 많아진 상황에서 우리 반 학생들은 서로 간에 어울리는 것을 어색해하고 어려워하였다. 방역 수칙 준수와 격주 등교라는 단절된 상황 속에서 친구에게 어떻게 다가가야 할지 몰라 하였다. 그럼에도 학생들은 끊임없이 서로에게 다가가고 싶어 했다. 친구와 함께 학습하는 것이 즐거워 매일 등교하고 싶다는 학생들이 많았다. '뭉쳐야 쏜다!'는 이러한 요구를 적극 반영한 주제다.

넷볼 리그전　　　　　　　　　　　　팀별 전략 구상

　주제 목표는 '협동과 협력을 통해 우리 팀을 승리로 이끌어라!'이고, 함께할 종목은 영역형 게임인 '넷볼'이다. 모든 학생들이 처음 접하는 종목이라 수준 차가 없었고, 선수 간 접촉이 비교적 적어 안전하였다. 모든 학생은 주제 학습 기간 동안 넷볼 선수가 되어 함께 연습을 하고 팀 전략을 세우며 협동해 나갔다. 도덕 교과와 연계하여 협동의 의미와 중요성을 학습하였고, 미술 교과와 연계하여 우리 팀을 응원하는 도구를 판화 기법으로 제작하였다. 이러한 학습을 통해 학생들이 협동의 가치를 체화하고 의사소통과 공동체 역량을 증진할 수 있었다고 본다.

주제 2: 스마트 빌리지를 건설하라!

　두 번째 주제인 '스마트 빌리지를 건설하라!'는 진로 교육 및 소프

트웨어 교육과 관련된다. 본교는 작년까지 소프트웨어 특성화 교실을 운영한 학교로서 양질의 레○로봇 장비가 구비되어 있다. 더욱이 동학년 선생님 중 이 분야의 전문가가 있어 동학년이 함께 운영하는 교육과정 주제로 적합하였다. 주제 목표는 '레○로봇 코딩을 통해 자신의 삶을 주체적으로 설계하고 진로를 탐색하자'이다. 학생들은 코딩 공학자가 되어 레○코딩 로봇을 다루고, 우리 지역의 문제 상황을 자신의 진로와 연계하여 함께 선진화된 미래 사회를 구현해 보고자 하였다. 창의적 체험 활동 중 동아리와 진로, 교과 중 사회, 미술, 도덕 시간이 함께 운영되었다.

우리 반의 많은 학생들은 개인적인 취미로 레○를 꼽곤 하였다. 학생들이 좋아하는 레○를 코딩 프로그램으로 원하는 대로 움직이게 하니 학생들의 몰입은 별다른 노력 없이 이루어졌다. 학생들은 주어진

레○코딩 로봇 다루기

요구 상황에 맞게 레○를 설계하고 코딩으로 문제를 해결하였다. 활동 기간 동안 진로 교육과 연계하여 자신의 강점과 좋아하는 일에 대해 찾아보게 하였다. 우리가 그리는 스마트 빌리지를 건설하는 과정에 필요한 다채로운 직업에 대해 함께 탐구하였고, 미래의 꿈에 대한 자신의 생각을 나눠 볼 수 있었다.

주제 3: 나는 시사왕!

세 번째 주제인 '나는 시사왕!'은 하나의 주제를 심도 있게 이해하고, 자신의 생각을 글로 표현하여 다른 사람들과 나누는 활동이다. 우리 반은 1학기부터 아침 활동 시간과 국어 시간을 활용해 어린이 신문 읽기 활동을 해 오고 있었다. 사회적 이슈나 교과 내용과 관련된 어린이 신문 기사 한 토막을 읽고 토의·토론하는 활동이다. 신문 기사를 읽는 것에 대해 처음에는 학생들이 어색해했지만, 교과에서 다루고 있는 내용이 세상 속에서 어떻게 접목되는지를 살펴보며 점차 선호하는 학습 활동이 되었다. 이번 주제에서는 이러한 활동을 발전시켜 국어 교과의 '의견을 드러내어 글쓰기'와 도덕 교과의 주제인 '통일'을 연결 짓고, 통일에 관한 신문 기사를 찾아 읽어 통일의 의미, 역사, 필요성, 배경 등을 심층적으로 탐구해 보고자 하였다.

많은 주제 중 '통일'을 선정한 이유는 우리 반 학생들의 삶과 관련된다. 세대가 거듭될수록 점차 분단의 아픔에 대한 공감이나 통일의

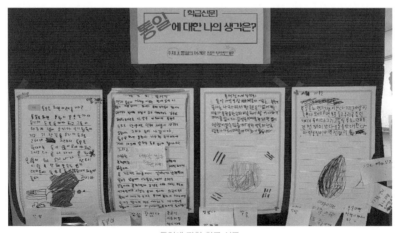

통일에 관한 학급 신문

필요성에 대한 믿음이 줄어드는 듯하다. 특히 우리 반 학생들은 마음 껏 비판해도 되는 대상, 미워하고 조롱해도 되는 대상으로 북한을 말하곤 하였다. 친구를 놀릴 때, 비아냥댈 때 북한과 관련된 용어들을 사용하였다. 일부 학생은 북한을 악마화된 대상으로 여기고, 그것을 사실인 것처럼 말하기도 하였다. 평화 통일은커녕 북한과의 일전을 기다리는 듯한 학생들의 모습을 보며 교사로서 심히 우려스러웠다. 그래서인지 시사 주제 중 '통일'을 깊이 탐구해 보자는 교사의 제안에 학생들이 흔쾌히 동의해 주었다. 아마도 학생들 역시 북한의 실상과 통일의 의미에 대해 제대로 알고 싶었던 모양이다.

Step 3 주제 계획하기(성취기준 배치, 주제 목표 정하기)

세 가지 주제 중 마지막에 소개한 '나는 시사왕!'에 대해 좀 더 상세히 설명하고자 한다. 초등학교 교육과정 중 통일과 관련된 성취기준은 아래의 다섯 가지다.

통일 관련 성취기준

[2바07-01] 우리와 북한이 같은 민족임을 알고, 통일 의지를 다진다.
[2즐07-02] 남북한에서 하는 놀이를 하고, 통일을 바라는 마음을 다양하게 표현한다.
[4도03-03] 남북 분단 과정과 민족의 아픔을 통해 통일의 필요성을 알고, 통일에 대한 관심과 통일 의지를 기른다.
[6사08-02] 남북통일을 위한 노력을 살펴보고, 지구촌 평화에 기여하는 통일 한국의 미래상을 그려 본다.
[6도03-03] 도덕적 상상하기를 통해 바람직한 통일의 올바른 과정을 탐구하고 통일을 이루려는 의지와 태도를 가진다.

1-2학년군의 바른 생활과 즐거운 생활에 각각 하나씩, 3-4학년군 도덕에 하나, 5-6학년군 사회와 도덕에 각각 하나씩 포함되어 있다. 특히 바른 생활을 포함한 도덕 교육과정에서는 1-2, 3-4, 5-6학년군 모두에 통일 관련 성취기준이 선정되어 있다. 이는 도덕 교과에서 통일을 중요한 개념으로 여기고 있으며, 연속성·계열성 있게 통일 개념을 다루고 있음을 보여 준다.

도덕 교과의 세 학년군 모두 남북한이 같은 민족임을 알고, 통일 의지를 다져야 함을 성취기준에 포함하고 있다. 계열적 차이로는 1-2학년군에서는 같은 민족임을 알기, 3-4학년군에서는 남북 분단 과정과 민족의 아픔, 통일의 필요성을 알고 통일에 대한 관심 갖기, 5-6학년군에서는 바람직한 통일의 올바른 과정을 탐구하는 내용이 다루어진다. 우리 반은 3-4학년군 성취기준 내용에 한정하여 민족의 아픔을 느끼고, 남북 분단 과정과 통일의 필요성을 이해하여 통일에 대한 관심과 통일 의지를 기르는 데 집중하고자 하였다.

주제	나는 시사왕!	대상	4학년 1반
역량	지식 정보 처리 역량 심미적 감성 역량 공동체 역량	운영 기간	2021. 11. 8 ~ 12. 3
		운영 방법	4주 동안 나누어 운영
성취 기준	[4국02-04] 글을 읽고 사실과 의견을 구별한다. **[4국03-03] 관심 있는 주제에 대해 자신의 의견이 드러나게 글을 쓴다.** [4국04-03] 기본적인 문장의 짜임을 이해하고 사용한다. **[4도03-03] 남북 분단 과정과 민족의 아픔을 통해 통일의 필요성을 알고, 통일에 대한 관심과 통일 의지를 기른다.** [4사04-06] 우리 사회에 다양한 문화가 확산되면서 생기는 문제(편견, 차별 등) 및 해결 방안을 탐구하고, 다른 문화를 존중하는 태도를 기른다.		
주제 목표	어린이 신문을 통해 통일과 관련된 요소를 알고, 나의 의견을 기사로 써서 학급 신문에 게재한다.		

주제 관련 교과의 성취기준을 재구성하여 '어린이 신문을 통해 통일과 관련된 요소를 알고, 나의 의견을 기사로 써서 학급 신문에 게재한다.'라는 주제 목표를 설정하였다. 설정한 목표를 달성하기 위해 학생들은 기자가 된다. 통일에 관한 나의 생각을 기사로 써서 학급 신문에 게재해야 하기 때문에 관련 정보를 수집하고 정리해야 하며 나의 생각을 논리적으로 풀어 낼 수 있어야 한다.

2. 수업 만들기

수업 만들기(CM: Curriculum Making)

Step 4	수업 시수 조정 및 평가 계획하기
Step 5	차시별 수업 계획 & 운영하기

Step 4 수업 시수 조정 및 평가 계획하기

성취기준	교과 시수	차시별 교수 · 학습 활동 계획	평가 계획 (평가 방법)
[4국02-04] [4국03-03] [4국04-03]	국8	• 사실과 의견을 구분하고 평가하는 방법 알기 • 문장의 짜임을 이해하고 의견 표현하기 • 통일에 대한 의견을 제시하는 글쓰기 • 학급 신문 만들기	논술형 평가
[4도03-03]	도6	• 통일 관련 어린이 신문 읽고 토의하기 • 남북 분단 과정과 민족의 아픔에 대해 이해하기 • 통일의 필요성 이해하기	논술형 평가
[4사04-06]	사2	• 다양한 문화를 존중해야 하는 이유 이해하기	

관련 교과로는 국어, 도덕, 사회 교과가 통합되었다. 4주간 총 16차시의 수업 시간을 활용해 주제 학습이 이루어졌다. 국어 교과에서는 8차시를 확보하여 사실과 의견을 구분하고 평가하는 방법 알기, 문장의 짜임을 이해하고 의견 표현하기, 의견을 제시하는 글쓰기 활동을, 도덕 교과에서는 6차시 동안 통일을 주제로 토의·토론하기, 남북 분단 과정과 민족의 아픔 이해하기, 통일의 필요성 이해하기를, 사회 교과에서는 2차시를 내어 다양한 문화를 존중해야 하는 이유에 대해 이해해 보고자 하였다.

목표(G)	어린이 신문을 통해 통일과 관련된 주요 요소를 알고, 나의 생각을 기사로 써서 학급 신문에 게재한다.
역할(R)	논설 집필자
청중(A)	구독자
상황(S)	통일에 관해 탐구하고 나의 생각을 기사로 쓴다.
결과물(P)	나의 기사가 담긴 학급 신문
준거(S)	글을 읽고 사실과 의견 구분하기 / 통일의 의미와 필요성 알기 / 남북한의 다른 문화 이해하기 / 주제에 대한 의견이 드러나는 글쓰기

평가는 주제 목표의 결과물로 실시하였다. 개인이 작성한 학급 신문 기사를 통해 글을 읽고 사실과 의견을 구분할 수 있는지, 통일의 의미와 필요성을 알고 있는지, 주제에 대한 의견이 드러나게 글을 쓸 수 있는지를 평가하고자 하였다. 작성한 기사는 학급 친구들뿐만 아니라 학교 구성원들에게 공개되고 댓글로 피드백을 받았다. 이를 바탕으로 스스로의 글을 점검하고 성찰할 수 있는 시간도 갖게 되었다. 평가 준거는 글을 읽고 사실과 의견을 구분하는가, 통일의 의미와 필요성을 알고 있는가, 남북한의 다른 문화를 이해하는가, 주제에 대한

의견이 드러나는 글을 쓰는가를 기준으로 상·중·하로 나누어 설정하였다.

1차시: 주제 학습 준비하기

첫 번째 시간에는 주제 학습 전반에 대한 이야기를 나누었다. 주제 학습의 흐름과 목표, 해결 과제를 안내하였다. 학기 초에 이미 나누었던 이야기라 주제에 대한 이견은 없었다. 다만 학급 신문을 어떻게 만들고 어디까지 공개할 것인가에 대한 논의가 이루어졌다. 일부 학생들은 자신의 글이 외부로 공개된다는 것에 대한 걱정을 호소하였지만, 열심히 공부해서 함께해 보기로 생각을 모았다. 주제 목표와 해결

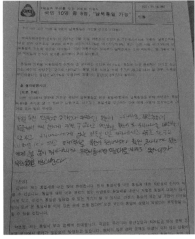

어린이 신문

내 생각 기록하기

과제가 평가로 어떻게 이어지고, 평가 준거로는 무엇이 설정되었는지도 안내하였다.

2차시: 통일 관련 어린이 신문❶을 읽고 토의하기

두 번째 시간부터 통일에 관한 어린이 신문을 읽고 토의하였다. 첫 번째 신문의 주제는 '통일세'에 관한 것이었다. 학생들 대부분의 반응은 '통일을 위해 우리가 왜 세금을 더 내야 하는가?'였다. 다수의 학생이 반대를 하자, 통일은 당연히 해야 한다고 생각했던 학생들도 갈등하는 모습을 보였다. 학생들의 통일에 대한 부정적인 시각을 처음 감지한 시간이었다.

3-4차시: 남북 분단 과정과 민족의 아픔에 대해 이해하고, 통일 관련 어린이 신문❷를 읽고 토론하기

도덕 교과서에는 통일의 필요성과 당위성이 분단의 과정과 민족의 아픔을 근거로 제시된다. 예전에 이 단원을 가르칠 때를 떠올려 보면, 이 부분에 대한 학습을 한 후 자연스럽게 학생들이 통일의 필요성을 논하곤 하였다. 그런데 올해 학생들은 그렇지 않았다. 남북 철도에 관한 두 번째 어린이 신문 기사에도 굉장히 부정적인 반응들이 나왔다. 당장의 행복과 돈이 최고인데, 무엇 하러 통일을 하느냐는 의견이 지배적이었다. 통일 찬반에 대한 피라미드 토론 결과 놀랍게도 26명의 학생 중 23명의 학생이 통일을 반대한다는 결론을 내었다. 성취기준에 부합하도록 모든 학생에게 통일의 필요성과 당위성에 관한 학급 신문 기사를 작성하게 하려던 최초의 계획은 수정할 수밖에 없었다.

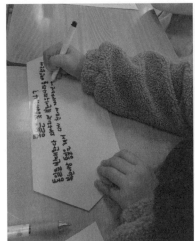

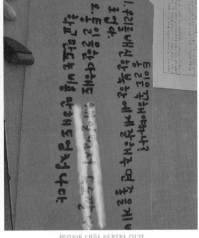

짝 토론 결과　　　　　　　　　　　통일에 대한 부정적 의견

통일 찬반 토론

5-8차시: 사실과 의견을 구분하고 평가하는 방법 알기, 통일의 필요성 이해하기

통일에 관한 교사의 생각을 학생들에게 주입하고 강요할 수는 없다. 학생들의 생각은 주로 가정으로부터 오는 것일 텐데, 통일이 정치적 쟁점이 되어 버린 시대 상황에 자칫 문제가 될 수 있다는 생각까지 들었다. 이런 상황에서 교사로서 내가 할 수 있는 것은 통일이 이루어질 경우의 장점, 당위성, 어려움 등을 최대한 객관적으로 전달하고, 학생들이 다양한 시각에서 자신의 생각을 정립할 수 있도록 하는 것이라 보았다.

9-12차시: 다양한 문화를 존중해야 하는 이유 이해하기,
문장의 짜임을 이해하고 의견 표현하기

우리 반은 1학기부터 꾸준히 글쓰기 활동을 해 오고 있다. 짧은 글부터 시작하여 교과 시간에 다뤄지는 다양한 글들을 연결된 하나의 종이에 이어 붙이며 수집해 가고 있었다. 학생들은 길어져 가는 글 종이를 재미있어했다. 더 많은 글을 써서 이어 붙이고 싶어 했다. 그럼에도 여전히 학생들은 글을 어떻게 써야 하는지 몰라 하는 경우가 많았다.

나는 학생들이 글쓰기를 어려워하는 이유 중 하나가 글 쓰는 방법에 대해 제대로 공부하지 않았기 때문이라고 생각한다. 매 학년 국어 시간에 다양한 글의 종류에 따른 글쓰기 방법을 학습하지만, 제대로 학습하지 않은 것이다. 우리 반 학생들도 그동안 국어 시간에 글 쓰는 방법을 공부할 때 큰 흥미를 느껴지지 않았다. 그런데 이번 주제 학습에서는 달랐다. 자신의 글이 외부에 공개된다는 부담 때문인지 대부분의 학생들이 자신의 의견을 나타내는 글쓰기 방법에 대해 관심을 갖고 열심히 공부하였다. 글쓰기를 싫어하던 학생들도 교사에게 찾아와 더 설명해 달라고 요구할 정도였다. 글쓰기에 관한 학습이 교과 차시로 분절적으로 가르쳐지지 않고 프로젝트의 한 부분으로 실제적 역할을 할 때 제대로 가르쳐질 수 있다는 것을 느꼈다.

+차시: 남과 북의 상황을 정서적으로 이해하기

이번 주제 학습 과정에서 통일의 필요성을 알고 통일 의지를 기르도록 하는 성취기준이 시대에 부합하는 것인지 재고해 볼 필요가 있다고 생각하게 되었다. 통일의 당위성을 무비판적으로 수용만 할 것이 아니라 각자의 생각을 다양하게 만들어 가는 것이 중요하겠다는 생각이 들었기 때문이다. 그럼에도 학생들이 민족의 역사적 아픔을 조금 더 감성적으로 이해했으면 하는 바람이 생겼다. 우리의 역사가 가진 어둠에 공감은 할 수 있길 바랐다. 그래서 당초 계획에 없던 영화 시청을 주제 학습에 추가하였다. 도덕과 국어 교과의 시수를 활용하였다. 도덕 교과서에서 제시하는 '코리아'라는 영화를 시청하였는데, 남북의 탁구 선수들이 연합팀을 이루어 세계선수권대회에서 금메달을 땄던 실화를 그린 작품이다. 학생들은 매우 재미있게 영화를 시청하였다. 시청 후 남북한 사람들이 서로 다르지 않으며, 분단과 통일이 먼 이야기만은 아니라는 인식이 생겨나기 시작했다.

13-14차시: 통일에 대한 의견을 제시하는 글쓰기

학급 신문에 게재될 기사를 작성하였다. 글은 개인별로 작성하였다. '통일이 필요한 까닭', '통일의 장점', '통일의 어려운 점', '통일 상상 일기 쓰기' 이상 네 가지 주제 중 하나를 선택하여 자신의 의견을 제시하는 글을 썼다. 우리 반 학생들이 통일에 부정적인 생각이 많았기에 '통일의 어려운 점'을 선택하는 학생이 많을 것이라 예상했다. 한 가지 주제에 관심이 몰릴 것이란 우려와 달리 의외로 학생들이 네 가지 주제를 골고루 선택하여 작성하였다. 통일이 필요한 까닭이나 통일의 장점을 자발적으로 선택한 학생들도 많았다. 북한과 통일에 대한 인식이 다소 변화한 것으로 읽혔다.

15-16차시: 학급 신문 만들고 피드백 받기

작성한 기사는 학급 신문으로 꾸며 학급 밖에 게시하였다. 우리 반 학생뿐만 아니라 학교 구성원 모두에게 긍정의 피드백을 받을 수 있는 기회를 마련하였다. 자신의 글에 긍정의 댓글이 달리자 학생들은 굉장히 뿌듯해하였다. 충분한 자료 조사를 통해 완성도 높은 글을 작성했다는 자부심에 덧붙여 타인의 관심이 이어지자 많은 학생들이 자신의 결과물에 자긍심을 느끼는 듯했다. 이번 주제 학습을 통해 학생들이 남북 분단 과정과 민족의 아픔을 알고, 통일의 필요성에 대한 공감대를 갖길 바란다. 또한 자신의 의견을 완성된 글을 통해 제시해 봄으로써 논리적 사고와 표현 방법을 배웠기를 바란다.

교사 교육과정은 교사와 학생이 함께 만들어 가는 교육적 경험이라 할 수 있다. 교사는 학생들과 함께 주제를 선정하고, 주제 목표를 설정하며, 목표에 도달하기 위한 과정을 만들고 실천해 나간다. 교사와 학생이 만들어 간다고 해서 교과나 상황으로부터 벗어날 수는 없다.

게시된 학급 신문

칭찬 댓글

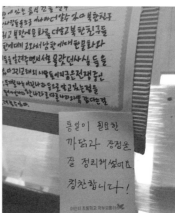

학생들이 받은 피드백

신문에 붙은 댓글들

학습해야 할 교과 주제가 학생의 삶과 연결될 수 있도록 해야 하며, 주어진 상황과 여건에 맞추어야 한다. 교사의 진짜 전문성이 발휘되는 영역도 이 부분일 것이다. 어떻게 학생들과 상호 작용하여 주제에 대한 깊은 이해와 탐구를 유발해 낼 것인가. 그래서 결국에는 학생들이 어떤 성장을 이루도록 할 것인가.

소개된 교사 교육과정을 운영하는 동안 사실 많은 우여곡절이 있었다. 그렇지만 학생들과 상호 작용하며 함께 세 가지 주제의 교육과정을 만들고자 했다는 측면에서는 어느 정도 성과가 있었다고 생각한다. 가르치는 과정에서 교사인 나 역시 협력, 미래, 통일에 대한 새로운 생각들을 갖게 되었다. 우리 학생들 역시 조금이나마 교육적으로 성장할 수 있는 시간이었으면 한다.

학생과 함께 만들어 가는 교육과정

"주제 제목은 어떻게 나온 건가요?"

최초에 제가 생각한 주제 제목은 '농구형 게임', '코딩 수업', '어린이 신문 읽고 나의 생각 쓰기' 정도였어요. 그러다 딱딱한 제목보다는 학생 친화적인 제목이 좋겠다는 생각이 들어 다시 고민해 보았어요. 학생들이 주제 제목을 보고 흥미와 호기심을 느끼길 바랐습니다. 그래서 나온 제목이 '뭉쳐야 쏜다', '스마트 빌리지를 건설하라!', '나는 시사왕!'입니다. 학생들의 관심을 끌 수 있는 제목으로 도전 의식을 불러일으키고 생각을 자극할 수 있었으면 했어요.

세 가지 주제 중 '나는 시사왕!'은 단위 주제 제목임과 동시에 저희 학급의 1년 교육 활동의 제목이었어요. 1년 내내 꾸준히 어린이 신문을 읽고 이야기 나누는 시간을 가졌거든요. '나는 시사왕!' 주제에서 다룬 통일 개념은 다양한 시사 주제 중 하나입니다. 다만 평소와 다르게 한 가지 개념을 교과와 연계해 집중적으로 탐구하고 자신의 생각을 정리해 글로 써 보았다고 보면 됩니다.

“학년군 간 유사한 학습 내용 차이는 어떻게 고려했나요?”

관련 성취기준을 확인하고 학습 내용의 수준과 범위를 고려하였습니다. 초등학교의 학년군에는 모두 통일과 관련된 성취기준이 선정되어 있어요. 세 학년군의 성취기준 모두 남북한이 같은 민족임을 알고, 통일 의지를 다져야 함을 나타냅니다. 그러다 보니 자칫 같은 내용을 반복해 다룰 수 있을 것 같아요.

결국 가르치고 배워야 할 개념은 같죠. 학생들이 가졌으면 하는 가치와 태도는 일치한다고 봐야 합니다. 다만 학생들의 발달 단계, 타 교과의 학습 범위에 따라 이해하고 생각해 볼 수준이 달라집니다. 1~2학년군에서는 남북한이 같은 민족임을 알기, 3~4학년군에서는 남북의 분단 과정과 민족의 아픔, 통일의 필요성 알기, 5~6학년군에서는 바람직한 통일의 과정 탐구하기가 다뤄지는 것이죠. 그래서 저희는 세계의 통일 사례나 주변 국가들과의 역학 관계와 같은 내용은 다루지 않았습니다.

“평가는 어떤 기준으로 이루어졌나요?”

평가는 성취기준을 재구조화해 만든 주제 목표를 평가 준거로 사용하여 진행하였습니다. 예를 들어 '나는 시사왕!'과 관련된 성취기준 중 이번 학습 시 꼭 평가하고 넘어가야 하는 중점 성취기준은 아래의 두 가지였어요. 이를 하나로 재구조화하였습니다.

중점 성취기준	[4국03-03] 관심 있는 주제에 대해 자신의 의견이 드러나게 글을 쓴다.
	[4도03-03] 남북 분단 과정과 민족의 아픔을 통해 통일의 필요성을 알고, 통일에 대한 관심과 통일 의지를 기른다.
재구조화	남북 분단 과정과 민족의 아픔, 통일의 필요성을 알고, 통일에 대한 나의 의견을 정리해 글로 쓴다.

재구조화한 성취기준은 주제 학습을 시작하며 학생들에게 '어린이 신문을 통해 통일과 관련된 요소를 알고, 나의 의견을 기사로 써서 학급 신문에 게재한다.'로 안내되었습니다. 모든 학생들이 논설 집필자, 신문 기자가 되어 통일에 대한 자신의 생각을 글로 쓰고 그것으로 평가를 받기로 약속한 것이죠.

평가 준거는 '통일의 의미와 필요성을 알고 있는가, 주제에 대한 의견이 드러나게 글을 쓰는가' 등에 의해 상, 중, 하로 나누어 이루어졌습니다.

그린스마트 미래학교:
우리가 꿈꾸는 미래학교 초5
학교의 상황을 반영한 교사 교육과정

'우리가 건축물을 만들지만, 다시 그 건축이 우리를 만든다.'

윈스턴 처칠(Winston Churchill)

내가 근무하고 있는 학교는 지역 3 · 1운동 발상지 중 하나로 110여 년의 역사를 자랑하는 전교생이 60여 명인 농촌 외곽의 작은 학교다. 자랑스러운 역사의 흔적이 이제는 세월을 이겨 내지 못하고 건물 곳곳은 노후화된 지 오래다. 그 와중에 그린스마트 미래학교라는 사업이 선정되었고 새로운 학교로 탈바꿈하는 시점에 놓이게 되었다. 공간혁신에서 불어 온 변화의 바람은 그린스마트 미래학교라는 보다 큰 규모로 확장되었고 학교 공간의 변화를 통해 교육의 변화를 꾀하고 있다.

건축가이자 공간 전문가인 유현준 교수는 '교도소와 학교가 구분이 안 간다'고 말하며 잘못된 학교 건축이 아이들을 획일화한다고 이야기하였다. 기존의 체제와 방식으로는 우리가 직면하고 있는 여러 문제점을 해결하기 어렵다는 것을 경험하였고, 수업과 교육과정을 넘어 이제는 학교 공간까지도 학생이나 사용자 주도로 변화하고 배움의 공간으로 전환하길 바라고 있다. 이를 위해 국가에서는 미래교육을 위한 학교 공간혁신을 중점 과제로 내걸고 부분적으로 공사를 하는 기존 시설의 리모델링 사업이 아니라 미래교육을 위한 교육환경 조성의 방향으로 학교 공간혁신 사업에 박차를 가하며 새로운 전환점을 맞이하고 있다.

이러한 학교의 상황을 반영하여 교육과정을 적용해 본다. 학교의 상황을 반영한 교육과정의 재구성은 학교의 교육 주체들이 함께 참여하고 공간에 대한 주인의식을 가질 수 있다. 그러기에 학교의 상황을 고려한 교사 교육과정은 현안에서 시작하는 더없이 좋은 교육과정의 주제가 될 수 있다. 이에 다음과 같이 교사 교육과정을 개발하게 되었다.

학교에 놓인 다양한 상황이 있을 것이다. 내가 근무하는 학교는 그린스마트 미래학교로 선정되었지만, 이 학교의 현안은 무엇인지를 고민해 보며 이와 관련하여 교육과정에 녹여 내어 이야기 나누어 보고자 한다.

1. 교육과정 계획하기

교육과정 계획하기(CP: Curriculum Planning)
Step 1 주제 단원 정하기
Step 2 주제 계획하기(성취기준 배치, 주제 목표 정하기)
Step 3 교육과정 계획 틀 만들기

Step 1 주제 단원 정하기

주제 선정의 원천
학교 현안에 적극적으로 참여하며 변화를 바라보기

윈스턴 처칠은 '우리가 건축물을 만들지만, 다시 그 건축이 우리를 만든다.'고 하였다. 어떠한 공간에서 생활하는지에 따라 사람의 사고와 생각이 변화할 수 있다. 그 공간에 있는 구성원 중 학교 공간의 절대적 사용자는 학생들이다. 본 교육과정의 대상이 되는 5학년의 경우 학교가 완공되는 시점까지 재학을 하지는 못하지만 학생들의 생각을

반영하고 고민한 것을 담아내고 그것이 실제 공간으로 발현되고 지어지고 남게 되는 것에 의미를 부여하고자 하였다.

공간이라는 주제를 통해 배우고 성장하는 계기가 되고 우리가 짓는 학교를 직접 보게 되는 교육을 적용하고자 한다. 그린스마트 미래학교는 학교 현안 사업명이지만 이것을 학생들 수준에서 가장 이해하기 쉬운 주제로 만들기로 하였다. 이러한 공간 경험을 통해 배우고 성장하는 계기를 마련하기 위해 「우리가 꿈꾸는 미래학교」라는 주제로 정하고 교사 교육과정을 실천해 보았다.

Step 2 주제 계획하기(성취기준 배치, 주제 목표 정하기)

그린스마트 미래학교 사업이 방학 중인 8월 선정되는 바람에 2학기에 접목해 볼 수 있는 교육과정을 분석하였고, 이를 바탕으로 2학기 교육과정 계획표(진도표)를 작성하였다.

주제는 「우리가 꿈꾸는 미래학교」지만 이 프로젝트를 통해 이루고자 하는 가장 중요한 교육적 가치는 무엇일지 고민해 보았다. 잘 만든 미술 작품을 만드는 것? 회의를 잘해서 좋은 결과물을 만들어 내는 것? 물론 그러한 것들도 의미가 있겠지만 이 프로젝트의 모든 과정을 통해서 어떠한 배움이 일어났으면 좋겠다는 것을 명확하게 표현하는 것이 의미가 있었고 그러한 가치를 가장 잘 반영한 것은 무엇인지를 고민해 보며 아래와 같은 목표를 선정하게 되었다.

또한 원리와 일반화라고 하여 이러한 교육 활동을 통해 가르치고자
하는 가치를 짧게 표현한 것으로, 보다 명확한 교육의 원리와 이를 통
해 학생들이 가졌으면 하는 개념을 일반화하는 것으로 제시한 것이
'민주적 의사소통을 통한 문제 해결'이었다.

주제에 대한 목표까지 정하고 나서 다음으로 고민한 것은 성취기준
에서 목표를 연계하는 것이었다. 물론 학교자율시간을 통해 성취기
준을 개발해도 되지만 기존 교육과정의 성취기준에서 연계되는 것이
있다면 그러한 기준을 바탕으로 적극 활용하는 것이 우선이라고 생
각하였다. 또한 기존 성취기준을 활용한다는 것은 5학년 학생의 수준
에 적용해 볼 수 있다는 근거가 될 수 있기 때문이다. 이에 다음과 같
은 그린스마트 미래학교를 기반으로 우리가 꿈꾸는 미래학교의 관련
성취기준을 찾아보면 다음과 같다.

그린스마트 미래학교 관련 성취기준

[6국01-02] 의견을 제시하고 함께 조정하며 토의한다.
[6도02-02] 다양한 갈등을 평화적으로 해결하는 것의 중요성과 방법을 알고, 평화적
으로 갈등을 해결하려는 의지를 기른다.
[6미02-05] 다양한 표현 방법의 특징과 과정을 탐색하여 활용할 수 있다.

교육과정 계획 틀을 만드는 것은 교육 활동 전체를 조망하는 역할을 한다. 교육과정 계획 틀 만들기는 새로운 틀을 만들어 내기보다 어떠한 교육 활동을 운영할지 계획하는 큰 틀로 교사로 하여금 큰 조망도의 역할을 하는 표로 아래와 같이 작성해 보았으며, 가장 많이 사용하는 교육과정 작성 프로그램을 활용하여 작성하는 것도 하나의 방법이다. 방법으로는 이지○○의 관련 영역 만들기를 활용하여 해당 차시에 관련 영역을 표시하고 관련 영역 추출을 통해 적용하는 것도 하나의 방법이 될 수 있다.

프로젝트 목표 (원리/일반화)						
미래 사회에 필요한 요구들을 파악하고 교육 공동체 구성원이 참여하여 민주적 의사소통을 통해 우리가 원하는 학교를 지을 수 있다. (민주적 의사소통을 통한 문제 해결)						
월/주	소주제	교과	단원	차시 (22)	성취기준 (∨핵심)	핵심 역량
9월/ 2주 ~ 3주	미래 사회의 변화	창체	미래 사회의 변화	2	-	자기 관리
	우리가 짓고 싶은 학교	국어	3. 의견을 조정하며 토의해요	10	[6국01-02] 의견을 제시하고 함께 조정하며 토의한다.	의사 소통
	함께 해결하기	도덕	5. 갈등을 해결하는 지혜	4	[6도02-02] 다양한 갈등을 평화적으로 해결하는 것의 중요성과 방법을 알고, 평화적으로 갈등을 해결하려는 의지를 기른다.	공동체
	나의 학교 표현하기	미술	8. 즐겁게 입체로 만들기	6	[6미02-05] 다양한 표현 방법의 특징과 과정을 탐색하여 활용할 수 있다.	창의적 사고

교사의 편의에 의해 대강화된 틀 한 장 안에 주제, 교과 단원, 시간 등을 적어 두고 흐름을 잡기로 하였다. 프로젝트의 흐름이나 교과에서 적용해 볼 소주제별로 엮어 각 교과별로 가지고 있는 활동의 목표와 의미를 담고자 하였다.

학생들과도 교육과정 틀을 함께 살펴보며 학생들이 더 해 보고 싶거나 해 봤으면 하는 활동들에 대해 이야기 나누었으며, 수업 활동을 하며 보다 구체적으로 활동을 추가하기도 하였다. 학생들에게 교육과정 틀이 배부된 것은 아니지만 뒤에 이어지는 학생들과의 수업 만들기를 통해서 더 구체화할 수 있는 발판을 마련하기 위함이었다.

교육과정의 큰 틀을 대강화하고 나면 교육과정 작성 프로그램에 해당 시수를 적용하여 체크를 해 두고 이것을 주간학습안내로 출력하여 해당 시간에 프로젝트 활동이 진행된다는 것을 학생들과 학부모님들이 직관적으로 볼 수 있게 제시하였다.

고학년의 경우, 「우리가 꿈꾸는 미래학교」라는 대주제에 맞게 모든 활동을 몇 주 안에 구성하여 연속성을 가지고 진행하면 좋겠지만 외부 문화예술 수업이나 전담교과 및 다른 교과와의 연계는 쉽지 않았다. 다만 이러한 것을 제외하고는 되도록 국어과-도덕과 수업을 초기에 적용하여 기본적 태도와 소양을 갖추는 부분을 집중적으로 운영하도록 시간 배분을 조정한 것을 볼 수 있다.

전반적으로 재구성한 프로젝트의 흐름과 시간 확보 그리고 학생과의 연계를 구성하는 부분을 교육과정 틀 만들기에서 고민하였다.

주간학습안내

9월13일 – 9월17일(3주)　　　　　　　　　　　　　　OO초등학교 5학년 1반

	월 (13일)	화 (14일)	수 (15일)	목 (16일)	금 (17일)
			등교수업		
	자율	과학	체육	미술	동아리
1교시	◆학교폭력예방교육_자율활동, 학교폭력예방교육	2. 생물과 환경(1/11) 생태 빙고 놀이 하기	Ⅴ. 체력활동 3. 체력 측정과 체력향상(1/3)	08. 재미있게 그리는 세상 ◇수채화>(5/6) 물감으로　표현하기 (2/2)	<생물놀이> 육체장단 발표 구음 익히기_동아리활동
	***	24-25쪽	128-129쪽	48쪽	-
	자율	과학	국어	미술	영어
2교시	◆학교폭력예방교육_자율활동, 학교폭력예방교육	2. 생물과 환경(2/11) 생태계란 무엇일까요?	<문학예술-연극> 함께 연극을 즐겨요 (2/10) ●연극의 특성을 살펴볼 수 있다 (연극수업)	08. 재미있게 그리는 세상 ◇수채화>(6/6) 생각과 느낌 나누기	10. Do You Want Some More?(2/6) ◇CD-ROM 타이틀 듣고 말하기, 그림 보며 말하기, 'Do You Want Some More?' 노래하기, 공 돌리기 놀이 하기
	***	26-27(14)쪽	160-167쪽	49쪽	118-119쪽
	사회	국어	과학	실과	수학
3교시	1. 나라의 등장과 발전(5/7) 고구려와 백제의 문화유산 알아보기	<프로젝트: 우리가꿈꾸는 미래학교> 3. 의견을 조정하며 토의해요(3/10) 토의 과정에서 의견을 조정하는 방법을 안다 (1/2)	2. 생물과 환경(3/11) 생물 요소를 어떻게 분류할 수 있을까요?	4. 우리의 식사(5/6) ◇2) 간단한 조리하기 (5/6)	2. 분수의 곱셈(2/11) (분수)×(자연수)를 알아볼까요 (1/2)
	22-25쪽	100-105쪽	28-29(15)쪽	82-83쪽	32-35(22-25)쪽
	수학	체육	사회	실과	수학
4교시	1. 수의 범위와 어림하기(10/11) 얼마나 알고 있나요	1. 체조활동 2. 기계체조(4/4) ◇연결 동작으로 표현하기	1. 나라의 등장과 발전(7/7) 불국사와 석굴암의 우수성 알아보기	4. 우리의 식사(6/6) ◇2) 간단한 조리하기 (6/6)	2. 분수의 곱셈(3/11) (분수)×(자연수)를 알아볼까요 (2/2)
	26-27쪽	19쪽	29-33쪽	82-83쪽	32-35(22-25)쪽
	국어	수학	수학	영어	도덕
5교시	<프로젝트: 우리가꿈꾸는 미래학교> 3. 의견을 조정하며 토의해요(1/10) 의견을 조정해야 하는 까닭을 안다 (1/2)	1. 수의 범위와 어림하기(11/11) [탐구-수학] 인구수를 어림하여 그래프로 나타내 볼까요	2. 분수의 곱셈(1/11) 단원 도입	10. Do You Want Some More?(1/6) ◇CD-ROM 타이틀 보며 대화 듣기, 듣고 따라 말하기, 그림 찾기 놀이 하기	<프로젝트: 우리가꿈꾸는 미래학교> 5. 갈등을 해결하는 지혜 (1/4) ◇ 갈등을 평화롭게 해결해요
	92-99쪽	28-29쪽	30-31(21)쪽	116-117쪽	98-101쪽
	국어	사회		체육	음악
6교시	<프로젝트: 우리가꿈꾸는 미래학교> 3. 의견을 조정하며 토의해요(2/10) 의견을 조정해야 하는 까닭을 안다 (2/2)	1. 나라의 등장과 발전(6/7) 신라와 가야의 문화유산 알아보기		◇스마트폰이별주간, 인터넷중독예방교육	바닷가에서감상<바다>(3/3) ♬감상 <바다> 인상파 음악의 특징
	92-99쪽				
준비물					
가정통신	◆ 성장노트, 독서록 1편 (월요일 검사), 신문읽기(화요일 검사), 영어 스토리타임(수요일 검사)를 꾸준히 해요~! ◆ 개인 물품(마스크 여유분 준비, 물병 등)을 잘 챙겨오고 학급의 규칙을 잘 지키는 친구들이 됩시다. ◆ 매일 알림장을 보시고 아이 스스로 준비물과 과제를 챙길 수 있도록 도와주십시오. ◆ 안전하게 등교하여 차분히 앉아 독서로 하루를 시작할 수 있도록 해 주십시오. ◆ 방역 지침에 의거하여 아침 등교전 "건강상태 자가진단"을 실시해 주시고 이상이 있을시 학교로 바로 연락부탁드립니다. ◆ 원격 수업 전환 시에는 밴드를 통해 원격 수업이 진행됩니다. ◆ 스마트폰과 같은 귀중품은 잘 관리할 수 있도록 가정에서도 지도 부탁드립니다. ◆ 목요일 아침은 운동장에서 아침운동이 있습니다. (우천시 취소)				

2. 수업 만들기

수업 만들기(CM: Curriculum Making)	
Step 4	프로젝트 평가 계획하기
Step 5	차시별 수업 계획 & 운영하기
Step 6	주제 되돌아보기

Step 4　프로젝트 평가 계획하기

　수업 만들기 단계는 우선 교육과정의 커다란 틀을 구성하였다는 전제 하에 보다 구체적인 활동들을 구성하는 다음 카테고리로 생각하는 것이다. 나는 수업 만들기에서 프로젝트 평가를 먼저 계획하는 것을 제시하여 본다. 그 이유는 무엇보다 이 프로젝트가 가지고 있는 큰 목표가 평가 요소가 될 수 있고 이러한 관점을 교사 본인도 잃지 않음으로써 프로젝트의 방향과 흐름을 잡아 갈 수 있다는 생각에서였다.

　본 프로젝트에서 교과별로 선정된 성취기준을 바탕으로 평가 내용 및 요소를 구성해 보았다. 전체적인 프로젝트의 목표에 도달하기 위한 내용을 선정한 것이다. 평가 방법은 모든 차시에 운영할 수도 없고 교과별로도 무리한 지필 평가를 운영하는 것도 옳지 않다는 생각이 들었다. 평가권은 교사에게 있다. 학생들로 하여금 교육 목표를 이루기 위한 내용과 도달하기 위한 방향성을 잃지 않도록 운영하는 것이 우선이라는 생각에 다음과 같이 구성하였다.

과목	영역	평가 내용(평가 요소)	평가 방법
국어	말하기	의견을 제시하고 함께 조정하며 토의하기	관찰형
도덕	타인과의 관계	갈등을 해결하려는 의지나 해결 방안 실천하기	관찰형
미술	표현	다양한 표현 방법의 특징과 과정을 탐색하여 내가 짓고 싶은 학교 건축물 표현하기	실기형

　이러한 방식으로 평가를 계획하는 것에 있어서 이해 중심 교육과정의 백워드 설계 방식을 적용해 보는 것이었다. 이 중 일반적으로 가장 많이 활용되고 있는 역할을 부여하고 그 역할을 수행해 가는 형식으로 프로젝트 평가의 가장 큰 틀을 구성해 보았다. 본 프로젝트의 주제와 가장 어울리는 직업이나 역할은 무엇일까를 고민해 보았을 때 '건축가'였고, 학생들이 꿈꾸는 학교를 만들어 내는 것을 역할로 정하였다. 이에 학생들에게 주어진 건축가로서의 활동을 보다 적극적이며 집중할 수 있는 상황으로 박람회에 발표하는 것으로 계획하게 되었다.

　수행 과제는 실천 활동으로 학생들이 미래학교를 구상해 보고, 전체 프로젝트의 모든 가치들을 고민할 수 있는 기회가 되어야 한다는 생각이었기에 수치화된 평가라기보다는 활동을 통해 찾아 가는 과정을 보다 중요하다고 생각하며 아래와 같이 구성해 보았다. 이를 위해 평가의 목표와 결과물을 구성하고 역할과 평가 준거를 만들어 제시하였다.

프로젝트 평가	
목표(G)	미래 사회에 필요한 요구들을 파악하고 민주적 의사소통을 통해 우리가 원하는 학교 건축물로 표현하기
역할(R)	학교 건축가
청중(A)	건축 박람회 관람객
상황(S)	건축물 박람회
결과물(P)	그리고 싶은 학교 건축 미술작품
준거(S)	현실 가능한 미래학교를 제시하고, 아이디어를 구체적으로 설명하기

Step 5 차시별 수업 계획 & 운영하기

　그린스마트 미래학교는 교사나 학생 모두에게 낯설 수밖에 없었다. 학교 공간을 새롭게 구성해 본 적도 없고 현실적으로 눈에 보인 것도 없었기 때문이다. 다만 중요한 사실은 우리가 꿈꾸는 것들이 현실이 된다는 것이었고 바로 우리가 지금 있는 공간이 변화한다는 것이었다.

　이러한 생각에 우선 우리에게 놓인 현안에 대한 이해를 바탕으로 우리 수준에서 볼 수 있는 자료들과 교과별 목표에 따른 중요한 배움의 교수 · 학습 활동은 무엇이 있는지 구성해 보게 되었다. 새로운 활동이라기보다 교수 · 학습 활동의 주제를 프로젝트 주제로 적용하여 활동하는 것을 기본으로 하고 있으며, 학생들의 교수 · 학습 활동에 대한 의견도 반영하여 수정을 거치며 레〇를 활용하여 학교 공간 표현하기에도 적용해 보았다.

차시별 수업 계획

주제	교과	차시	교수 · 학습 활동	자료 및 유의점
미래 사회의 변화	창체	1~2	• 미래 사회의 변화 탐색하기 – 미래를 살아가는 중요한 변화 • 그린스마트 미래학교란 무엇인지 이해하기 – 그린스마트 미래학교 정보 찾기	
우리가 짓고 싶은 학교	국어	1	• 『생각하는 건축』 읽기	온책읽기 연계
		2~8	• 의견을 나누는 토의 방법 알기 – 국어 5학년 2학기 3단원. 의견을 조정하며 토의해요.	토의 방법 및 절차
		9~10	• 우리 학교 공간 탐색하기 – 좋은 장소, 불편한 장소, 변화의 장소, 새로운 장소	
함께 해결하기	도덕	1	• 갈등이 생겼을 때 해결하는 방법 – 의견을 나누며 갈등이 생겼을 경우 해결하는 방법 찾기	
		2~3	• 갈등 요소 해결하며 공간 계획하기 – 반드시 필요한 공간 – 있어도 되는 공간 – 없어도 되는 공간	갈등 조율
		4	• 우리가 만드는 공간 – 도면으로 제시하기	
나의 학교 표현하기	미술	1~2	• 내가 짓고 싶은 학교 공간 및 건축물 스케치 – 꿈을 담은 스케치	
		3~4	• 입체 표현하기 – 레○로 디자인한 학교 공간	레○
		5~6	• 건축 박람회 – 우리가 만든 미래학교 박람회 발표 및 설명하기	

〈창체 수업 운영〉 미래 사회의 변화 알아보기

자율 활동: 미래 사회의 변화		2차시	–	자기 관리
주제	**교과**	**차시**	**교수 · 학습 활동**	**자료 및 유의점**
미래 사회의 변화	창체	1~2	• 미래 사회의 변화 탐색하기 – 미래를 살아가는 중요한 변화 • 그린스마트 미래학교란 무엇인지 이해하기 – 그린스마트 미래학교 정보 찾기	

「우리가 꿈꾸는 미래학교」라는 주제이기는 하지만 '그린스마트 미래학교'라는 이해가 바탕이 되어야 했다. 환경과 미래 교육을 함께 고려한 몇 가지 영상 자료들을 보면서 부러움의 대상이던 다른 학교의 사례를 이제 우리의 현실로 만드는 과정의 주인이 되었다는 생각을 하게 되었다.

미래 사회의 변화를 먼저 알아보고 이러한 변화를 실현할 수 있는 공간을 만드는 것을 찾아보기로 하였다. 이에 따라 창체 시간으로 이루어진 본 시간은 전체적인 프로젝트에 대한 오리엔테이션으로 미래 사회의 변화와 그린스마트 미래학교 이해하기 활동을 중심으로 조사하고 발표하며 본 주제를 함께 공유하는 시간으로 적용해 보았다.

3. 의견을 조정하며 토의해요			10 차시	[6국01-02] 의견을 제시하고 함께 조정 하며 토의한다.	의사 소통
주제	**교과**	**차시**	**교수 · 학습 활동**		**자료 및 유의점**
우리가 짓고 싶은 학교	국어	1	• 『생각하는 건축』 읽기		온 책 읽기 연계
		2~8	• 의견을 나누는 토의 방법 알기 – 국어 5학년 2학기 3단원. 의견을 조정하며 토의 해요.		토의 방법 및 절차
		9~10	• 우리 학교 공간 탐색하기 – 좋은 장소, 불편한 장소, 변화의 장소, 새로운 장소		

　본 프로젝트의 주제를 담으며 흥미를 줄 수 있는 책 자료에는 무엇이 있는지 알아보다가 부담이 되지 않을 『생각하는 건축』이라는 그림책을 읽어 주었다. 저학년을 대상으로 한 그림책이지만 건축에 대한 고정관념을 깨거나 건축이란 것에 대한 이해를 돕기에 충분한 그림책이었다.

　국어 수업 운영의 경우 5학년 2학기 3단원에 있는 "의견을 조정하며 토의해요."에서 전체적인 토의의 과정과 토의를 통해 의견을 조정하는 것을 배웠다. 단원 자체만으로도 토의에 대해 배울 수 있기 때문에 따로 재구성할 필요는 없었다. 다만 시기를 앞당겨 9월로 가장 먼저 배치하여 운영하도록 하였다. 토의의 절차를 배우고 나서 토의의 주제를 「우리가 꿈꾸는 미래학교」라는 주제로 다양한 활동을 적용해 보았다.

활동 1: 우리가 꿈꾸는 공간

모둠별로 우리가 바라는 학교의 모습을 공간별로 나누고 모둠별 토의를 통해서 작성하고 발표하였다. 토의 절차를 배우고 토의를 통해 익힌 것을 적용하며 의견을 제시하고 함께 조정하며 토의하는 것이다.

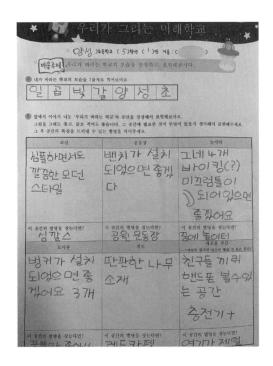

활동 2: 학교 공간 탐색하기

우리 학교 공간을 구체적으로 보는 것이 주요 활동이다. 본 활동은 전체 활동으로 진행하며 포스트잇을 활용하며 진행하였는데, 활동 방법은 다음과 같다.

4개의 공간을 만들어 〈우리 학교에서 좋은 장소〉, 〈우리 학교에서 불편한 장소〉, 〈변했으면 하는 장소〉, 〈새로 생겼으면 하는 장소〉를 작성해 보고 서로 어떠한 생각이 있는지를 공유하고 공감하는 시간을 갖도록 하였다. 나만의 생각이 아닌 친구들의 생각을 모으는 활동을 통해 다양한 관점에서 다양한 의견을 공유하는 배움을 갖게 되었다.

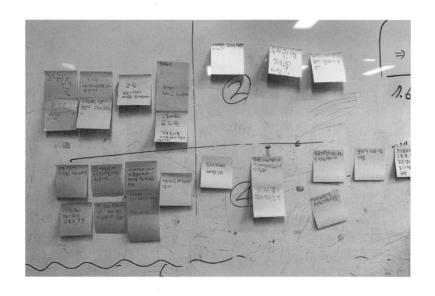

무엇보다 국어과 수업 운영은 미래 사회에 필요한 요구들을 파악하고 이것을 민주적 의사소통을 통해 토의하며 해결해 나가는 중요한 가치를 배우는 활동이었다. 우리가 꿈꾸는 공간에 대한 이해와 이를 위해서 함께 해결해 나가는 방안으로서의 토의를 활용하고 해결해 나가는 중요한 배움을 잊지 않도록 해야 한다. 본 프로젝트가 가진 목표와 교과 목표를 융합하며 보다 깊이 있게 고민할 수 있는 관점을 교사도 잃지 않아야 했다.

5. 갈등을 해결하는 지혜		4	[6도02-02] 다양한 갈등을 평화적으로 해결하는 것의 중요성과 방법을 알고, 평화적으로 갈등을 해결하려는 의지를 기른다.	공동체 의식
주제	**교과**	**차시**	**교수 · 학습 활동**	**자료 및 유의점**

함께
해결
하기
	도덕	1	• 갈등이 생겼을 때 해결하는 방법
			  – 의견을 나누며 갈등이 생겼을 경우 해결하는 방법
			   찾기	

		2~3	• 갈등 요소 해결하며 공간 계획하기
			  – 반드시 필요한 공간
			  – 있어도 되는 공간
			  – 없어도 되는 공간
				갈등
				조율

		4	• 우리가 만드는 공간 – 도면으로 제시하기	

 우리가 꿈꾸는 미래학교를 이야기할 때 무엇보다 중요한 가치는 내가 꿈꾸는 것이 아닌 우리가 꿈꾸는 미래학교라는 가치다. 나와 너의 의견이 다른 경우, 갈등을 해결하는 지혜를 배우도록 도덕과의 5단원을 적용하였다.

 학생들마다 서로 원하는 공간과 꿈꾸는 방향이 다르기에 갈등의 요소가 충분히 나타날 수 있다. 또한 지금까지 나온 아이디어들을 바탕으로 선정하고 조율해야 하는 활동으로 제시하였다. 국어과에서 배운 토의로 찾아가되 부딪치는 것들이 생길 경우 해결해 보는 지혜들도 함께 갖도록 해 본다.

활동 3: 우리가 만드는 공간

학교 도면을 제시하고 어떠한 공간을 어떻게 꾸밀지 모둠별로 토의하고 제시하도록 하였다. 도면에 한정적으로 제시해야 하므로 지금까지 나온 다양한 아이디어들이 선택과 선정으로 한정적으로 줄어드는 과정에서 오는 갈등이나 문제 상황을 지혜롭게 해결하는 과정을 배우도록 한다. 갈등을 지혜롭게 해결하는 방법을 지식적으로 배우는 것이 아니라 이러한 과정을 통해 생겨나는 서로의 생각 차이와 조율하는 과정이 있는 자체로도 민주적 의사소통을 통해 나의 공간이 아닌 우리의 공간을 배울 수 있도록 지도한다.

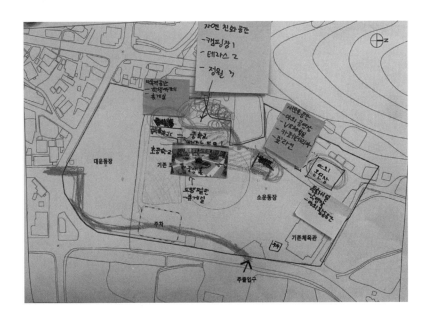

표현 활동			6	**[6미02-05]** 다양한 표현 방법의 특징과 과정을 탐색하여 활용할 수 있다.	창의적 사고
주제	**교과**	**차시**		**교수 · 학습 활동**	**자료 및 유의점**
나의 학교 표현 하기	미술	1~2		• 내가 짓고 싶은 학교 공간 및 건축물 스케치 – 꿈을 담은 스케치	
		3~4		• 입체 표현하기 – 레○로 디자인한 학교 공간	레○
		5~6		• 건축 박람회 – 우리가 만든 미래학교 박람회 발표 및 설명하기	

미술 수업은 「우리가 꿈꾸는 미래학교」라는 주제를 담고 이것을 표현하는 것에 중점을 두지만 잘 만드는 것보다 그 공간에 대한 의미를 얼마나 잘 부여하고 있는지를 보고 싶었다.

활동 4: 건축 박람회

학생들에게는 개별적으로 자신이 해결해야 할 자신만의 학교 공간이 제시되어 있었다. 학생들은 레○를 통해 우선 공간에 대한 의미를 만들어 부여하였다. 레○로 표현하기를 하고 건축 박람회라는 이름으로 작품을 만들어 설명하는 시간을 갖도록 하였다.

만들기 활동은 재료들을 가지고 표현하는 섬세함에 한계가 있다 보니 레○로 표현하기보다 더 아쉬움이 남기는 하였다. 물론 잘 만드는 것보다 공간에 대한 설명과 발표가 중요하다고 안내하고 활동은 하였지만 작품 자체에 한계를 느끼며 아쉬움이 남는 것은 학생도 교사도 마찬가지였다. 이에 대한 보완으로 박람회처럼 부스를 만들어 주거나 복도와 같은 교실 밖 외부 공간에 전시하는 것도 고려해 볼 수 있겠다.

주제 되돌아보기

　본 주제에 대해서 학생들에게는 어떠한 변화가 있었는지, 어떠한 것을 느꼈는지 프로젝트가 끝나고 쪽지 나눔을 해 보았다. 본 프로젝트의 목표였던 '미래 사회에 필요한 요구들을 파악하고 교육 공동체 구성원이 참여하여 민주적 의사소통을 통해 우리가 원하는 학교를 지을 수 있다.'라는 부분까지 도달했는지 명확하지는 않지만 아이들의 쪽지를 보니 나중에 학교가 어떻게 바뀔지 볼 수 없는 아쉬움 속에서 우리의 공간을 이해하고 참여하려고 노력했다는 소감만으로 그 가치에 도달하지 않았나 싶다.

활동 후 소감

학교의 상황을 반영한 교사 교육과정

" 그린스마트 미래학교는 선정된 일부 학교만의 사업이라 보통의 학교와는 상관없는 주제 아닌가요? "

그린스마트 미래학교는 2021년부터 전국적으로 시도되는 학교 공간 혁신의 시작입니다. 물론 일부 학교에서 진행되는 사업인 것은 맞습니다. 하지만 학교 공간의 변화라는 측면에서 학교라는 공간은 단순히 지어지는 건물이 아니라 이제는 교육 공동체의 다양한 참여로 공간이 재구조화되고 만들어지는 것은 흐름이 되었습니다. 그린스마트 미래학교라는 이름으로 학교 전체가 바뀌는 사업은 진행되지 않더라도 학교 공간이 부분적으로 바뀌는 사업은 지속적으로 운영될 것입니다. 이때 교사, 학생, 학부모와 같은 교육 공동체가 함께 참여하여 고민하고 의견이 반영되어 만들어지는 것은 이제 더 이상 거스를 수 없는 흐름이 될 것입니다.

국가의 뉴딜 사업으로 처음 시작된 그린스마트 미래학교에서 드러난 한계와 문제점은 충분히 동의합니다. 하지만 학교 공간을 새롭게 바라보는 관점과 시대적 변화라는 측면에서 이제 우리가 준비하고 알아야 할 시점이 아닐까 싶어 본 주제를 담아 보았습니다.

교사 교육과정이라고 해서 교사가 마음대로 할 수 있는 것은 아닙니다. 교육과정은 국가 교육과정을 기반으로 지역 교육과정, 학교 교육과정 및 학년 교육과정을 고려하여 운영하는 것을 기반으로 하고 있습니다. 하지만 교사 교육과정을 국가 교육과정에서 내려오는 하위 범주로 학급에서 적용되는 교육과정으로 오해하는 경우가 바로 이러한 한계를 보여주는 듯합니다. 교사 교육과정은 교육과정의 범위를 이야기하는 것이 아니라 교육과정을 볼 수 있는 문해력을 바탕으로 교사의 전문성을 발휘하는 방식을 의미합니다.

학교의 상황을 반영하여 교육과정을 구성하는 것은 교사나 학생 모두에게 삶의 환경에서 주어진 아주 밀착된 재료가 될 수 있습니다. 이러한 의미에서 학교 상황을 고려하며 우리가 함께 고민해 나가야 할 것에는 무엇이 있는지 돌아보는 것은 아주 중요한 자세가 될 수 있습니다.

돼지, 학교에 오다 초6

온작품읽기로 함께 만들어 가는 교사 교육과정

워터쿨링 효과 Watercooling Effect

동학년 교사들이 자연스럽게 만나 차를 한 잔 마시면서 자유롭게 대화할 수 있는 시간과 공간이 필요하다. 자유로운 대화를 통해 교육과정에 대한 교사들의 시너지가 발휘되어 공동체성을 담보로 한 교사 교육과정이 활성화될 수 있다.

교사들의 협력은 무척 중요하다. 학교에서 이루어지는 교사들의 교육은 공통된 성취기준을 가르침으로써 보편성을 지니고 있다. 교사들은 동학년 협의회, 교육과정 협의회 등을 통하여 교육과정에 대해 자유롭게 이야기하며 교육과정을 만들어 나간다. 이렇게 교사들은 공동체성을 발휘하여 학교와 교실의 특성에 맞게 교육과정을 재구성하여 수업을 실행한다. 교사들이 각자 성취기준을 자유롭게 해석하여 교사들마다 다르게 실행되기도 하지만, 동학년이 함께 모여 이야기를 나누고 공동의 교육과정을 설계함으로써 모두가 함께 만들어 가는 교육과정으로 실행되기도 한다.

　여기서 교사 개별의 교육과정이 아니라 공동체성을 가진 교육과정이 중요한 이유는 우리 모두의 이야기를 담아낸다는 점에 있다. 개별 교사들의 강점이 어우러져 완성된 교육과정이 중요한 이유는 우리 동학년만이 가진 정체성과 누구도 따라할 수 없는 우리만의 내러티브가 형성된 특색 있는 교육과정이기 때문이다. 이렇게 형성된 공동의 교육과정은 우리만의 이야기를 만들어 각 학교의 특색이나 중점 사항을 더 잘 나타내는 빛깔 있는 교육과정을 만들게 된다. 모든 학교의 성취기준이 동일하지만 학교마다 저마다의 빛깔을 띨 수 있는 이유는 바로 공동체성을 학교, 학생, 교사, 지역 등의 특색을 반영하여 함께 교육과정으로 만들어 나가기 때문이다.

　이처럼 동학년의 공동체성을 발휘하여 교육과정을 실행한 이야기를 지금부터 풀어 보고자 한다. 학교에서 키웠던 돼지를 모티프로 하여 온작품읽기 교육과정을 운영한 사례이다. 학교에서 키우는 돼지와 온작품읽기 교육과정을 연결할 수 있었던 것은 바로 함께하는 동학년의 끈끈함이 있었기에 우리들만의 온작품읽기 교육과정을 만들 수 있었다.

1. 교육과정 계획하기

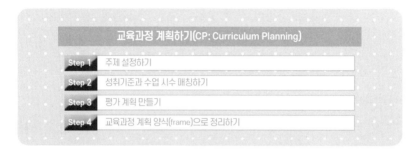

교육과정 계획하기(CP: Curriculum Planning)

Step 1 주제 설정하기
Step 2 성취기준과 수업 시수 매칭하기
Step 3 평가 계획 만들기
Step 4 교육과정 계획 양식(frame)으로 정리하기

Step 1 주제 설정하기

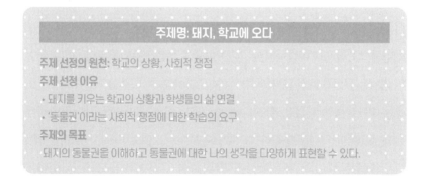

주제명: 돼지, 학교에 오다

주제 선정의 원천: 학교의 상황, 사회적 쟁점
주제 선정 이유
• 돼지를 키우는 학교의 상황과 학생들의 삶 연결
• '동물권'이라는 사회적 쟁점에 대한 학습의 요구
주제의 목표
돼지의 동물권을 이해하고 동물권에 대한 나의 생각을 다양하게 표현할 수 있다.

주제명은 「돼지, 학교에 오다」이다. 우리 학교는 돼지를 키우고 있다. 돼지를 키우게 된 계기는 당시 6학년 1반 담임 선생님이 동물을 키우고 싶어 하는 학생들의 의견을 교육과정에 반영하면서부터이다.

교사는 수업 시간에 무기력하고 학습에 흥미를 갖지 못하는 학생들의 의견을 받아들여 학생 주도적인 학습이 이루어지길 원했다. 왜냐하면 학생들이 교과 지식에 국한된 수업과 삶에서 동떨어진 교육과정에 흥미를 느끼지 못했기 때문이다. 교사는 학생들의 요구를 받아들여 교육과정에 반영하면 학생들이 학습에 흥미를 가지고 수업에 적극적으로 참여할 것이라고 생각했다. 그래서 돼지를 키우고 싶어 하는 아이들의 의견을 받아들여 학교에서 돼지를 키우게 된 것이다.

하지만 1년 남짓 돼지와 즐거운 시간을 보내고 난 후 코로나19로 인하여 돼지가 우리에 갇히게 되면서 돼지와의 행복한 생활이 깨지기 시작했다. 결국 돼지가 아무런 활동을 하지 못하게 되면서 오히려 교직원들은 돼지를 어떻게 해야 할지에 대해 고민하게 되었다. 설상가상으로 처음 돼지를 데려온 선생님도 다른 곳으로 전근을 가게 되었고, 처음 돼지를 데려와 키웠던 6학년 1반 학생들도 졸업함에 따라 그 다음 해에 돼지를 어떻게 키워야 할지가 가장 큰 문제로 다가왔다.

다음 해 6학년 담임을 맡게 됨으로써 동학년 교사들이 돼지를 키우는 문제에 대해 깊이 이야기를 나누었다. 교육과정 워크숍을 통하여 프로젝트 학습을 계획하면서 실과 교과의 동물 기르기, 도덕 교과의 동물권 가치 판단 수업, 국어 교과의 토의 · 토론 수업, 미술 교과의 표현 영역 수업 등 다양한 교과를 넘나들며 탈학문적 통합을 통해 학생들과 함께 돼지를 키우면서 일어나는 다양한 활동을 가지고자 계획하였다.

프로젝트명을 「돼지, 학교에 오다」로 정하고 온작품읽기 교육과정을 운영하기로 결정하였다. 온작품읽기 교육과정에 돼지와 관련 있는 작품을 선정하여 동물권에 대해 깊이 학습해 보고자 한 것이다.

동학년이 **온작품읽기 교육과정이 필요하다고 본 첫 번째 이유는 돼지를 키우고 있는 학교의 상황과 온작품읽기를 통한 문학적 상황을 서로 연결시킬 때 동물권을 깊이 이해하고 학교에서 키우고 있는 돼지와 연결시킴으로써 동물권에 대한 학습의 전이가 잘 이루어질 수 있다고 생각했기 때문이다.** 매년 교육과정을 설계할 때 학년 교육과정을 분석하고 관련된 성취기준을 해석하면서 '어떤 주제를 선정할까?' 하는 고민을 많이 한다. 동학년이 함께 이야기를 나누다가 학교에서 키우는 돼지를 교육과정으로 연결시키는 것에 대한 논의가 시작되었고 현재 우리 학교의 상황이 프로젝트 주제를 정하게 되는 원천이 되었다.

한 학기 한 권 읽기가 2015 개정 교육과정에 들어온 이후 매년 교사들은 '어떤 온작품읽기 텍스트를 정할까?'를 가장 먼저 고민한다. 보통 교사들은 많은 학교들이 이미 했거나 검증된 온작품읽기 텍스트를 선정한다. 그러나 온작품읽기 텍스트가 '학교의 상황, 학생들의 삶과 연결되지 않으면 아무리 좋은 텍스트라 하더라도 어떠한 의미도 가질 수 없다'고 동학년이 합의하였고 교육과정은 시의성을 가져야 학생들의 삶에 의미를 줄 수 있다고 이야기하며 새로운 텍스트를 찾기 시작하였다.

온작품읽기 교육과정을 하기로 한 두 번째 이유는 온전히 작품 전체를 함께 읽어 가는 과정에 담긴 문학적 힘이 학생들에게 흥미와 관심을 가질 수 있게 할 것이라고 생각했기 때문이다. 2015 개정 교육과정의 5-6학년군에는 한 학기 한 권 읽기를 강조하고 독서 단원과 연극 단원이 따로 편성되어 있다. 학생들이 책을 읽으며 함께 생각을 나누고 쓰는 통합적인 독서 활동이 중요하다고 이야기하였다. 이렇게 온작품읽기의 과정은 돼지를 키우고 있는 우리 학교의 현실을 깊이 사유하는 데에 안성맞춤이라는 생각이 들었다.

현행 국어과 교과서의 문학 단원의 한 성취기준을 살펴보면 '작품 속 세계와 현실 세계를 비교하며 작품을 감상할 수 있다.'가 있다. 문학 작품 속의 세계는 현실에 바탕을 두면서도 현실 세계를 있는 그대로 묘사한 것이 아니라 허구적으로 구성되기도 한다. 이렇게 온작품읽기는 학생들이 문학적 상상력을 동원하여 우리의 삶과 연결 지어 학습하는 데 매우 적절하다. 물론 교과서는 성취기준을 기반으로 잘 만들어진 교육과정 자료지만 분절된 국어과 학습에 흥미를 갖지 못하는 학생들에게 온작품읽기는 가장 안성맞춤인 학습 방법이라고 생각하였다. 온작품읽기를 통해 동물권을 더 잘 이해하고 돼지를 키우고 있는 우리의 삶과 밀접하게 연결될 수 있기 때문에 동학년은 온작품읽기 교육과정이 꼭 필요하다고 생각하였다. 특히 문학 작품에서 얻은 깨달음을 바탕으로 동물권에 대한 바람직한 삶의 가치를 내면화하는 데 있어서 온작품읽기는 무엇보다 효과적인 방법이었다. 이러한 이유로 동물권을 이해하는 온작품읽기 교육과정을 운영하게 되었다.

동학년 선생님들이 함께 모여 이야기를 나누면서 다양한 도서가 추천되었다. 그중에서 갈라파고스 거북이를 소재로 한『해리엇』은 학교에서 키우고 있는 돼지를 이해하고 인간들이 생각하는 동물권에 대해 심도 있게 논의해 볼 수 있을 것이라 생각하였다. 거북이 해리엇이 갇혀 있는 동물원과 돼지가 갇혀 있는 우리, 거북이 고기를 먹는 비글호의 선원들과 돼지고기를 먹는 우리들을 비교함으로써 보다 깊은 동물권에 대해 학습할 수 있을 것이라고 기대하며 온작품읽기 교육과정을 운영하고자 계획하였다.

이렇게 「돼지, 학교에 오다」는 돼지를 키우고 있는 학교의 상황과 온작품읽기를 연결한 프로젝트 학습으로서, 주제의 목표를 '돼지의 동물권을 이해하고 동물권에 대한 나의 생각을 다양하게 표현할 수 있다.'로 정하고 교육과정을 설계하기 시작했다.

Step 2 성취기준과 수업 시수 매칭하기

『해리엇』을 온작품읽기 텍스트로 선정한 이후 교육과정 성취기준과 수업 시수를 매칭했다. 중점 교과는 국어과로 하고 5-6학년군의 성취기준을 분석했다. 온작품읽기와 연관된 국어과 영역은 듣기/말하기, 읽기, 쓰기, 문학 영역으로 중점 성취기준은 다음과 같다.

> [6국02-02] 글의 구조를 고려하여 글 전체의 내용을 요약한다.
> [6국02-03] 글을 읽고 글쓴이가 말하고자 하는 주장이나 주제를 파악한다.
> [6국03-04] 적절한 근거와 알맞은 표현을 사용하여 주장하는 글을 쓴다.
> [6국05-04] 일상생활의 경험을 이야기나 극의 형식으로 표현한다.

문법 영역을 제외한 대부분의 국어과 영역의 성취기준이 골고루 포함될 수 있도록 중점 성취기준을 가져왔다. 5-6학년군의 국어과 성취기준을 살펴보면 이전 학기에 다룬 지속 성취기준이 대부분이지만 교과서 단원에 포함된 중점 성취기준을 놓치지 않으려고 교과서의 해당 단원을 통째로 가져오고자 하였다. 그래서 온작품읽기에 나오는 이야기를 읽고 성취기준과 연계하여 활동을 계획하고 평가 계획을 수립할 수 있도록 '토론하기', '글의 내용 요약하기', '글의 주제 파악하기', '주장하는 글쓰기' 등의 평가 방법을 만들고자 하는 온작품읽기 학습지에 담고자 하였다. 특히 '이야기나 극으로 표현하기', '다른 사람과 소통하기', '바람직한 삶의 가치 내면화하기' 등은 초등학교 5-6학년군에서 반드시 완성되어야 하는 중점 성취기준의 내용이므로 빠뜨리지 않도록 유의하였으며, 연극 단원과 연계한 성취기준도 빼놓지 않고 문화예술교육 연극 강사와 공동으로 수업을 계획하여 운영하였다.

온작품읽기 교육과정을 개발할 때 동학년 교사들이 매주 협의실에 모여 『해리엇』 책 총 16장을 3~4장 정도의 분량으로 나누어 한 주에 학습할 수 있도록 구성하였다. 매주 3~4개의 장을 학습하는 데 대략적으로 10차시 정도의 분량으로 계획하였고, 매주 교육과정을 실행하면서 학습 진도를 조절해 가며 계획한 교과와 창체 시수의 증감을 고려하였다. 중점 교과인 국어를 기반으로 미술, 음악, 사회, 도덕, 창체 등 모든 교과를 주제 중심으로 녹여 교과를 넘어 동물권을 가르치고자 하였다.

평가 계획을 고려하여 수행 평가와 연결시키고자 '글 전체의 내용 요약하기'와 '글쓴이가 말하고자 하는 주장이나 주제 파악하기'를 모든 학습지의 첫째 면과 둘째 면에 넣었고, 약 5주에 걸치는 동안 학생들이 두 중점 성취기준에 도달할 수 있도록 지속적인 피드백을 통하여 과정 중심 평가로 진행하였다. 학습지 뒷부분에는 '주장하는 글쓰기', '일상생활의

경험을 이야기로 글쓰기', '이야기나 극의 형식으로 표현하기' 등의 평가 요소를 만들어 구성하였다.

수업 시수는 온작품읽기와 관련하여 5주간 주 10차시 정도의 분량으로 하여 총 **50시간 정도**로 계획하였다. 국어 교과서의 1단원 「작품 속 인물과 나」, 5단원 「글쓴이의 생각과 비교하기」, 7단원 「글 고쳐 쓰기」, 8단원 「작품으로 경험하기」와 「연극」 단원을 단원 통으로 가져와 성취기준을 재구조화하여 해당 단원을 학습하였다. 2단원 「관용 표현」, 3단원 「논설문」, 4단원 「매체 활용을 통한 발표하기」, 6단원 「뉴스와 광고」는 다른 프로젝트나 개별 단원으로 학습하였고 문법 단원의 경우는 주로 교과서를 활용하여 수업하였다. 국어 교과 이외의 사회, 도덕, 미술, 창체 등도 20차시 정도로 계획에 반영하였다. 물론 이는 학기 초에 예상한 교과와 시수로 최종 교과와 수업 시수는 증가하거나 감소할 수 있다. 실제로 최종 수업 시수는 다른 교과를 포함하여 계획한 것보다 더 많은 시수를 운영하게 되었다.

Step 3 평가 계획 만들기

「돼지, 학교에 오다」 온작품읽기 프로젝트를 계획하고 성취기준과 시수를 매칭한 후에 온작품읽기 교육과정의 목표 도달도를 확인하기 위한 평가 계획을 수립하였다. 평가 계획은 국어과 중점 성취기준을 분석하여 학습지에 평가 문항이 들어갈 수 있도록 평가 요소, 평가 방법 등을 구체화하였다.

학년 학기	6학년 2학기	교과	국어
관련 단원 (주제)	1. 작품 속 인물과 나 5. 글쓴이의 생각과 비교하기 7. 글 고쳐 쓰기 8. 작품으로 경험하기, 연극 단원		
성취기준	[6국02-02] 글의 구조를 고려하여 글 전체의 내용을 요약한다. [6국02-03] 글을 읽고 글쓴이가 말하고자 하는 주장이나 주제를 파악한다. [6국03-04] 적절한 근거와 알맞은 표현을 사용하여 주장하는 글을 쓴다. [6국05-04] 일상생활의 경험을 이야기나 극의 형식으로 표현한다.		
평가 요소	• 글의 내용을 요약하고 주제 파악하기 • 주장하는 글쓰기 • 이야기나 극의 형식으로 표현하기		
평가 유형	서술형 평가, 구술/발표		
평가 유의점	연극 발표하기는 실시간 줌 수업을 녹화하여 교사 관찰 평가로 진행하며, 서술형 평가는 대면 수업 중 실시		
지도 유의점	성취기준에 대하여 1회성 학습이 아닌 과정을 중심으로 하여 학생들의 성장을 볼 수 있도록 평가		

영역	단계 평가 요소	잘함	보통	노력 요함
읽기	글의 내용을 요약하고 주제 파악하기	글의 내용을 요약하는 방법을 알고 요약하며 글의 주제를 잘 파악할 수 있다.	글의 내용을 요약하며 글의 주제를 파악할 수 있다.	글의 내용을 요약하며 글의 주제를 대략적으로 파악할 수 있다.
쓰기	동물권에 대한 나의 생각을 주장하는 글쓰기	적절한 근거와 알맞은 표현을 사용하여 자신의 생각을 글로 표현할 수 있다.	적절한 근거나 알맞은 표현을 사용하여 자신의 생각을 글로 표현할 수 있다.	자신의 생각을 글로 표현할 수 있다.
문학	이야기나 극의 형식으로 표현하기	일상생활의 경험을 이야기나 극의 형식으로 잘 표현할 수 있다.	일상생활의 경험을 이야기나 극의 형식으로 표현할 수 있다.	일상생활의 경험을 이야기로 표현할 수 있다.

평가 요소는 '[6국02-02] 글의 구조를 고려하여 글 전체의 내용을 요약한다.'와 '[6국02-03] 글을 읽고 글쓴이가 말하고자 하는 주장이나 주제를 파악한다.'를 통합하여 '글의 구조를 고려하여 글 전체의 내용을 요약하고 주제 파악하기'로 성취기준을 재구조화하여 평가하였다. 교사와 학생들의 평가에 대한 부담을 완화하고자 성취기준을 재구조화하였다. '[6국03-04] 적절한 근거와 알맞은 표현을 사용하여 주장하는 글을 쓴다.'는 학습지를 활용하여 서술형 평가로 평가하고자 하였으며, '[6국05-04] 일상생활의 경험을 이야기나 극의 형식으로 표현한다.'에서는 『해리엇』을 읽고 연극 발표하는 것을 구술/발표의 형태로 평가하고자 하였다.

이처럼 학기 초에 평가를 계획할 때는 성취기준을 기반으로 하여 대강화하여 평가 요소를 계획하였다. 이후 학습지를 만들면서 수행 평가를 세분화하고 구체화하여 채점 기준표를 만들어 평가를 진행했다.

Step 4 교육과정 계획 양식(Frame)으로 정리하기

다음으로 교육과정 계획 양식에 온작품읽기 프로젝트를 정리하였다. 교육과정 계획 양식은 대강화하여 간략하게 계획을 세운 후 해당 학습을 실행할 때 구체적인 프로젝트 계획을 수립하여 시기에 맞게 교육과정을 실행하며 구체화하였다. 계획은 아래와 같이 정리하였다.

주제	돼지, 학교에 오다
수업 의도	코로나19로 인해 돼지우리에 갇힌 돼지의 동물권을 이해하고자 프로젝트를 구성하였다. 해리엇 동화를 온작품읽기 텍스트로 정하여 함께 읽으며 국어과 성취기준을 학습한다. 학습하며 도덕, 사회, 미술, 창체 등 토의·토론, 인권, 표현, 다모임 등의 수업을 병행하여 동물권에 대해 깊이 학습하는 데 프로젝트의 목적이 있다.
성취기준	[6국02-02] 글의 구조를 고려하여 글 전체의 내용을 요약한다. [6국02-03] 글을 읽고 글쓴이가 말하고자 하는 주장이나 주제를 파악한다. [6국03-04] 적절한 근거와 알맞은 표현을 사용하여 주장하는 글을 쓴다. [6국05-04] 일상생활의 경험을 이야기나 극의 형식으로 표현한다.
주제의 목표	돼지의 동물권을 이해하고 동물권에 대한 나의 생각을 다양하게 표현할 수 있다.

2. 수업 만들기

수업 만들기(CM: Curriculum Making)

Step 5	프로젝트 수업 만들기
Step 6	차시별 수업 만들기
Step 7	과정 중심 평가 실천하기

> **「돼지, 학교에 오다」 온작품읽기는 무엇일까?**
>
> **프로젝트명:** 돼지, 학교에 오다
> **프로젝트의 특징**
> • 교수·학습 방법 : 함께 글을 읽고 활동하기
> • 학습지 루틴 : 함께 읽기, 요약하기, 주제 파악하기
> • 연극 단원과 연계 : 연극 강사와 공동 수업 계획하여 진행하기
> **최종 목표:** 동물권을 이해하고 자신의 생각을 글로 표현하기

　앞서 살펴본 것처럼 「돼지, 학교에 오다」는 온작품읽기 프로젝트이다. 『해리엇』이라는 동화책을 기반으로 하여 학교에서 키우고 있는 돼지와 연결해 국어과 성취기준을 학습하고자 온작품읽기 교육과정을 계획, 구성하였다.

　먼저, 이 프로젝트에서 국어 교과서 단원과 성취기준을 분석하여 학습지에 녹이고자 하였다. 6학년 2학기 「1. 작품 속 인물과 나」 단원의 성취기준을 살펴보면 '[6국02-02] 글의 구조를 고려하여 글 전체의 내용을 요약한다.'가 중점 성취기준이다. 교과서의 내용을 살펴보면 이야기에서 인물이 추구하는 삶을 살펴보는 것이 이 단원의 핵심 목표다. 인물이 추구하는 삶을 이해하기 위해서 『해리엇』의 등장인물 찰리가 되어 보고 직접 경험한 것을 적어볼 수 있도록 학습지 내용을 구성하였다.

　『해리엇』을 함께 읽을 때는 보통 3~4개의 장을 읽게 되는데 1장은 교사가 읽고, 2장은 학생들이 돌려 읽으며 3장은 각자 읽고 사건의 흐름에 따라 주인공 찰리의 입장에서 겪은 일을 적어 보는 순서로 진행

하였다. 문학 작품을 읽고 요약하기는 글 속에 나타난 내용을 단순히 요약하는 것이 아니라 작품 속 주인공 찰리의 입장에서 겪은 일을 적어 보게 함으로써 학생들이 훨씬 더 성취기준에 쉽게 도달할 수 있도록 하였다. 이렇게 학생 스스로 등장인물이 되어 보는 활동을 통해 인물이 추구하는 삶을 이해하기가 훨씬 쉬웠다. 문학 작품을 통한 온작품읽기 교육과정을 하는 이유가 바로 여기에 있다고 할 수 있다.

이렇게 온작품읽기와 학생들의 삶을 연결하여 동물권을 이해할 수 있도록 학습하며, 각 학습지마다 돼지 이야기를 적어 보는 활동을 넣었다. 구체적으로 '돼지의 일기', '돼지를 돌보아 주는 분들에게 감사 편지 쓰기', '학생 대표로 학교 공동체 회의 참여하기' 등의 활동을 통해 문학 작품과 학생들의 삶이 연결될 수 있도록 하였다. 그래서 교과서를 학습하지 않고 성취기준을 중심으로 온작품읽기 수업을 만들었으며, 중점 성취기준이 누락되거나 잘못 해석하여 가르치지 않도록 성취기준 해설, 교과서, 교사용 지도서를 참고하여 온작품읽기 프로젝트 수업을 만들었다. 특히 성취기준을 통한 온작품읽기 교육과정과 수업, 평가가 하나가 될 수 있도록 학습지를 구조화하여 만들었다. 교과서는 교육과정의 보조 자료이기 때문에 과감하게 교과서를 학습하지 않을 수 있었다. 다만 교과서가 워낙 훌륭한 교육과정 자료이기 때문에 학생들이 배워야 할 내용들이 누락되지 않도록 심혈을 기울여 프로젝트 학습지를 동학년 공동으로 만들었다. 아래는 동학년이 함께 만든 온작품읽기 프로젝트 학습지의 일부분이다.

1-3장	4. 우리 학교 똥이를 생각해 봅시다. 2018년 3월 23일에 태어난 똥이는 누구와 살았고 어디에서 헤어졌을까요? 자신이 똥이가 되었다고 가정하여 엄마와 헤어진 사건과 2018년 6학년 1반 교실로 왔을 때의 기록을 상상하여 일기로 작성해 봅시다. 똥이의 일기 나는 2018년 3월 23일에 _____ 에서 태어났어.
4-7장	5. 이번 시간에는 똥이가 [교실에서 우리로 가게 된 사건]과 [낯설고 어색한 우리의 생활], [우리의 생활에 안정을 찾게 되는 사건]에 대하여 상상해봅시다. 예를 들어 교실에서 사고를 쳐서 쫓겨날 수도 있고, 밤이면 어떤 낯선 동물이 똥이를 괴롭힐 수도 있고, 옆 우리의 닭이 해리엇처럼 도와줘서 안정을 찾을 수도 있고..... 저번보다 조금 더 발칙하게 상상해봅니다. 그리고 구체적으로 적어보도록 애써봅니다. 똥이의 두 번째 일기
8-10장	✿ 똥이도 찰리처럼 사람의 말을 알아듣기 시작했어. 벌써 2년째잖아. 너희들도 올해 코로나 때문에 많이 힘들었지? 똥이는 2020년을 지내면서 무엇이 가장 힘들었을까? 얼마전에는 우리를 막아놓았던 판자를 밀어버리고 운동장으로 탈출했던 일도 있었어. 똥이는 어떤점이 힘들어서 탈출까지 했을지 그날의 이야기를 상상하여 일기로 써보자. 똥이의 일기 2020년 12월 1일 < 제목: >중 집에서만 갇혀지낸지 벌써 15개월째다. 작년 9월 돼지열병 때문에 돌아다니면 안된다고 했다. 그래서 돼지열병이 지나가기만을 얌전히 기다렸는데~

5. 세상에는 '비글호'의 사람들처럼 생명을 파괴하는 이들이 있는가 하면, 사육사처럼 세심한 관심을 기울여 생명을 돌보는 이들도 있습니다. 마침 그런 분들이 우리 가까이 계세요. 추운 겨울을 보낼 똥이를 위해 똥이의 보금자리를 고쳐주신 선생님들! 너무 커버린 똥이를 직접 돌볼 수 없는 여러분을 대신해 똥이의 생명을 돌보아 주시는 선생님들께 감사의 마음을 전하는 편지를 써 봅시다.

11-13장

7-1. <해리엇> 이야기의 마지막 부분에서 동물 친구들은 힘을 합쳐 해리엇을 바다로 옮겨줍니다. 똥이의 행복을 위해 우리는 어떤 방식으로 힘을 모을 수 있을까요? 여러분들이 학생 대표로서 똥이 문제 해결을 위한 '학교 공동체 회의'에 참석했다고 가정한 후, 자신의 의견을 제안해봅시다.

14-16장

교사1	똥이는 무리지어 살아야하는 동물이에요 혼자서는 너무 외롭습니다. 같은 돼지들이 있는 곳에서 더 행복하게 지낼 수도 있잖아요? 아니면 가족을 만들어 줄 수도 있고요
교사2	똥이가 학교에 있음으로 인해 학생이나 교사에게 주는 피해가 있나요? 앞서 제기된 배변 문제나 학생들이 무서워하는 문제에 대해서는 똥이 돌봄 TF팀을 조직하여 학생, 학부모, 교사가 함께 문제를 해결할 수 있을 것 같은데요 그렇게 똥이를 계속 키울 수 있지 않겠어요?
학부모1	운동장 모래놀이터에 똥이가 싸 놓은 배설물 때문에 학생들이 마음 편히 놀기가 어려워요 그리고 똥이가 학교 교육에 어떤 도움이 되는지도 잘 모르겠고요 그리고 무엇보다, 똥이가 지금 학교에서 행복할까요? 사람에게 인권이 있듯이 동물에게는 동물권이 있어요 똥이는 현재 행복하지 않아 보입니다. 똥이가 더 행복할 수 있는 곳으로 보내는 것이 옳다고 생각해요
학부모2	작년에 제 아이가 1학년에 입학했을 때 학교가 무서워서 안 가겠다고 떼를 썼어요 그런데 교장선생님과 똥이가 교문에서 아이들을 맞이하는 것을 보고는 정말 좋아했어요 아침마다 똥이를 보러 가야한다며 학교가는 길을 즐거워했습니다. 똥이는 우리 아이들의 친구예요 단지 돌보기 힘들다는 이유로 친구를 다른 곳을 보낼 수는 없지 않겠어요?

「돼지, 학교에 오다」 온작품읽기 프로젝트 학습의 차시별 수업을 만들기 위해서 동학년 선생님들이 매주 함께 모여 준비하고 수업으로 실행하였다. 차시별 수업 만들기 방식은 '계획-실행-성찰'의 형태가 이어지는 실행 연구를 바탕으로 하였다.

차시별 수업 만들기 방법

1. 작품을 미리 읽고 수업에 반영할 부분 포스트잇 붙이기
2. 함께 모여 수업으로 어떻게 구성할지 이야기하기
3. 모인 의견을 바탕으로 학습지 만들기
4. 함께 만든 수업 실행하기
5. 공동의 수업 실행 후 수업 성찰을 통해 다음 주 수업 준비하기

이러한 실행 연구 방식을 통해 동학년 교사들은 매 수업마다 큰 배움을 얻었다. 먼저 책의 내용을 미리 읽고 교사가 인상적이었던 부분, 학생들에게 가르치면 좋을 내용들에 포스트잇을 붙여서 서로 이야기를 나누었다. 다음으로 이야기 나눈 내용을 기반으로 프로젝트 학습지를 만들어 동학년이 함께 교실에서 수업을 한 후 다시 모여서 실행한 수업에 대한 성찰을 나누는 형식으로 순환적인 형태의 실행 연구 방식으로 진행하였다.

'계획-실행-성찰'식으로 계획했던 것과 달리 실제로는 '실행-성찰-계획'의 형태로 교육과정이 이루어졌다. 교육과정을 실행하다 보면 학생들에게 더 필요한 부분은 무엇인지, 누락된 부분은 없는지를

성찰 과정에서 발견하게 되고 이를 다음 수업에 반영하여 학생들이 학습할 수 있도록 학습지의 내용을 보충하였기 때문이다. 학습지는 동학년 4명의 교사가 돌아가며 만들었지만 동학년 선생님들 모두가 함께 내용을 구성하고 학습지를 고쳐 가며 만들었기 때문에 모두에게 큰 의미가 있었다. 이렇게 함께 만든 교육과정은 교사들이 완벽히 이해하고 있는 내용이어서 수업이 더욱 원활하게 진행되었다.

또한, 온작품읽기 교육과정이 수업으로 이루어질 때 단순히 성취기준 중심으로 텍스트(text)를 학습하는 것을 넘어 '동물권'에 대한 커다란 맥락(context)을 이해하며 긴 프로젝트를 한 호흡으로 진행하고자 하였다. 커다란 목표를 둠으로써 수업 활동과 평가가 일관성을 가지게 하고, 교사는 지속적인 피드백을 통해 학생들과의 상호 작용을 활발히 하여 성취기준에 도달할 수 있었다. 이처럼 교사들이 함께 만들어 가는 온작품읽기 교육과정은 문학 작품을 읽는 재미와 함께 동학년이 함께 만든 프로젝트 학습지를 학습함으로써 진정한 교수·학습의 의미를 발견하게 하였다.

구체적으로 프로젝트 학습지의 내용을 살펴보면 성취기준을 중심으로 하여 기본적인 루틴을 지키고자 하였다. 기본적인 루틴은 '내용 요약하기', '일이 일어난 순서 파악하기', '등장인물 인터뷰하기' 등으로 구성하였다. 루틴 이후 학습지의 내용은 해리엇 이야기와 연결하여 '연대·협력', '권력·폭력', '동물권' 등의 핵심 가치와 핵심 개념을 중심으로 학습지를 일관성 있게 구성하였다. 항상 학습지의 맨 마지막은 문학 작품과 학생들의 삶을 연결한 돼지 이야기 활동으로 마무리하였다. 구체적인 활동 내용은 다음과 같다.

차례	성취기준	프로젝트 활동 내용	뚱이와 연결하기
1장 ~ 3장	[6국02-03] [6국03-04]	· 그림을 보고 이야기의 순서 예측하기 · 책 표지와 삽화 등을 보며 궁금한 점 적기 · 내용 파악하기 · 찰리가 겪은 일 순서대로 적기 · 등장인물에게 질문하기 · 인물이 추구하는 삶의 가치를 따라 글쓰기	뚱이가 교실로 왔을 때를 상상하며 일기로 쓰기
4장 ~ 7장	[6국02-02] [6국02-03]	· 찰리가 겪은 일을 순서대로 적기 · 스미스와 해리엇의 말을 읽고 나의 경험 떠올리기 · 등장인물에게 질문하기 · 가장 힘든 순간 해리엇이 나에게 해 줄 말 적기 · '학교 폭력 방관자도 처벌받아야 하는가?'를 주제로 토론하기 · 해리엇 속 동물원 상상하여 그리기	뚱이가 교실에서 운동장의 우리로 가게 된 상황을 일기로 쓰기
8장 ~ 10장	[6국02-02] [6국02-03] [6국03-04]	· 다시 태어난다면 어떤 동물로 태어나고 싶은지 글쓰기 · 찰리가 겪은 일을 순서대로 적기 · 해리엇이 추구하는 가치 찾기 · 스미스의 입장에서 일기 쓰기 · 등장인물에게 질문하기 · 나의 생명이 다했을 때 가족에게 편지 쓰기	뚱이가 우리 학교를 탈출하는 상황을 상상하여 일기로 쓰기
11장 ~ 13장	[6국02-02]	· 각 장의 내용 요약하기 · 등장인물에게 질문하기 · 다른 사람을 위해 희생한 이야기 찾기 · 멸종 위기 생물 조사하기	뚱이의 생명을 돌봐 주시는 선생님들께 감사의 마음을 담은 편지 쓰기
14장 ~ 16장	[6국02-02] [6국03-04]	· 각 장의 내용 요약하기 · 등장인물에게 질문하기 · 우리를 위해 애쓰는 분에게 편지 쓰기 · 코로나19로 집콕하는 자신의 하루 일기 쓰기 · 151쪽 그림 보고 해리엇이 되어 말하기 · 이 책을 소개하는 서평 쓰기 · 17장 만들어 글쓰기	교직원 회의에 학생 대표로 참가하여 뚱이 문제 해결 방안 제시하기

　　동학년 중심의 전문적 학습 공동체는 교육과정을 개발하는 데 큰 핵심으로 자리한다. 동학년이 함께 모여 이야기함으로써 교사의 철학과 관심사가 담긴 내용을 중심으로 온작품읽기 활동이 구성되었다. 국어 교과를 중심으로 미술(해리엇이 살고 있는 동물원 상상하여 그리기),

도덕(학교 폭력 방관자는 처벌받아야 하는가에 대하여 토론하기), 창체(돼지를 돕기 위해 어떤 일을 할 수 있을지 다모임하기) 등으로 교과를 넘나들며 탈학문적으로 주제 중심 통합 교육과정이 운영되었다.

전문적 학습 공동체는 또 다시 수업 나눔으로도 이어져 코로나19 상황에서 비대면 실시간 쌍방향 수업으로 수업 나눔이 이루어졌으며, 각 학급마다 토론, 연극, 감정 수업 등 교사의 강점을 발휘하여 다양한 형태로 수업 나눔이 이루어졌다. 이러한 수업 나눔을 통해 교사들끼리도 서로가 서로를 격려하고 지지함으로써 동학년이 함께 성장할 수 있었다.

수업 나눔 지도안

수업 성찰

수업 나눔 후에 이루어지는 수업 성찰을 통해 자신의 수업을 되돌아보고 다음 수업에 반영할 내용을 찾아 수업에 반영하였다. 이러한 실행을 바탕으로 한 반성적 실천(reflection in action)은 교사들을 수업의 전문가로 성장시키는 데 중요한 원동력이 되었다.

학생들이 학습한 내용 중 '인물이 추구하는 삶의 가치를 이해하고 글쓰기'를 함으로써 동물권에 대해 더 깊이 이해하게 되었다. '친구'라는 동시를 쓴 학생은 『해리엇』 속에 나오는 동물들을 보고 나이, 성별, 인종이 달라도 서로를 친구라 생각한 것을 동시로 표현했다. 이 동시 자료를 가지고 사회 교과의 인권 개념과도 연결하여 수업을 하였다. 이렇게 수업을 하는 것은 교육과정을 실행하면서 학생들의 활동 자료를 통해 수업의 즉각적인 변형이 이루어진 것이다.

4. 우리가 살아가고 있는 이 시대에는 인간의 절제할 줄 모르는 탐욕으로 인해 멸종 위기에 처한 생물들이 많이 있습니다. 온라인 검색을 통해 그런 생물들을 3종을 조사해보고 그 심각함에 대해 진지하게 생각해봅시다.

멸종 위기 생물		
이 름 (그림도 OK)	현재 상황	위기의 원인

동시 「친구」 　　　　　　　　　멸종 위기 생물 조사 학습지

동물권에 대해 깊이 있는 학습을 한 대표적인 예로 『해리엇』에 나오는 비글호 선원들이 생존하기 위해 거북이를 먹는 장면에 대해 이야기를 나눈 수업이 있다. 이 장면을 통해 학생들은 윤리적인 육식을 둘러싼 고민을 자연스럽게 하였다. 실제로 찰스 다윈의 비글호가 갈라파고스섬에서 과학 연구를 위해 동물들을 생포했다고는 하지만, 비글호 선

원들이 생명을 이어가기 위해 먹은 것이 또 다른 생명체인 '거북이'였다는 점에서 학생들은 적지 않은 충격을 받았다. 수업을 통해 평소에 별다른 생각 없이 먹었던 식용으로서의 동물들에 대해 다시 한 번 생각해 보는 계기가 되었다. 왜 사람들은 생태계에 있는 모든 동물들을 먹고 있으며, 이와 관련하여 멸종 동물들을 조사해 봄으로써 생태계 파괴에 대해 깊이 있는 고민을 하게 되었다. 마지막에 자연스럽게 학교에서 키우고 있는 돼지의 동물권과 연결시켜 글쓰기로 마무리하였다.

온작품읽기 프로젝트가 마무리되어 갈 때 학교에서 키우고 있는 돼지를 시로 표현해 보는 활동을 진행하였다. 학생들은 이 활동을 통해 돼지의 행복에 대해 깊이 생각해 보는 시간을 가졌고, 어떻게 하면 고통을 받고 있는 돼지를 도울 수 있을지 다모임을 통한 회의를 진행하였다. 특히 '관심'이라는 주제의 글을 쓴 학생은 정말 열심히 돼지를 돌봤던 돼지 돌봄 동아리 학생 중 한 명이었다. 자신이 돼지가 되어 시를 쓰면서 돼지의 마음이 어떠한지 느끼게 되었고 동물 그 자체로서의 생명을 존중하는 마음을 가지게 되었다고 한다.

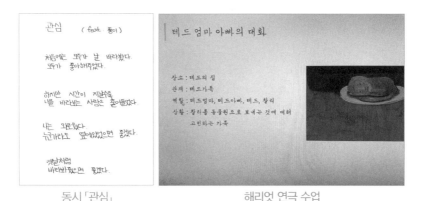

동시 「관심」　　　　　　　　해리엇 연극 수업

온작품읽기 프로젝트의 하이라이트는 연극 선생님과 공동으로 수업을 디자인한 것이었다. 연극 수업 16차시 중 6차시는 연극에 대한 이해를 공부한 후 총 10차시를 해리엇 연극 수업으로 공동 교육과정을 운영하였다. 『해리엇』 동화를 쓴 한윤섭 작가는 극작가이고 『해리엇』 연극 대본이 책으로 출판되어 있기도 하다. 해리엇 작품은 연극으로 꾸미기에 아주 적절했기에 학생들은 대본을 만들고 연극 발표회를 피날레로 함으로써 긴 프로젝트를 마무리하게 되었다.

한편 가정으로 배부되는 주간학습안내에는 구체적으로 국어과 교과서 단원을 명시하지 않고, 수업 내용으로 '해리엇 슬로리딩'이라고 제시하고 세부 내용을 학습지로 대체하여 프로젝트에 대해 안내하였다.

Step 7 과정 중심 평가 실천하기

과정 중심 평가는 등교 수업 때 학생들이 하는 학습지 서술형 평가와 더불어 온라인 수업에서 이루어진 구글 프레젠테이션, 패들렛 등에 올리는 학습지 수행 사진과 함께 실시간 쌍방향 수업으로 이루어지는 구술 발표로 평가하였다.

국어 교과의 「3. 타당한 근거로 글을 써요」의 성취기준인 '[6국03-04] 적절한 근거와 알맞은 표현을 사용하여 주장하는 글을 쓴다.'와 도덕 교과의 「6. 함께 살아가는 지구촌」 단원의 성취기준인 '[6도03-04] 세계화 시대에 인류가 겪고 있는 문제와 그 원인을 토론을 통해 알아보고, 이를 해결하고자 하는 의지를 가지고 실천한다.'를 통합하였다. 이렇게 도덕과의 인류가 겪고 있는 문제로서 '동물권 문제의식 갖기' 프로젝트 수업을 국어과 글쓰기와 통합하여 과정 중심 평가를 실시하였다. 이 부분은 프로젝트 중반에 동물권과 관련된 그림책 몇 권을 『해리엇』과 함께 읽어 나가며 동물권에 대한 다양한 문제를 제시함으로써 학생들이 시야를 확장하고 의식을 깊게 하는 과정이었다.

동물권 문제의식 갖기

성취기준 재구조화	적절한 근거와 알맞은 표현을 사용하여 동물권 문제의 원인과 해결 방법을 주장하는 글로 써서 토론할 수 있다.
평가 요소 동물권 문제의 원인과 해결 방법을 주장하는 글쓰기	**우리 사회의 동물 관련 문제의식 갖기** • 동물권을 다룬 다양한 그림책 읽기 ① 『돼지 이야기』(공장식 축산과 살처분 문제) ② 『라이카는 말했다』, 『멋진 하루』(동물 실험 문제) ③ 『동물원』, 『내일의 동물원』(동물원 폐지 혹은 환경 개선 문제) ④ 『이빨 사냥꾼』(코끼리 상아 착취, 태국 코끼리 투어 문제) ⑤ 『지혜로운 멧돼지가 되기 위한 지침서』(동물 환경 개선 문제) **동물의 복지와 생명이 존중되지 않는 사례 이야기 나눔** • 동물권이 침해되는 사례 조사하여 발표하기 • 동물 실험에 대하여 찬성과 반대 의견을 가지고 주장하는 글쓰기

도덕과의 가치 판단 수업을 진행하면서 동물권은 입장에 따라 첨예하게 시각이 엇갈리는 주제이기 때문에 평가를 실행하면서 교사가 '이것은 옳고 저것은 그르다'는 식의 가치 판단을 주입하는 것을 최대한 자제하고자 하였다. 학생들이 문제 상황을 경험하여 문제의식을 갖고, 어떤 태도로 살아갈지 스스로 판단할 수 있도록 학생 중심 수업으로 이끌고자 노력하였다. 교사의 역할은 조력자로서 동물권을 구체적으로 살펴볼 수 있도록 그림책의 내용을 스스로 이해할 수 있는 수

업으로 구조화하였다. 학생들이 문제 상황을 어디까지 알게 하는 것이 좋을지 매번 깊이 고민하며 수업을 진행하였다. 아래는 동물 실험과 관련된 그림책을 읽고 동물 실험에 대한 찬반 글쓰기를 실시한 자료다. 과정 중심 평가의 취지에 맞게 일회성 결과중심평가를 지양하고 학생들의 글을 조금씩 가다듬어 최종 토론으로 이어질 수 있도록 교사의 피드백을 지속적으로 실시하였다.

동물 실험 찬반 글쓰기

「돼지, 학교에 오다」 온작품읽기에 대한 프로젝트 수업의 학생별 나이스(NEIS) 평어는 다음과 같다.

(이○○)

온작품읽기 활동으로 『해리엇』을 읽고 주인공에게 일어난 일을 바탕으로 이야기의 흐름을 정리하여 내용 간추리기를 잘함. 인물이 추구하는 삶의 가치를 살펴보고 내가 추구하는 삶의 가치가 무엇인지 글로 쓸 수 있음.

(박○○)

온작품읽기 활동으로 『해리엇』을 읽고 동물권, 인권, 학교 폭력 등 관련된 다양한 활동들에 성실하게 참여함. 등장인물 중 한 명에게 궁금한 것을 질문하고 인물의 대답을 유추해 보는 활동을 통해 공감 능력이 향상되었음.

(정○○)

온작품읽기 활동으로 『해리엇』을 읽고 해리엇의 삶을 돌아보며 학교에서 키우고 있는 돼지의 마음은 어떤지 깊이 이해함. 돼지를 돌보기 위해 수고하는 분들에게 감사 편지를 쓰고, 스스로도 학교의 구성원으로서 똥이를 돌보기 위해 할 수 있는 일이 무엇인지 찾아서 수행함.

「돼지, 학교에 오다」 프로젝트 과정 중심 평가의 묘미는 학생들이 '동물권'이라는 커다란 문제의 해결 방법을 주장하는 글쓰기에서 나타났다. '동물권'을 주제로 한 교육과정 재구성과 수업의 과정 속에서 평가가 자연스럽게 이어지면서 학생들의 성장이 이루어지고 그것이 학생들의 삶의 변화로 나타난 것이다. 긴 프로젝트 대단원의 막을 내리면서 돼지를 단순히 먹는 존재가 아니라 우리들과 함께하는 존재라고 이야기하는 학생들을 보면서 왠지 마음이 뿌듯했다.

온작품읽기로 함께 만들어 가는 교사 교육과정

"온작품읽기 프로젝트 교사 교육과정을 개발할 때, 동학년이 어떻게 함께할 수 있었는지 궁금해요."

교사 교육과정을 개발하는 요인 중에서 가장 중요한 교사들의 공동체성이 정말 잘 발휘되었어요. 합이 잘 맞은거죠. 무엇보다 학생들에게 의미 있는 교육과정이 무엇인지 끊임없이 고민하면서 온작품읽기 프로젝트를 시작했어요.

저 혼자 교사 교육과정을 실행할 때는 피드백이 없어서 내가 잘 진행하고 있는 것인지 잘 몰랐어요. 아이들과 수업을 하고 나서야 비로소 아차 싶기도 하고 수정해야 할 부분들이 발견됐거든요. 반면 동학년이 공동체성을 발휘하여 함께 교육과정을 개발할 때 교사들끼리 서로 피드백을 주고받으며 좋은 점과 보완해야 할 점을 자유롭게 나누며 수업을 개발하는 것이 참 즐거웠어요.

무엇보다 동학년이 함께 책을 읽고 성취기준을 해석하여 활동을 구성하는 과정이 참 의미가 있었어요. 기본적으로 통합 교육과정에 대한 마음이 일치해서 교과를 분절적으로 가르치지 않고 국어, 도덕, 사회 등의 교과를 넘나들 수 있었던 주제인 동물권을 정한 부분도 교육과정 재구성에 대한 많은 배움을 주었어요. 만약 선생님들과 함께 실행하지 않았다면 『해리엇』 온작품읽기를 중심으로 한 이 긴 프로젝트는 중간에 포기했을 거예요.

"돼지를 키우는 상황에서 동물권에 대해 공부하기로 한 것이 신기해요. 주제는 어떻게 정한 건가요?"

사실 학교에서 동물권에 대한 주제를 할 수밖에 없는 상황이었어요. 돼지를 키우며 돼지의 상황을 바라보면서 동물권에 대해 학습할 필요가 있다고 교사들이 느꼈어요. 아이들에게는 다소 어려운 주제인 동물권에 대해 깊이 생각하기 위해서는 온작품읽기 방법이 적절하다고 생각했어요. 우리가 키워야 하는 돼지를 통해 학생들이 의미 있게 동물의 삶을 바라볼 수 있었으면 해서 프로젝트를 시작하게 되었어요. 그리고 큰 프로젝트를 관통하는 목표를 정한 후에 평가 계획을 토대로 학생들이 무엇을 공부해야 할지 고민하며 활동을 계획했어요. 요약하기, 토의하기, 글쓰기 등 좁은 범위가 아니라 다양한 활동들이 골고루 이루어질 수 있도록 주제의 목표를 넓게 잡으려고 하였습니다.

참 신기했던 것이 돼지와 연관 지어 온작품읽기를 하는 것이 딱 맞아 떨어졌다는 점이었어요. 사실 처음부터 동물권에 대해 공부하고자 했다기보다 삶과 공부할 내용이 잘 맞아 떨어진 거죠.

"국어과 성취기준을 단원별로 통째로 가져왔는데, 모두 중점 성취기준인가요?"

6학년 2학기에 중점적으로 성취해야 할 성취기준 4개를 가져왔어요. 이번 주제에서 성취기준이 마무리되는 주제라면 평가 계획으로 반드시 잡아야 하기 때문에 중점 성취기준으로 잡고 목표로 진술했어요. 50차시 분량의 학습을 통해 과정 중심 평가를 실시하여 최종적으로 주제의 목표와 연결된 성취기준에 도달할 수 있도록 수행 평가 문항 학습지를 개발했습니다. 여기서 중점 성취기준은 이번 프로젝트를 통해 도달해야 할 목표로 정하여 평가 계획과 반드시 연결될 수 있도록 하였습니다. 꼭 중점 성취기준이 아니더라도 지속 성취기준에 해당하는 내용도 학습지에 넣었습니다. 특히 '주제의 목표, 성취기준, 평가 계획, 평가 요소' 등이 하나로 이어질 수 있도록 일관성을 가지고 교육과정을 계획하였습니다.

내가 바로 BTS! Be Together to Save!
코로나19 위기 속 우리 마을을 함께 구하자! 중3
보편적 학습 설계(UDL) 기반 학생 주도 프로젝트

영어 교육은 학생들이 영어 의사소통능력을 갖추고 세계인과 소통하도록 하는 것이 가장 주된 목표이며, 이를 위해 학생이 영어에 대한 흥미와 관심을 갖고 이를 바탕으로 자기 주도적인 영어 학습을 지속할 수 있도록 도와야 한다. 더불어 타인에 대한 배려와 관용, 대인 관계 능력은 2015 개정 교육과정이 추구하고 있는 주요 역량이다.

이에 따라 중학교 영어는 학생이 친숙하고 일반적인 주제에 관한 기본적인 영어를 이해하고 표현하는 능력을 갖추게 하는 것을 목표로 한다. 영어 학습에 대한 흥미와 관심을 가지고 일상적인 영어 사용에 자신감을 가지게 하며, 친숙한 일상생활 주제에 관하여 영어로 기본적인 의사소통을 할 수 있도록 함을 목표로 하고 있다.[15]

학생의 자발적인 참여와 적극적인 배움을 유도하고, 실생활에서의 유의미하고 자연스러운 언어 사용으로 재미를 더하여, 전반적인 영어 의사소통 능력을 향상시키고 자신감을 키워 주고자 코로나19를 주제로 한 프로젝트 수업을 계획하였다. 이를 위해 다음과 같은 단계를 거쳐 교사 교육과정을 실천하였다.

1. 교육과정 계획하기

교육과정 계획하기(CP: Curriculum Planning)

Step 1	주제(Unit) 만들기
Step 2	성취기준 재구조화하기
Step 3	수행 과제 및 평가 계획하기
Step 4	교육과정 계획 틀 만들기

Step 1 주제(Unit) 만들기

'교사가 곧 교육과정'임을 상기하며 주제를 선정할 때 텍스트(text)에서 벗어나 콘텍스트(context)로 확장하였다. 즉, 교과서 중심의 진도 나가기에 급급한 수업이 아니라 실생활과 밀접한 주제들을 선정하여 학생들의 삶과 수업을 연계하였다. 코로나19 팬데믹 상황이 계속 이

---

15 교육부. 영어과 교육과정

어지면서 우리는 매일의 일상 속에서 여러 가지 어려움을 겪고 있다. 이에 코로나19라는 실생활을 주제로 학생의 삶과 연계하여 실제 맥락 속에서 학생들이 유의미한 경험을 할 수 있도록 교사와 학생이 함께 만들어 가는 맞춤형 교육과정으로 재구성하고 학생 주도 프로젝트 활동을 실행하였다. 학생들이 지역·국가·세계 공동체의 구성원으로서 코로나19로 인한 위기 상황에 관심을 갖게 하고 우리 마을이 당면하고 있는 문제점 - 환경, 경제, 인권, 문화, 평화 등 - 과 그 원인을 스스로 찾아 분석한 후, 해결 방안을 모색하는 등 학생이 스스로 기획하고 실행하는 학생 주도성 프로젝트 활동을 계획하였다. 이를 통해 학생들은 배움의 주체로서 행복한 배움을 경험하고 협력·창의·자율·생태·도전의 가치를 구현하며 민주 시민으로 성장할 수 있게 된다.

더불어, 학생의 흥미와 관심, 수준 등 학생의 특성과 학부모의 요구, 학교가 처한 특수한 상황 등을 명확하게 이해한다면 이를 반영한 주제를 선정하고 수업 목표를 도출하는 데 큰 도움이 된다. 이를 위해 학생, 학부모, 교사, 지역 사회 등의 요인을 중심으로 SWOT 분석을 하여 다음과 같이 수업 목표를 설정하였다.

강점(S)	약점(W)
유네스코 학교 및 에코–그린스쿨 실천으로 환경 및 경제 문제 등에 대한 사전 교육 경험	높은 에너지 소비 및 환경보호의 실천 부족 등 공동체 문제에 대한 인식 부족
기회(O)	위협(T)
고로니19로 인한 문제점 및 위기에 대한 전 지구적 관심 증대	고로니19로 인한 대면 수업 제한으로 온라인 모둠 활동에서의 학생 참여 저조 우려

교육 공동체 및 마을의 일원으로서 코로나19로 인한 우리 마을의 문제점을 스스로 찾아내고 이를 해결하기 위한 협력 활동에 도전하며 민주 시민으로 성장할 수 있는 기회 제공

성취기준 재구조화를 통해 2개 이상의 성취기준을 통합하여 다양한 학습을 연계하되, 학습량을 적정화하고 듣기, 말하기, 읽기, 쓰기의 4가지 기능이 균형적으로 통합되도록 하였다. 또한, 온-오프라인 연계 수업에서 탄력적으로 적용할 수 있도록 학습 내용을 압축 또는 재조정하기도 하였다.

성취기준 재구조화는 교육과정 성취기준을 실제 수업이나 평가의 상황에서 준거로 사용하기에 적합하도록 재구성하는 것을 의미한다. 이때, 성취기준의 내용 요소 일부가 임의로 삭제되지 않도록 유의해야 하며, 일부 내용 요소를 추가해야 하는 경우에는 학생의 학습 및 평가 부담이 가중되지 않도록 학년(군), 학교급 및 교과(군) 간의 연계성을 충분히 고려해야 한다. 이를 바탕으로 이해 기능과 표현 기능, 또는 소재의 범주 및 난이도 등을 다음과 같이 통합하였다.

성취기준	[9영01-02] 일상생활 관련 대상이나 친숙한 일반적 주제에 관한 말이나 대화를 듣고 세부 정보를 파악할 수 있다.
	[9영01-04] 일상생활이나 친숙한 일반적 주제에 관한 말이나 대화를 듣고 줄거리, 주제, 요지를 파악할 수 있다.
	[9영02-02] 일상생활에 관한 자신의 의견이나 감정을 표현할 수 있다.
	[9영02-08] 개인 생활에 관한 경험이나 계획에 대해 묻거나 답할 수 있다.
	[9영03-02] 일상생활이나 친숙한 일반적 대상이나 주제에 관한 글을 읽고 세부 정보를 파악할 수 있다.
	[9영03-04] 일상생활이나 친숙한 일반적 주제의 글을 읽고 줄거리, 주제, 요지를 파악할 수 있다.
	[9영03-08] 일상생활이나 친숙한 일반적 주제의 글을 읽고 일이나 사건의 원인과 결과를 추론할 수 있다.
	[9영04-02] 일상생활에 관한 자신의 의견이나 감정을 표현하는 문장을 쓸 수 있다.
	[9영04-05] 자신이나 주변 사람, 일상생활에 관해 짧고 간단한 글을 쓸 수 있다.

입력의 유형 및 수준의 내용을 통합한 사례

성취기준	[9영01-04] 일상생활이나 친숙한 일반적 주제에 관한 말이나 대화를 듣고 줄거리, 주제, 요지를 파악할 수 있다. [9영03-04] 일상생활이나 친숙한 일반적 주제의 글을 읽고 줄거리, 주제, 요지를 파악할 수 있다.

⇓

통합	통합[9영01-04/03-04] 일상생활이나 친숙한 일반적 주제에 관한 말이나 대화를 듣거나 글을 읽고 줄거리, 주제, 요지를 파악할 수 있다.

출력의 유형 및 수준의 내용을 통합한 사례

성취기준	[9영02-02] 일상생활에 관한 자신의 의견이나 감정을 표현할 수 있다. [9영04-02] 일상생활에 관한 자신의 의견이나 감정을 표현하는 문장을 쓸 수 있다.

⇓

통합	통합[9영02-02/04-02] 일상생활에 관한 자신의 의견이나 감정을 말로 표현하고 이를 문장으로 쓸 수 있다.

코로나19로 인해 발생한 문제점 및 원인 등을 분석하여 해결 방안을 모색하는 프로젝트 활동의 목표 도달을 확인하기 위한 세부 수행 과제는 다음과 같다.

목표(G)	코로나19로 인해 우리 지역 · 국가 · 세계에서 발생한 문제점 및 원인 등을 분석하여 공유하고 해결 방안을 함께 모색한다.		
역할(R)	패널 및 발표자		
청중(A)	교내 및 해외 학교 친구들		
상황(S)	해외 학교 친구들과의 토의 · 토론 및 발표		
결과물(P)	학생 개별적으로 선택한 다양한 형태의 결과물		
	결과물 형태	예시	
	쓰기	보고서, 전기, 팸플릿, 설명문, 논설문, 에세이, 광고, 실험 기록, 실험 보고서, 편지, 저널, 일지, 잡지기사, 신문기사, 메모, 시, 제안서	
	말하기	녹음 자료, 대화, 토론, 논의, 낭독, 각색, 인터뷰, 인형극, 랩, 역할극, 노래, 연설	
	시각 자료	광고 영상, 만화, 콜라주, 자료 전시, 그림, 동영상, 다이어그램, 디오라마, 그래프, 포스터, 스크랩북, 지도, 모형, 사진, 설문지, PPT, 스토리보드, 조각물	
준거(S)	• 신문기사를 통해 육하원칙에 따른 사실 내용 이해하기 • 코로나19로 인해 발생한 문제점 및 원인 분석하기 • 코로나19 문제를 해결하기 위한 방안 및 자신의 생각과 의견 제시하기		

이에 따른 평가 계획은 다음과 같다.

평가 유형	지필 평가 (40%)	수행 평가 (60%)			
평가 영역	1차 지필 평가	프로젝트	서술형 평가	논술형 평가	포트폴리오
반영 비율	선택형 100점(40%)	20점 (20%)	10점 (10%)	20점 (20%)	10점 (10%)

평가
요소
	• 글의 요지 찾아내기
	• 글의 흐름 파악하기
	• 어법상 정확한 영어
	  문장 완성하기
		• 주제 선정 및 주제
		  관련 브레인스토밍
		
		• 프로젝트 계획의
		  타당도
		• 조사 내용의 적합
		  성 및 타당성
		
		• 조사 내용의 분석
		  및 정리
		• 제안 내용의 완성
		  도 및 창의성
		
		• 모둠 기여도 및 상
		  호 피드백
			• 글을 읽고 글
			  의 요지 및 세
			  부 내용을 영
			  어로 작성하기
				• 영어로 된 글
				  을 읽고 학습
				  내용을 재구성
				  하여 자신의
				  말로 요약하기
				
				• 글에 대한 자
				  신의 생각과
				  느낌 작성하기
					• 학습 목표를
					  달성해 가는
					  과정 또는 학
					  습목표를 달
					  성했다는 것
					  을 보여 주기
					  위한 학습 활
					  동지 일체

평가 시기	4월 5주 7월 1주	상시	5월 2~3주	6월 1~2주	상시

교육과정 계획 틀 만들기

중학교 3학년을 대상으로 한 본교의 영어 수업은 4단위인데, 학생의 다양한 학습 경험을 제공하기 위해 3+1단위 체제로 재구성하여 운영하였다. 이 중 1단위의 수업 시간을 프로젝트 수업 활동으로 배분하여 총 17차시에 걸쳐 다음과 같이 실시하였다.

월	주	기간	시수	단계	학습 내용 및 주요 활동	성취기준	핵심 역량
3	1	2~5	1	준비	코로나19 관련 개인 경험 공유	[9영01-03] 일상생활이나 친숙한 일반적 주제에 관한 그림, 사진, 또는 도표에 관한 말이나 대화를 듣고 세부 정보를 파악할 수 있다.	영어 의사소통 역량 지식 정보 처리 역량 자기 관리 역량 공동체 역량
	2	8~12	1		코로나19 관련 문제의 이해	통합[9영01-08/9영03-08] 일상생활이나 친숙한 일반적 주제에 관한 말이나 대화를 듣거나 글을 읽고 일이나 사건의 원인과 결과를 추론할 수 있다.	
	3	15~19	1		마을의 실태 조사 및 인터뷰	[9영01-02] 일상생활 관련 대상이나 친숙한 일반적 주제에 관한 말이나 대화를 듣고 세부 정보를 파악할 수 있다.	
	4	22~26	1		인터뷰 내용 발표 및 공유	[9영02-01] 주변의 사람, 사물, 또는 장소를 묘사할 수 있다.	
4	5	29~2	1	기획	코로나19 관련 모둠별 주제 선정 및 탐구 질문 만들기	[9영02-02] 일상생활에 관한 자신의 의견이나 감정을 표현할 수 있다.	
	6	5~9	1		팀 빌딩 및 역할 배분, 모둠별 프로젝트 계획서 작성	[9영04-04] 개인 생활의 경험이나 계획에 대해 문장을 쓸 수 있다.	
	7	12~16	1		코로나19 관련 뉴스 동영상 시청 및 내용 학습	통합[9영01-04/9영03-04] 일상생활이나 친숙한 일반적 주제에 관한 말이나 대화를 듣거나 글을 읽고 줄거리, 주제, 요지를 파악할 수 있다.	
	8	19~23	1		코로나19 관련 영어 어휘 학습 및 실생활 적용	통합[9영02-03/9영04-03] 일상생활에 관한 그림, 사진, 또는 도표에 대해 말이나 문장으로 설명할 수 있다.	
	9	26~30			1차 지필 평가		
	10	3~7			체육대회		
5	11	10~14	1	실천	코로나19 영어 신문기사 검색 및 요지 파악	[9영03-04] 일상생활이나 친숙한 일반적 주제의 글을 읽고 줄거리, 주제, 요지를 파악할 수 있다.	
	12	17~21	1		코로나19 영어 신문기사의 육하원칙에 따른 세부내용 이해	[9영03-02] 일상생활이나 친숙한 일반적 대상이나 주제에 관한 글을 읽고 세부 정보를 파악할 수 있다.	
	13	24~28	1		코로나19 영자신문 기사 내용에 대한 자신의 느낌과 의견 표현	통합[9영02-02/9영04-02] 일상생활에 관한 자신의 의견이나 감정을 말로 표현하고 이를 문장으로 쓸 수 있다.	
6	14	31~4	1		코로나19 영어 신문기사 활동 내용 공유	[9영02-06] 주변의 사람, 사물에 대해 묻거나 답할 수 있다.	
	15	7~11	1		코로나19 관련 문제 해결을 위한 캠페인 활동 자료 제작	통합[9영02-05/9영04-05] 자신이나 주변 사람, 일상생활을 말이나 글로 소개할 수 있다.	
	16	14~18	1				
	17	21~25	1		교내외 감염병 예방 및 안전교육을 위한 캠페인 활동	[9영02-04] 일상생활에 관한 방법과 절차에 대해 설명할 수 있다.	
	18	28~2			2차 지필 평가		
7	19	5~9	1	성찰	프로젝트 결과물 발표 및 성찰	통합[9영02-08/9영04-04] 개인 생활에 관한 경험이나 계획에 대해 묻거나 답할 수 있으며 이를 문장으로 표현할 수 있다.	
	20	12~16	1				

2. 수업 만들기

수업 만들기(CM: Curriculum Making)
Step 5 수업 계획 틀 만들기
Step 6 차시별 수업 구상하기
Step 7 과정 중심 평가 실천하기

Step 5 수업 계획 틀 만들기

학생이 제기한 질문을 출발점으로 프로젝트 활동 전반의 과정을 자기 주도적으로 기획하여 문제점을 분석하고 이를 해결하기 위해 학교 안팎에서 필요한 것을 스스로 찾고, 학생 간 협력하는 과정에서 배움이 일어나며 교사는 학생을 조력·안내한다. 학생 개개인의 차이를 존중하고 개별화된 배움을 보장하기 위해 보편적 학습 설계 원리를 적용하여 학생의 수준과 관심, 흥미에 맞는 주제 선택, 이해 가능한 수준의 기사문 활동, 선호하는 학습 스타일에 따라 결과물 제작 등을 모두 허용한다.

온-오프라인의 블렌디드 러닝을 활성화하기 위해 이전 차시의 원격 수업 내용을 등교 수업 시 연계하고 학생들에게 학습지 및 활동지를 제공하였다. 실시간 쌍방향 수업을 기반으로 다양한 에듀테크를 활용함으로써 교사-학생 간, 학생-학생 간 상호 작용 및 소통의 기회를 최대한 보장하고 이를 교사의 관찰에 근거하여 평가 및 기록까지 연계하였다.

중학교 영어 교과의 영역별 핵심 개념과 성취기준에 근거하여 다음과 같이 수업을 계획하였다.

주제	코로나19로 인해 어려움을 겪고 있는 우리 마을을 함께 구하자! – 환경, 경제, 인권, 문화, 평화 등 학생의 관심에 따른 세부 주제 영역 선택 –				
학교급	중학교	학년	3	교과	영어
운영 시기	3월 ~ 7월 (주당 1시간 프로젝트 활동, 총 15차시)				
성취기준	[9영01-02] 일상생활 관련 대상이나 친숙한 일반적 주제에 관한 말이나 대화를 듣고 세부 정보를 파악할 수 있다. [9영01-04] 일상생활이나 친숙한 일반적 주제에 관한 말이나 대화를 듣고 줄거리, 주제, 요지를 파악할 수 있다. [9영02-02] 일상생활에 관한 자신의 의견이나 감정을 표현할 수 있다. [9영02-08] 개인 생활에 관한 경험이나 계획에 대해 묻거나 답할 수 있다. [9영03-02] 일상생활이나 친숙한 일반적 대상이나 주제에 관한 글을 읽고 세부 정보를 파악할 수 있다. [9영03-04] 일상생활이나 친숙한 일반적 주제의 글을 읽고 줄거리, 주제, 요지를 파악할 수 있다. [9영03-08] 일상생활이나 친숙한 일반적 주제의 글을 읽고 일이나 사건의 원인과 결과를 추론할 수 있다. [9영04-02] 일상생활에 관한 자신의 의견이나 감정을 표현하는 문장을 쓸 수 있다. [9영04-05] 자신이나 주변 사람, 일상생활에 관해 짧고 간단한 글을 쓸 수 있다.				
교과 역량	영어 의사소통 역량, 지식 정보 처리 역량, 자기 관리 역량, 공동체 역량				

단계	구분	차시	학습 요소	교수·학습 방법 및 에듀테크

UDL(보편적 학습 설계) 원리를 적용한

단계	구분	차시	학습 요소	교수·학습 방법 및 에듀테크
준비	원격 수업	1	▶코로나19 관련 문제의 심각성 및 실태 파악, 개인 경험 나누기	▶실시간 쌍방향 ▶구글 드라이브
		2	▶마을의 실태 조사 및 문제의식 고취	▶실시간 쌍방향 ▶비주얼 씽킹
기획	등교 수업	3	▶코로나19 관련 모둠별 주제 선정 및 탐구 질문 만들기	▶토의·토론 ▶Padlet
		4	▶팀 빌딩 및 역할 배분, 모둠별 프로젝트 계획서 작성	▶토의·토론 ▶SAW기법 활용
실천	원격 수업	5	▶코로나19 관련 영어 어휘 학습 및 실생활 적용	▶실시간 쌍방향 ▶Quizlet
		6	▶코로나19 영자신문 기사 검색 및 요지 파악	▶실시간 쌍방향 ▶라이브 워크시트
	등교 수업	7	▶코로나19 영자신문 기사의 육하원칙에 따른 세부 내용 이해	▶토의·토론 ▶네이버폼
		8	▶코로나19 영자신문 기사 내용에 대한 자신의 느낌과 의견 표현	▶토의·토론 ▶Padlet
	원격 수업	9	▶코로나19 관련 문제 해결을 위한 캠페인 활동 자료 제작	▶실시간 쌍방향 ▶miricanvas
나눔		10	▶프로젝트 결과물 발표	▶실시간 쌍방향

수업 및 평가의 설계

수행 과제	평가 방법	UDL 원리
▶코로나19 관련 영상을 보고 주제 파악 및 세부 내용 묻고 답하기	▶포트폴리오	Ⅲ. 다양한 방식의 참여의 원칙
▶가족, 친구, 마을 주민과의 인터뷰 및 성찰 일지 작성	▶자기 평가 ▶동료 평가	Ⅲ. 다양한 방식의 참여의 원칙
▶모둠별 주제 관련 브레인스토밍, 주제망 그리기	▶자기 평가 ▶동료 평가	Ⅲ. 다양한 방식의 참여의 원칙
▶SAW 기법에 따른 자기 역할 만들기, 프로젝트 계획서 작성	▶자기 평가 ▶동료 평가	Ⅲ. 다양한 방식의 참여의 원칙
▶코로나19 증상 및 예방 수칙 관련 어휘 활용 자신의 실생활에 적용한 문장 만들기	▶포트폴리오 ▶논술형 평가	Ⅰ. 다양한 방식의 표상의 원칙
▶ 신문기사의 주제 파악 및 요지 쓰기	▶서술형 평가	Ⅰ. 다양한 방식의 표상의 원칙
▶신문기사의 세부 내용 관련 이해 확인을 위한 질문을 만들어 묻고 답하기	▶서술형 평가 ▶토의·토론	Ⅰ. 다양한 방식의 표상의 원칙
▶코로나 19로 인한 지역 사회의 문제점, 기사문을 통해 느낀 점, 해결 방안에 대한 자신의 생각과 의견 쓰기	▶논술형 평가	Ⅰ. 다양한 방식의 표상의 원칙
▶학습 스타일에 따라 다양한 형태의 결과물 유형 선택, 제작	▶포트폴리오	Ⅱ. 다양한 방식의 행동·표현의 원칙
▶일련의 프로젝트 수행 과정 및 결과물 내용 모둠별 발표	▶ 구술·발표	Ⅱ. 다양한 방식의 행동·표현의 원칙

이때, 모든 학생의 배움과 성장을 위한 보편적 학습 설계(UDL) 원리를 적용하였다. 조윤정 외(2021)에 따르면, 보편적 학습 설계(UDL)란 모든 학생들에게 학습의 장애를 제거하여 출발선에서부터 모든 학습자의 요구를 충족시킬 수 있도록 교육과정과 수업을 설계하는 것으로 정의할 수 있다.[16] 보편적 학습 설계(UDL)의 3가지 원리는 다음과 같이 구분될 수 있으나 실제 학습 과정에서는 통합적으로 작용한다.

Ⅰ. 다양한 방식의 표상의 원칙

Ⅱ. 다양한 방식의 행동·표현의 원칙

Ⅲ. 다양한 방식의 참여의 원칙

위 3가지 원리를 수업에 적용하여 학생이 스스로 선택한 코로나19 관련 소주제와 학습 수준에 따라 기사문을 자율적으로 검색하도록 하여 이해 가능한 수준의 기사문을 어렵지 않게 읽을 수 있도록 지도하였다. 보편적 학습 설계(UDL) 원리에 기반하여 자신의 수준과 관심, 흥미에 맞는 주제 선택, 이해 가능한 수준의 기사문 활동, 선호하는 학습 스타일에 따라 결과물 제작 등 학생 개별 맞춤형 프로젝트 활동을 실시하였다.

16 조윤정 외(2021). 학습 격차 해소를 위한 새로운 도전 보편적 학습 설계 수업

첫째, 표상의 원칙은 학습 내용(what)에 관한 것으로 다양한 방식의 표상 수단을 제공하는 것을 의미한다.

교사는 '어떻게 학습자들이 습득해야 할 지식을 이해하기 쉽게 제공할 것인가?'의 질문을 가지고 학생이 어떤 개념을 배울 때 자신에게 잘 맞는 방식으로 학습 내용을 선택하도록 하는 것이다.

다양한 방식의 표상 수단을 제공하기 위해 학생이 선택한 각 주제에 맞게 관련 영문 텍스트 및 기사를 스스로 검색하도록 하였다. 즉, 자신의 영어 수준에 따라 어렵지 않게 읽을 수 있는 이해 가능한 수준(i+1수준)의 자료를 자율적으로 선택할 수 있도록 허용하여 활동에 어려움이 없도록 하였다. 예를 들어, 교과서의 본문을 활용할 수도 있고, 중학생 수준에 맞는 The Teen Times 또는 NE Times를 활용할 수 있으며, 소수의 우수한 학생은 The Korea Times 또는 The Korea Herald 등의 기사문을 스스로 선택하기도 하였다.

학생 주도 프로젝트 수업 활동을 위해 가장 중요한 것은 주제에 적합한 탐구 질문을 학생 스스로 만드는 것이다. 학생 본인이 탐구하고 싶은 내용을 스스로 규정짓고 인지해야 프로젝트 활동의 목적과 방향을 정확히 알고 활동을 이어나갈 수 있기 때문이다. 탐구 질문은 실생활 문제 해결, 디자인 챌린지, 조사 연구, 쟁점에 대한 입장 등 4가지 유형으로 구분할 수 있으며, 코로나19를 주제로 한 학생들이 직접 제시한 탐구 질문은 다음과 같다.

유형	탐구 질문 예시
실생활 문제 해결	• 우리 지역에 늘어나고 있는 일회용품 및 플라스틱 쓰레기를 어떻게 줄일 것인가? • 코로나19 확산을 막기 위해 우리 학교에 어떤 방역 제도를 마련해야 할까?
디자인 챌린지	• 코로나19로부터 안전한 학교를 만들기 위해서 학교와 교실에는 무엇이 필요할까? • Youtube 온라인 발표회를 어떻게 기획하고 실행할까?
조사 연구	• 코로나19 백신은 안전한가? • 코로나19와 같은 바이러스는 왜 생겨나는 것일까?
쟁점에 대한 입장	• 코로나19 백신 접종을 더 강화해야 하는가, 아니면 개인의 선택에 맡겨 둘 것인가?

둘째, 표현의 원칙은 학습하는 방법(How)에 관한 것으로, 다양한 방식의 행동과 표현 수단을 제공하는 것을 의미한다.

교사는 '어떻게 모든 학습자들이 자신이 알고 있는 것을 가장 잘 표현하도록 할 것인가?'의 질문을 가지고 접근할 필요가 있다. 학생이 학습 과제를 대하는 방식과 자신이 이해한 것을 표현하는 방식은 각 개인마다 다를 수 있다. 일반적으로 교사는 학생들에게 학습한 내용을 표현할 때 글로 쓰거나 구술로 발표할 것을 요구하게 되는데, 영상이나 그림, 만화 등과 같이 행동과 표현에 관해 학생들에게 다양한 선택권을 제공해야 한다.

학생의 다중지능을 고려하여 쓰기, 말하기, 시각 자료 등 다양한 결과물의 형태 예시를 제공하고 모둠별로 자유롭게 선택하도록 하였다.

결과물 형태	예시
쓰기	광고, 전기, 보고서, 팸플릿, 설명문, 논설문, 에세이, 실험 기록, 연구 보고서, 실험 보고서, 편지, 저널, 일지, 잡지기사, 신문기사, 메모, 시, 제안서
말하기	녹음 자료, 대화, 토론, 논의, 낭독, 각색, 인터뷰, 인형극, 랩, 역할극, 노래, 연설
시각 자료	광고 영상, 만화, 콜라주, 자료 전시, 그림, 다이어그램, 동영상, 디오라마, 그래프, 포스터, 스크랩북, 지도, 모형, 사진, 설문지, PPT, 스토리보드, 조각물

셋째, 참여의 원칙은 학습하는 이유(Why)에 관한 것으로 다양한 방식의 참여 수단을 제공하는 것을 의미한다.

교사는 '어떻게 모든 학습자들이 수업에 참여하도록 할 것인가?'의 질문을 가지고 학생들에게 학습 동기를 유발하고 이를 지속시키기 위한 다양한 선택권을 제공해야 한다. 학생들은 자신이 배우고 싶은 것을 선택할 때 책임감을 느끼고 열심히 학습하게 된다.

코로나19로 발생한 지역 사회의 문제점에 대해 브레인스토밍한 후, 자신이 원하는 자유 주제를 선택하도록 하였다. 교사가 아래 5가지의 잠정 주제들을 제시해 주고 학생이 이들 중에서 선택하거나 마음에 드는 주제가 없을 경우 학생 스스로 자유롭게 제시할 수 있도록 하였다. 이후 원하는 주제가 같은 학생들끼리 모이게 하여 자연스럽게 모둠을 구성하도록 하였다. 관심과 흥미 분야가 유사한 학생들끼리 모둠을 구성하다 보니 활동 과정 내내 높은 참여 동기와 학습 의욕을 보이는 이점이 있었다.

모둠은 1~4인 구성이 가능함을 미리 공지하여 모둠 구성 시 소외되는 학생들이 심리적 부담없이 자연스럽게 개별 활동을 할 수 있도록 하였다. 더불어 동일 주제 선택군끼리 모둠을 구성함으로써 동일 관심사를 가진 학생들끼리 모여 공감대 형성 및 자발적 협력이 증대될 수 있도록 하였다. 최종 결과물에 대한 발표는 모든 구성원들이 참여해야 함을 미리 공지했더니 무임승차하는 아이들이 거의 없었다. 학생들은 교사가 제시한 역할 외에 스스로 역할을 분담하고, 꾸준한 학습 대화를 나누며 갈등을 해결해 가면서 자기 주도적으로 활동을 이끄는 모습이 보였다.

학생들의 출발점이 모두 다르기 때문에 도달점을 교사가 정해 주지 않고 모둠별 프로젝트 계획에 따라 각기 다른 목표를 정하도록 하였다. 프로젝트를 계획하고 실행하는 전 과정을 학습자들이 스스로 할 수 있도록 프로젝트 계획서를 포함한 단계별 학습지를 제공하여 학습 계획을 세울 수 있도록 하였다. 모둠별 프로젝트 계획서는 활동이 진행되는 매 차시마다 자기 평가 및 동료 평가를 한 후, 교사가 피드백을 주며 확인하고 함께 조정해 나갔다. 또한 단계별 활동 자료를 제공함으로써 학생의 학습에 대한 책임감이 생기고 학생 상호 간의 피드백이 활성화될 수 있었다.

Step 6 차시별 수업 구상하기

코로나19라는 주제에 대해 학생들이 쉽게 접근하도록 하기 위해 우리 지역의 문제점을 살펴보기 전에 학생 개개인이 겪은 일상생활에서의 불편함부터 시작하였다. 학생들은 자신의 개인적인 경험을 떠올리며 그림으로 자유롭게 표현하도록 하였다. 그런 다음 비유할 때 사용하는 언어 형식인 'A is like B because C'를 제시하여 자신의 그림을 영어로 표현하도록 하였다. 코로나19로 인해 겪은 불편함을 친구들과 함께 공유하며 공감하는 시간을 가졌다.

자신과 친구들이 겪은 불편함을 서로 공유하고 나니 비슷한 경험과 감정을 가지고 있음을 알게 되었다. 이로써 자신의 가족들과 쉽게 만날 수 없었던 친지들, 마을 주민들의 생각도 자연스럽게 궁금해하기 시작했다. 교실 밖 다른 이들의 생각을 좀 더 알아보기 위해 다음과 같은 인터뷰 질문을 만들고 각자 원하는 대상을 선택하여 인터뷰를 실시한 후, 인증샷과 함께 인터뷰 내용을 공유했다.

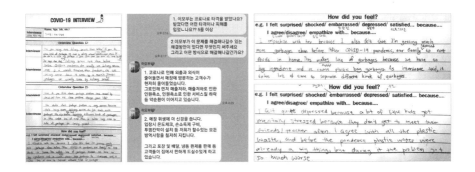

다음으로, 학생들은 공유 플랫폼을 활용하여 각자 코로나19 관련 관심이 있는 소주제 – 환경, 경제, 인권, 교육, 방역 등 – 를 선정하였다. 관심 주제가 동일한 학생들끼리 2~4인 기준으로 모둠을 구성하였다. 주제망 그리기 활동을 통해 모둠원들끼리 모여 소주제에 대해 브레인스토밍하였다.

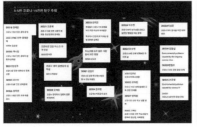
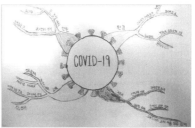

학생 주도 프로젝트를 실행하기 위해 필요한 탐구 질문을 모둠별로 각자 원하는 유형으로 만들어 프로젝트를 계획하도록 하였다.

유형	학생 질문 예시
실생활 문제 해결	to find out the problems, causes, and solution of enviornment and corona virus.
디자인 챌린지	★ Research Question : what could we learn from the coronavirus outbreak? How can we prepare for other infectious diseases in the future.
조사 연구	I want to study about the effects that were given to the economy by Covid-19 and its cause and how to figure it out.
추상적인 질문 탐구	what is solution and main cause of increasing unemployment rate and how many peoples are
쟁점에 대한 입장	Medical service, Due to the surge of coronavirus cases, medical staffs feel exhausted. I will find the basic reason of this problem and solutions for this problem

모둠별 프로젝트 활동을 원활히 하기 위해 협업을 위한 팀 빌딩 활동을 하고 개인별 역할을 자유롭게 배분하도록 하였다.

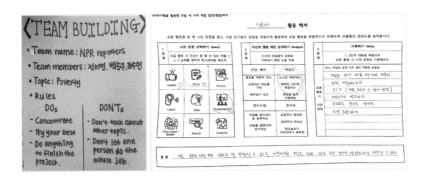

17차시에 걸쳐 이어지는 장기 프로젝트이기 때문에 학생 주도성이 매우 요구된다. 이를 위해 학생 스스로 자신의 학습 과정을 성찰하고 다음 차시에 대한 준비를 할 수 있도록 다음과 같은 프로젝트 계획서 및 성찰 일지를 매 차시 끝 무렵에 작성하도록 하였다.

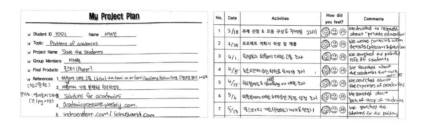

유튜브 및 Quizlet을 활용하여 코로나19 관련 영어 어휘를 학습한 후, 학습한 어휘를 자신의 실생활에 실제로 적용하여 문장을 완성하도록 하였다.

이제 학생들은 모둠별로 선정한 소주제의 영자신문을 검색한다. 이때, 자신의 수준을 고려하여 기사문을 자유롭게 선택할 수 있다. 기사문을 읽고 문제점을 인식하며 프로젝트 활동을 위한 자료를 수집하고 모둠별로 공유한다. 네○○폼을 활용하여 각자 이해한 내용을 정리하여 제출하도록 하였다.

활동과제1 > 본인이 찾은 신문기사 또는 뉴스 영상의 인터넷 주소를 복사하여 아래에 붙이시오.	활동과제2 > 본인이 찾은 신문기사 또는 뉴스 영상의 주제를 1~2문장으로 간단히 자신의 말로 요약하여 영어로 쓰세요.	활동과제 3 > 본인이 찾은 신문기사 또는 뉴스 영상을 보면서 새로 알게 된 가장 인상 깊었던 사실 한 가지를 골라 자신의 말로 바꾸어 영어로 쓰세요.	의 신문기사 또는 뉴스 영상을 친구들과 공유할 계획입니다 친구들이 여러분의 기사문을 읽고 잘 이해하는지 확인하기 위해 몇 가지 질문을 할 것예요. 기사문의 주요 내용을 골라 Wh-Question (Who, What, When, Where, How, Why) 의 문사를 활용하여 각각 3개의 질문을 만들고 그에 대한 답을 완전한 문장으로 쓰세요.	활동과제 4-1 > 첫번째 질문에 대한 답변을 완전한 영어문장으로 쓰세요.
https://www.koreatimes.co.kr/www/nation/2020/05/119_289386.html	the cluster infection happened in Itaewon club , and 27 people increased for covid-19	I learned that cluster infection is so dangerous , so we must be careful for them	how many people infected by covid-19 until 5/12?	10936 of people infected covid-19.
https://www.koreatimes.co.kr/www/nation/2020/05/119_289386.html	South Korea got 27 more cases of the corona virus because of a cluster infection linked to clubs and bars in Seoul as a large number of potential cases are still out of contact and related confirmed cases have been reported in many cities.	I learned that more than 1,500 people have visited those places during the time with the virus patient.	How many people were on the place where the virus patient was in?	More than 1500 people were in the place.
https://www.koreatimes.co.kr/www/nation/2020/05/119_289354.html	Nation's total infections has become 10,909. Among the new 35 infections , 29 were linked to the Itaewon clubs.	I was impressed by that of the 86 patients, 63 visited the clubs, and 23 others were either their family members or acquaintances.	When was 14 more COVID-19 infections linked to the clubs confirmed ?	It was confirmed in 12 pm
https://koreajoongangdaily.joins.com/2020/05/11/socialAffairs/virus-coronavirus-covid19/20200511194400404.html	The people who went to Itaewon club avoid the medical treatment.	I learned that people went to Itaewon club and were taken Covid19 and then they avoid the medical treatment because they are	Why they avoid the medical treatment?	Because they are afraid of criticism by people.

학생들은 발표를 위한 결과물을 다음과 같이 각자 원하는 유형을
선택하여 다양한 형태로 만들었다.

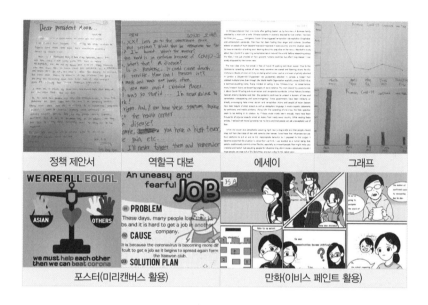

정책 제안서 / 역할극 대본 / 에세이 / 그래프

포스터(미리캔버스 활용) / 만화(이비스 페인트 활용)

1분 스피치 / PPT

UCC 동영상 / 코로나 모형 / 스크랩북

마지막으로, 학생들은 프로젝트의 수행 과정 및 결과물 내용을 담아 발표하였다. 발표를 수행하기 전에 발표 계획서를 작성해 보고 모둠원들과 함께 연습할 기회를 가진 후에 학급 전체를 대상으로 Zoom을 활용하여 온라인 발표를 하였다.

발표 시, 동료 평가를 하도록 하여 학생들이 발표를 경청하도록 유도하고, 평가자 및 피평가자에 대한 평가 내용을 정의적 영역에 대한 평가로서 과목별 세부 능력 및 특기 사항에 기록하였다.

Step 7 과정 중심 평가 실천하기

코로나19를 주제로 한 프로젝트 수업 활동 내용은 지필 평가(40%)

와 수행 평가(60%) 및 '과목별 세부 능력 및 특기 사항' 기록으로 연계되었다. 그중 지필 평가는 다음과 같이 빈칸 추론 유형과 내용 일치·불일치 유형으로 출제되었다.

지필 평가 예시

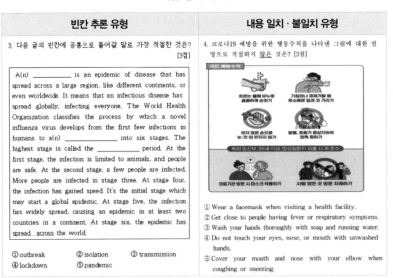

빈칸 추론 유형	내용 일치·불일치 유형
3. 다음 글의 빈칸에 공통으로 들어갈 말로 가장 적절한 것은? [3점] A(n) _____ is an epidemic of disease that has spread across a large region, like different continents, or even worldwide. It means that an infectious disease has spread globally, infecting everyone. The World Health Organization classifies the process by which a novel influenza virus develops from the first few infections in humans to a(n) _____ into six stages. The highest stage is called the _____ period. At the first stage, the infection is limited to animals, and people are safe. At the second stage, a few people are infected. More people are infected in stage three. At stage four, the infection has gained speed. It's the initial stage which may start a global epidemic. At stage five, the infection has widely spread, causing an epidemic in at least two countries in a continent. At stage six, the epidemic has spread across the world. ① outbreak ② isolation ③ transmission ④ lockdown ⑤ pandemic	4. 코로나19 예방을 위한 행동수칙을 나타낸 그림에 대한 설명으로 적절하지 <u>않은</u> 것은? [3점] ① Wear a facemask when visiting a health facility. ② Get close to people having fever or respiratory symptoms. ③ Wash your hands thoroughly with soap and running water. ④ Do not touch your eyes, nose, or mouth with unwashed hands. ⑤ Cover your mouth and nose with your elbow when coughing or sneezing.

또한, 수행 평가(60%) 중 서·논술형 평가(30%)를 다음과 같이 출제하여 수업 중 관찰한 개별 학생의 특성을 간단히 메모한 후, 학생 개별 피드백을 구두·서면 등으로 제공하여 학생의 지속적인 배움과 성장을 이끌었다.

다음은 코로나19 예방을 위한 행동수칙이다. 제시된 그림과 우리말 설명을 바탕으로 빈칸을 채워 그림의 행동수칙을 영어로 완성하시오.(①~④ 문항별 각 4점)

①

기침이나 재채기할 때 옷소매로 입과 코 가리기

Cover your mouth and nose with your elbow when _____.

②

흐르는 물에 비누로 꼼꼼하게 손씻기

_____ with soap and running water.

③

씻지 않은 손으로 눈·코·입 만지지 않기

Do not touch your eyes, nose, or mouth

④

발열, 호흡기 증상자와의 접촉 피하기

_____ with people having fever or respiratory symptoms.

＊respiratory 호흡의, 호흡 기관의

예시 답안

① when coughing or sneezing 또는 when you cough or sneeze
② Wash your hands thoroughly
③ with unwashed hands
④ Avoid coming in contact

채점 기준

평가 영역	평가 요소	배점	평가 척도
과제 완성 및 내용	조건에 맞는 내용으로 문장 완성	2점	제시된 그림과 그림에 대한 우리말 설명에 적합한 행동수칙을 영어로 완성함.
		1점	제시된 그림과 그림에 대한 우리말 설명에 해당하는 행동수칙을 부분적으로 완성함.
언어 사용	정확한 언어 형식과 적절한 어휘 사용	2점	적절한 어휘와 정확한 언어 형식을 활용하여 의미가 명확하게 전달됨.
		1점	그림과 관련한 기본 어휘를 사용하고 언어 형식에 약간의 오류가 있으나 의미 전달에 방해가 되지는 않음.

피드백 예시

	수업 중 관찰된 학생의 특성	학생 개별 피드백 예시
학생 1	위 평가 문항 1번에 대해 "Cover your mouth and nose with your elbow when cough or sneeze."로 작성함.	오류 수정을 할 때 학생이 표현한 문장의 내용과 의미를 잘 이해했는지 유창성에 대한 피드백을 먼저 준 후, 어휘 및 언어 형식 등 정확성에 대한 피드백을 나중에 주는 것이 학생이 위축되지 않고 영어를 구사할 수 있도록 하는 데 도움을 줄 수 있다. (예시) "그림에 나타난 코로나19 예방을 위한 행동수칙을 잘 이해했군요. 그런데 행위의 주체가 드러나지 않으니 '~when you cough or sneeze'로 수정하면 의미가 명료해지겠지요? 수정한 내용을 다시 한 번 써 볼까요?"
학생 2	위 평가 문항 4번에 대해 "Avoid to come in contact."로 작성함.	오류 수정 시 학생들이 이해하기 쉽도록 가급적 문법 용어를 사용하기보다 의미에 초점을 두어 오류 수정을 해 주는 것이 바람직하다. 즉, to부정사 또는 동명사 등의 문법 용어를 사용하기보다 '~하는 것을 피하다'와 '~하기 위해 피하다'로 의미 차이에 초점을 두어 설명해 주는 것이 학생의 입장에서는 이해하기 쉽다. (예시) "해당 방역수칙은 발열, 호흡기 증상자와 접촉하는 것을 피하라는 것이지요? Avoid to come in contact로 쓰면 '접촉하기 위해 피하라'는 의미가 됩니다. 따라서 Avoid coming in contact로 써야 적절합니다. 이제 올바른 표현으로 수정해 볼까요?"

논술형 평가 예시

자신이 검색한 코로나19 관련 영어 기사문을 읽고 다음 문항에 답하시오.

1. What did you learn while reading the articles?
   And how did you feel? What made you feel so?
2. What are the community problems caused by COVID-19?
3. What is the solution to the problems caused by COVID-19?

위의 문항들에 대하여 다음 <조건>에 맞게 논술하시오. [15점]

조건

다음의 표현들을 활용하여 일관성 있고 논리적인 한 개의 단락으로 작성하시오.
- I was impressed by...
- The problem is that...
- I suggest/ insist/ propose that... (should)...

예시 답안

1. What did you learn while reading the articles? And how did you feel? What made you feel so?

I learned that people are still going to big gatherings, such as Itaewon. About five thousand and five hundred people were known to have visited those places. I felt very disappointed by these people, because we all know the health authorities tell us that the corona virus is easily spread and vulnerable people such as heart disease and elderly people have a higher chance in passing away from the virus.

2. What are the community problems caused by COVID-19?

The problem is that many people don't wear masks, when they go outside. They aren't afraid of the virus, and aren't aware that they can spread it to other people. Another problem is that people are still going to large gatherings such as clubs in Itaewon. The virus can easily spread to families and friends. Elderly people have more difficulty in fighting off the virus, so many tragic cases are increasing.

3. What is the solution to the problems caused by COVID-19?

In order to solve the problem, I suggest that we should follow the rules that health authorities have given. South Korea have kept experiencing unexpected spikes in cases coming from entertainment facilities. We shouldn't go to unnecessary big gatherings. We should also wear a mask, wash our hands often, and care for other people. We need to be thankful that we aren't experiencing the worst situations.

채점 기준

채점 요소		배점	평가 척도
과제 완성 및 내용	조건에 맞는 내용으로 문장 완성	3점	세 가지 질문에 대해 조건에 부합하는 내용으로 완성함.
		2점	두 가지 질문에 대해 조건에 부합하는 내용으로 완성함.
		1점	한 가지 질문에 대해서만 조건에 부합하는 내용으로 완성함.
구성	일관성 있고 논리적인 구성 및 글의 흐름	3점	글의 흐름이 일관성 있고 논리적인 한 개의 단락으로 완성함.
		2점	부분적으로 글의 흐름이 일관되지 못하고 논리성이 부족하나 글의 구성이 자연스러움.
		1점	질문과 관련된 내용이긴 하나 글의 흐름이 일관되지 못함.
언어 사용	정확한 언어 형식과 적절한 어휘 사용	3점	조건에 주어진 표현을 포함하여 적절한 어휘와 정확한 언어 형식을 활용하여 의미가 명확하게 전달됨.
		2점	조건에 주어진 표현 및 어휘를 적절하게 사용하고 언어 형식에 약간의 오류가 있으나 의미 전달에 방해가 되지는 않음.
		1점	어휘 사용 및 언어 형식에 오류가 많아 의미 전달에 어려움이 있음.

피드백 예시

	수업 중 관찰된 학생의 특성	학생 개별 피드백 예시
학생 1	위 평가 문항 1번에 대해 "I felt disappointing because we all know~"로 작성한 문장이 보임.	오류 수정을 할 때 학생이 표현한 문장의 내용과 의미를 잘 이해했는지 유창성에 대한 피드백을 먼저 준 후, 어휘 및 언어 형식 등 정확성에 대한 피드백을 나중에 주는 것이 학생이 위축되지 않고 영어를 구사할 수 있도록 하는 데 도움을 줄 수 있다. (예시) "사람들이 사회적 거리두기를 하지 않는 것에 대해 많이 실망했군요. 기사문을 읽고 느낀 점을 이유를 들어 명료하게 잘 썼어요. 그런데 실망했다는 표현은 'I felt disappointing'이 아니라 'I felt disappointed'로 써야 정확한 표현이에요. 'disappoint'의 의미가 '~를 실망시키다'이기 때문에 그래요. 이제 수정한 내용을 다시 한 번 써 볼까요?"
학생 2	위 평가 문항 3번에 대해 "I suggest that he avoids gatherings~"로 작성함.	코로나19를 예방하기 위해 사회적 거리두기를 해야 한다는 학생의 의견에 대한 피드백을 먼저 준 후, 어휘 및 언어 형식 등 정확성에 대한 피드백을 나중에 주도록 한다. (예시) "사람들이 사회적 거리두기를 해야 한다는 주장을 논거를 들어 잘 설명했네요. 그런데 '~해야 한다고 주장하다/제안하다' 등의 구문을 사용할 때에는 should가 생략될 수도 있음을 기억해야 해요. 따라서 'I suggest that he (should) avoid gatherings~'로 써야 올바른 문장이 됩니다. 이제 수정한 내용을 다시 한 번 써 볼까요?"

기록 예시

- 코로나19로 인한 배달 음식의 증가로 일회용품 등의 쓰레기가 늘어나고 환경 오염이 심각해진 문제점과 이에 대한 자신의 생각을 작성하는 데 처음에는 영어로 글을 쓰는 것이 쉽지 않아 힘들었지만 모르는 단어를 사전에서 찾아보면서 문장을 완성하기 위해 부단히 노력하였으며, 코로나19 관련 학습한 어휘를 실제 상황에 적용하여 단어의 쓰임을 이해함으로써 영어에 점차 흥미를 갖게 됨.

- 신문기사를 통해 배운 새로운 단어를 자신의 실생활에 적용하여 자신만의 문장을 만듦으로써 단어를 익힘. 코로나19 관련 영어 기사문을 읽으면서 문제의 심각성을 깨닫고 예방 수칙을 잘 지켜야겠다는 다짐을 함.

- 코로나19 관련 기사문을 읽으면서 전 세계적으로 위기 상황에 대처하는 방법이 어떻게 다른지 탐구하였으며, 비대면 상황에서 제한되는 의사소통의 문제점을 비판적으로 분석함.

- 코로나19 관련 신문기사를 통해 사회 문제의 심각성을 깨닫고 이러한 위기 상황에 유연하게 대처할 수 있는 한국의 기술력이 필요함을 인식하여 자신이 공헌할 수 있는 역할을 찾으려고 노력함.

- 코로나19에 따른 실업률 증가 현황 및 그 해결 방안에 대한 자신의 의견을 친구들 앞에서 매우 조리 있게 발표함. 또한 친구들의 발표를 경청하였으며 서로 다른 의견을 예의 바르게 존중해 줌.

보편적 학습 설계(UDL) 기반
학생 주도 프로젝트 교육과정

" 학생이 개별적으로 기사문을 선택할 때 쉬운 것만 선택하려고 하지는 않나요? "

프로젝트를 시작하기 전에 학생들을 대상으로 프로젝트의 목적과 필요성, 활동 과정 등에 대해 간단히 오리엔테이션을 진행합니다. 이때, 학생들에게 학생 주도성의 의미와 목적성을 알리고 배움의 주체로서의 학생의 역할과 자발적이고 적극적인 배움의 중요성을 인식시키지요. 학생의 현재 수준을 i라고 한다면, i+2 또는 i+3이 주는 학습 부담은 줄이되, i상태만 지속된다면 발전이 없는 셈이다. 새로운 지식과 정보를 이해할 수 있는 수준의 i+1의 의미와 중요성을 깨닫도록 돕는 것이죠. 더불어, 혼자 힘으로 해결할 수 없을 경우, 자유롭게 사전을 활용할 수도 있고 모둠별 또래 가르치기 활동을 통해 친구들 간에 자유롭게 질문하면서 상호 배움이 가능함을 알려 주어 심리적인 부담감을 해소시켜 줍니다.

" 선택한 지문이 모두 다른 경우, 지필 평가에 반영할 때 평가에 문제가 없을까요?"

만약 특정 학생이 선택한 지문을 출제하거나 수업 시간에 배우지 않은 내용을 출제한다면 평가의 타당도 및 신뢰도 측면에서 문제가 될 수 있습니다. 따라서 평가의 공정성과 객관성을 확보하기 위해서는 교사가 학생들에게 공통으로 제시한 내용들로 평가해야 마땅합니다. 본 수업 활동에서도 코로나19 관련 어휘 학습을 할 때 사용했던 영어 지문을 활용하여 지필 평가에 출제하였습니다.

또한, 학생이 각자 선택한 기사문 활동에서는 기사문이 모두 다르기 때문에 정해진 정답을 묻는 평가는 시행하기 어렵습니다. 따라서 기사문은 모두 다르지만 다음과 같이 3가지의 공통된 질문들을 제시하고 각 질문에 해당하는 자신의 생각과 의견을 쓰도록 하는 논술형 평가를 실시하였습니다.

공통 질문

1. What did you learn while reading the articles?
   And how did you feel? What made you feel so?
2. What are the community problems caused by COVID – 19?
3. What is the solution to the problems caused by COVID – 19?

발표를 위해 만든 학생들의 최종 결과물 역시 학생이 자유롭게 선택하도록 하여 모두 다양하기 때문에 이를 점수화하기보다 과목별 세부 능력 및 특기 사항에 기록해 주는 것으로 평가하는 것이 바람직합니다.

수학으로 가득한 세상 ⑫
학생 스스로 만드는 교사 교육과정

'선생님, 수학은 왜 배워요?'라는 질문을 흔히 듣곤 한다. 하지만 고등학교 2학년 2학기의 인문 사회 계열의 학생들에게서는 이러한 호기심조차 보이지 않는다. 이미 수학에 마음의 문이 굳게 닫혀 있음을 교실 문을 들어서면서부터 피부로 느낄 수 있었다.

이러한 상황과는 관계없이 교육과정 편제표에 나와 있는 대로 고등학교 2학년 2학기 확률과 통계의 수업은 진행된다. 하지만 수행 평가라도 학생들에게 의미 있게 적용하고 싶다는 생각을 하게 되었다.

학생들에게 의미 있는 수업이라는 게 무슨 뜻일까? 나에게 질문을 던져 본다. 그것은 인문 사회 계열 학생들만이 가지고 있는 장점을 살리는 것이 아닐까 하는 생각에 이르렀다.

자연 계열의 학생들과 다르게 인문 사회 계열의 학생들은 인문학적 상상력, 세상을 바라보는 부드럽고 따뜻한 마음가짐, 일상적이고 창의적인 순수함이 있었고 이러한 요소를 통계와 연결 짓고자 '수학으로 남을 이롭게 하기' 프로젝트를 계획하게 되었다.

그럼, 이제부터 수행 평가로 계획된 '수학으로 남을 이롭게 하기' 프로젝트의 진행 과정을 교육과정 구성부터 수업 전개, 평가, 기록까지 살펴보도록 하자.

1. 교육과정 계획하기

교육과정 계획하기(CP: Curriculum Planning)

Step 1	성취기준 중심으로 교육과정 재구성하기
Step 2	수행 과제 정하기
Step 3	평가 계획 수립하기
Step 4	채점 기준표 개발하기

Step 1 성취기준 중심으로 교육과정 재구성하기

확률과 통계는 왜 배우는 것일까? 고등학교 2학년에 배우는 확률과 통계의 내용 체계표에 의하면 확률과 통계는 세상에 존재하는 많은 자료들을 수집하고 분석하여 합리적인 의사 결정을 하는 데 중요한 도구가 됨을 알 수 있다.

「확률과 통계」 영역 내용 체계

학년	핵심 개념	일반화된 지식	내용 요소	기능
고등학교 2학년	경우의 수	다양한 상황과 맥락에서 경우의 수를 구하는 체계적인 방법이 존재한다.	· 순열과 조합 · 이항정리	세기, 분류하기 수량화하기 형식화하기 비교하기, 계산하기 이해하기, 설명하기 공학적 도구 활용하기 수집하기, 조사하기 정리하기, 분석하기 해석하기, 추론하기 판단하기
	확률	사건이 일어날 가능성을 수치화한 확률은 의사 결정을 위한 중요한 도구다.	· 확률의 뜻과 활용 · 조건부 확률	
	통계	자료를 수집하고 정리하여 결과를 분석하고 추정하는 통계는 현대 정보화 사회의 불확실성을 이해하고 미래를 예측하는 중요한 도구다.	· 확률 분포 · 통계적 추정	

　진행하고자 하는 '수학으로 남을 이롭게 하기' 프로젝트에서는 학생들 스스로 자신이 설정한 문제를 중심으로 자료를 수집하고 이를 분석하여 비율로 나타내어 추정함으로써 합리적인 의사 결정을 하는 과정을 실행해 보고자 한다.

　'수학으로 남을 이롭게 하기' 프로젝트를 통해 어떠한 학습 기준 도달점을 원하는 것일까? 이에 대한 기준을 명확히 하고자 다음과 같이 성취기준을 재구조화하였다.

「확률과 통계」 영역 성취기준 재구조화

학년	성취기준	성취기준 재구조화
고등학교 2학년	[12확통03-05] 모집단과 표본의 뜻을 알고 표본 추출의 원리를 이해한다.	통합[12확통03-05/03-06/03-07] 설정한 탐구 주제에 대한 문제를 해결하기 위해 표본 추출의 원리에 맞게 표본 조사를 실행하여 모집단의 분포를 합리적으로 추정하고 그 결과를 해석할 수 있다.
	[12확통03-06] 표본평균과 모평균의 관계를 이해하고 설명할 수 있다.	
	[12확통03-07] 모평균을 추정하고, 그 결과를 해석할 수 있다.	

교육과정 성취기준		평가 기준
[12확통03-05/03-06/03-07] 설정한 탐구 주제에 대한 문제를 해결하기 위해 표본 추출의 원리에 맞게 표본 조사를 실행하여 모집단의 분포를 합리적으로 추정하고 그 결과를 해석할 수 있다.	상	설정한 탐구 주제에 대한 문제를 해결하기 위해 합리적인 표본 조사를 실행하고 이를 논리적으로 분석하여 모집단의 분포를 합리적으로 추정하고 그 결과를 해석할 수 있다.
	중	설정한 탐구 주제에 대한 문제를 해결하기 위해 합리적인 표본 조사를 실행하고 이를 분석하여 모집단의 분포를 합리적으로 추정하고 그 결과를 해석할 수 있다.
	하	설정한 탐구 주제에 대한 문제를 해결하기 위해 표본 조사를 실행하고 이를 분석하여 모집단의 분포를 합리적으로 추정하고 그 결과를 해석할 수 있다.

Step 2 수행 과제 정하기

설정한 성취기준에 도달하였다는 것을 어떻게 알 수 있을까? 학생들이 성취기준에 도달하였는지 확인하기 위해 다음과 같이 '수학으로 남을 이롭게 하기' 프로젝트 수행 과제를 설정하였다.

	'수학으로 남을 이롭게 하기' 프로젝트 수행 과제	
목표(G)	추구하는 핵심 가치를 실현하기 위해 문제를 설정하고 해결하는 데 통계적 추정을 적용하기
역할(R)	통계를 활용하여 실태를 파악하고 합리적인 의사 결정을 하는 역할
청중(A)	친구들, 가족들
상황(S)	내가 추구하는 핵심 가치를 실현하기 위해 문제를 발견하고 해결하며 삶을 통해 실천할 수 있는 방안 찾아보기
결과물(P)	문제 해결 과정이 담긴 산출물
준거(S)	인식 조사를 위한 통계 분석 및 추정

Step 3 평가 계획 수립하기

구분(반영 비율)	지필 평가(70%)				수행 평가(30%)	
영역	1차		2차		포트폴리오	프로젝트
유형	선택형	논술형	선택형	논술형	기타	기타
만점	80점	20점	80점	20점	10점	20점
영역별 반영 비율	28%	7%	28%	7%	10%	20%
평가 시기	10/29~11/3		12/28~12/31		수시	(11)월 1주 ~ 4주
교육과정 성취기준	[12확통 01-01] [12확통 01-02] [12확통 01-03] [12확통 02-01] [12확통 02-02] [12확통 02-03] [12확통 02-04] [12확통 02-05] [12확통 02-06] [12확통 02-07]		[12확통 03-01] [12확통 03-02] [12확통 03-03] [12확통 03-04] [12확통 03-05] [12확통 03-06] [12확통 03-07] [12확통 04-01] [12확통 04-02] [12확통 04-03]		전 성취기준	[12확통03-05] [12확통03-06] [12확통03-07]

평가 항목/내용	채점 기준	배점
• 1차시 학습지(나 이해하기) 완성도 • 2차시 학습지(주변 돌아보기) 완성도 • 3차시 학습지(나만의 해법 찾기) 완성도 • 4차시 학습지(나의 진로와 연계하기) 완성도 • 실생활 통계 자료를 통한 논리적 추정력 • 최종 산출물에서의 실생활 통계 자료 분석력 • 최종 산출물에 대한 1~4차시 내용의 연계성	평가 항목 모두를 만족하는 경우	20
	평가 항목 중 6가지를 만족하는 경우	18
	평가 항목 중 5가지를 만족하는 경우	16
	평가 항목 중 4가지를 만족하는 경우	14
	평가 항목 중 3가지를 만족하는 경우	12
	평가 항목 중 2가지를 만족하는 경우	10
	평가 항목 중 1가지를 만족하는 경우	8
	평가 항목을 모두 만족하지 않는 경우	6

채점 기준은 다소 느슨하게 설정하였다. 학생들이 부담없이 모두 참여하기를 바라는 마음에서 비롯되었다. 산출물까지 완성을 못하더라도, 통계 프로그램을 사용하지 못하더라도 각 시간에 친구들과 소통하며 각각의 차시를 수행하는 과정에 중점을 두었다.

2. 수업 만들기

수업 만들기(CM: Curriculum Making)

Step 5	프로젝트 소개하기
Step 6	차시별 수업 만들기
Step 7	과정 평가 기록하기

첫 시간에는 '수학으로 남을 이롭게 하기' 프로젝트에 대한 오리엔 테이션을 진행하였다. 코로나19로 인해 등교 수업과 원격 수업이 한 주씩 운영되고 있었고 우리 학교에서는 구글 클래스룸이 안정적으로 운영되고 있어서 zoom과 연계하여 과제를 부여하였고 과제 수행 과 정을 관찰할 수 있었다.

때마침 크롬북 40대가 수학실에 마련되어 대면 수업일 때는 수학실 에서 크롬북을 사용하여 원격 수업 때 하던 방식으로 구글 클래스룸 플랫폼을 사용하여 수업이 진행되었다. 물론 원격 수업보다 대면 수 업 때 학생들의 의사소통이 활발함을 확인할 수 있었다.

수행 평가 실시 기간은 1차 지필 고사가 끝난 2주로 8차시로 운영 하였고, 처음 4차시는 차시별로 학습지를 부여하여 프로젝트의 내용 과 형식면에서의 큰 틀이 공유된 상태에서 수업이 진행되었다. 이를 논리적으로 연계하여 최종 산출물을 구성하도록 하였으며, 채점 기준 및 평가 계획 또한 공유하는 시간을 가졌다.

✻ '수학으로 남을 이롭게 하기' 프로젝트
1. 기간 = 11월 9일 ~ 11월 13일 (원격 4시간)
  + 11월 16일 ~ 11월 20일(대면 4시간) 가우스실에서 실시 총 8시간
2. 프로젝트 구성--> 자료분석(통그라미 사용)
○ 나 이해하기 : 나를 설명, 나의 가치 표현, 친구들 의견 주고받기
○ 우리 주변 둘아보기 : 불편한 상황 찾아보기
                문제발견을 위한 인터뷰하기(최소5명이상), 설문은 20명이상
                수학적 요소 포함
○ 어떻게 하면 ~하게 할 수 있을까? 나만의 해법 찾기, 수학적 요소 포함
○ 나의 진로와 연계한 성찰, 수학적 요소 포함
○ 1,2,3,4를 종합한 최종 산출물 제출

수행 평가 내용면에서는 자신을 이해하고, 자신의 가치관을 중심으로 세상을 바라보며, 그 속에서 불편함을 발견하고 해결하며 자신의 진로와 연계시켜 삶을 통해 실천해 보도록 하였다. 또한 이 과정에서 사회를 좀 더 객관적으로 파악하고 사람들의 인식을 조사함으로써 여론이 형성되며, 이를 기반으로 문제를 합리적으로 해결하는 데 수학이 중요한 역할을 하고 있음을 경험하는 시간이 되도록 하였다.

Step 6 차시별 수업 만들기

'수학으로 남을 이롭게 하기' 프로젝트는 다음의 순서로 진행하였다.

1차시: 나, 이해하기

〈1차시〉는 '나, 이해하기' 시간이다. 미래를 주도적으로 살아가는 성인으로 성장하기 위해서는 그 출발점은 '나'여야 할 것이다. 내가 추구하는 핵심 가치는 무엇이며, 내가 좋아하는 것은 무엇인지, 어떠한 모습을 꿈꾸며 친구들은 나를 어떻게 바라보는지, 또 나를 둘러싼 사회는 어떠한 가치를 갖고 있는지 생각해 보는 시간이다.

나의 가치관을 중심으로 사회를 바라볼 때 불편한 사항은 무엇인지 찾아보도록 하였다.

1차시. 나, 이해하기

1. 나와 연관된 이미지를 나타내 보세요.

> 노력하는, 도전적인, 책임감있는, 열정적인, 소신있는, 믿음직한 사람!

2. 내가 중요하게 생각하는 나의 핵심가치는 무엇인가?

(1) 나에게 가장 중요한 가치와 그것을 선택한 이유를 적어보세요.

> 책임, 능력발휘, 보수, 소통, 유연성
>
> -> 이유 : 장래희망이 CEO인데, 내가 되고자하는 CEO로서의 인재상은, 자신이 자신있고 재미를 느끼는 분야에서 끊임없이 공부하고 탐구하며 원하는 목표를 이루어나고, 그런 것을 이루는 과정에서 타인에게도 도움을 줄 수 있는, 일타이피의 성격을 의논하 것 같다. 이러한 CEO가 되려면 자신이 가진 능력을 발휘할 줄 알아야 하면서도, 사회에서 요구되는 수요를 파악하기 위해 끊임없이 소통해야하고, 어려움이 닥쳐도 책임감을 가지고 끝까지 일을 끝내야하며, 사업가인 만큼 이윤추구도 해야할 것이다. 마지막으로 이 모든 과정에서 나만의 의견을 고집하지 않고 타인의 시야도 개방된 시야로 고려해야 하므로 유연성을 포함하였다.

(2) (그룹활동)친구들이 선택한 핵심가치에는 어떤것들이 있는지 적어보세요.

> 정직, 지혜, 능력발휘, 현명함 / 자기성찰, 끊임없이 배우는 자세 / 성실, 신뢰, 예의, 소통, 유연성

3.(그룹활동). 나에 대해 표현하고 친구들에게 자신에 대해 이야기해 보세요

> 예. 내가 좋아하는 사람, 함께 있으면 좋은 사람, 듣고 싶은 말, 하고 싶은 말, 즐겁고 행복했던 경험, 슬펐던 일, 음식, 운동, 취미생활, 목표 등 무엇이든 좋습니다.

> 취미생활 : (시간이 없어서 못하기 하지만) 시간이 많을 땐 머릿속으로 생각한 것을 그림으로 그리는 걸 좋아한다.
> 좋아하는 친구 상 : 무조건적인 공감이나 비판보다 내가 가진 고민이나 처한 상황에 대해 자신의 의견을 논리적으로 말해주어서 내게 새로운 시야로 바라볼 수 있도록 도움을 주는 친구 / 상대방에게 예의가 있는 사람 / 타인과 함께 있을 때 자신의 감정을 조절할 줄 아는 사람 / 내로남불 아닌 사람

4(그룹활동). 모둠에서 친구들로부터 공감 메세지를 받으세요.

> 20228 최예슬 : 그림 그리는 것을 많이 뽑기 때문에 노은이의 취미는 그림 그리는게 맞는 것 같고 좋아하는 친구 삼은 자신과 비슷한 느낌의 친구를 선호하는 것으로 보인다.
> 20210 김채민 : 가까이에서 본 것과 정말 많이 일치하는 것 같고 좀 더 자세하게 친구에 대해서 알게 된 것 같아서 배려할 수 있는 부분들을 찾을 수 있어서 좋았다. 뿐만 아니라 자기계발에 집중하는 모습과 똑부러지게 자신의 의견이 확실해서 이런 모습을 닮고싶다는 생각을 하게 되었다.
> 20208 김상현 : 노은친구의 좋아하는 친구상이 인상깊었다 좋아하는 친구삼을 통해 노은친구가 지향하는 자기자신의 모습이 이런모습 일지도 모르겠다는 생각이 들었다 노은친구 주변에 이런친구가 많이 있었으면 좋겠다는 생각이 들었다.

5. (나에게 묻는다)나는 어떤 사람으로 기억되고 싶은가?

> 자신의 일에 책임감이 있는 사람 / 새로운 일에 도전할 줄 아는 사람 / 타인의 의견을 적극적으로 수용하되, 자신의 기준점을 잃지 않는, 팀에 있어서 중심축이 될 수 있는 사람 / 내로남불이 아닌 사람

6. 자신이 느끼고 있는 불편함이나 고민, 소망을 최대한 많이 적어보세요.

> 소망 : 미혼모, 교육받지 못하는 아이들, 독거노인 등 사회적 약자 위치의 사람들이 거주할 쾌적한 주거환경과 그들을 위한 사회적 보장이 부족한데, 이 부분을 지원(복지)의 비중을 재분배하거나 소득을 재분배하는 방법으로 해결했으면 좋겠다.

7. 과제

불편한 사항 및 개선하고 싶은사항, 도와주고 싶은 사항을 사진으로 찍거나 그림으로 표현하고 어떤 상황에서 볼수 있었는지 메모해 보세요.

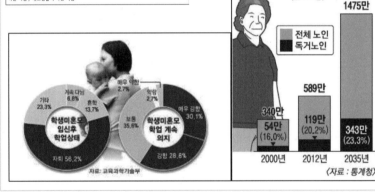

자료 : 교육과학기술부

65세 이상 독거 노인 증가율
(단위 : 명)

전체 노인 / 독거노인

	2000년	2012년	2035년
전체 노인	340만	589만	1475만
독거노인	54만 (16.0%)	119만 (20.2%)	343만 (23.3%)

〈자료 : 통계청〉

2차시: 문제 설정하기

〈2차시〉는 내 주변을 살펴보는 시간이다. 이때 객관적인 실태 조사를 위해서는 통계 조사가 유용하게 사용됨을 강조하고 통계 프로그램인 '통그라미'를 사용해 보는 시간을 가졌다. 일상생활, 사회 현상 중 자신의 가치관으로 바라보았을 때 불편한 사항을 실제 설문을 통해 조사해 보는 시간이다.

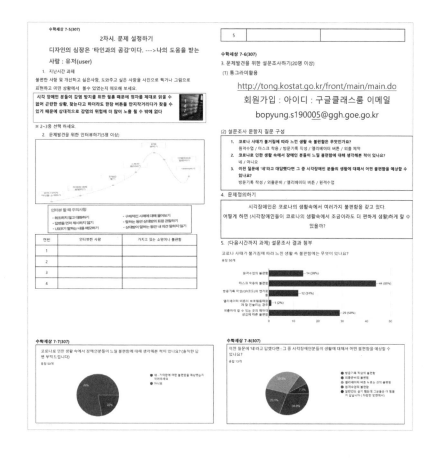

3차시: 창의적으로 문제 해결하기

〈3차시〉는 2차시에서 설정한 문제를 해결하기 위해 브레인스토밍을 통해 많은 아이디어를 생성하고 이를 유목화하여 실행이 쉽고 기대 효과가 큰 것으로 해결책을 제시하도록 하였다. 특히, 유목화된 내용을 설문지로 구성하여 친구들의 인식을 파악하도록 하여 문제 해결의 대안의 객관성을 확보할 수 있도록 하였다.

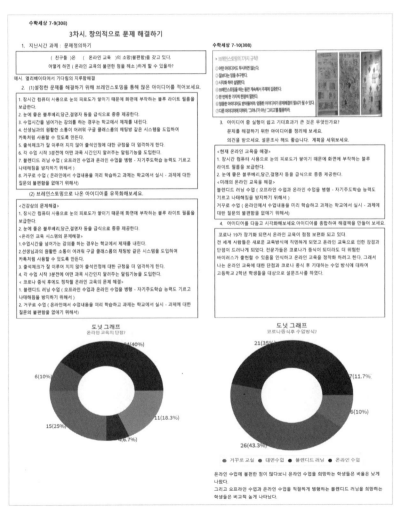

4차시: 진로 연계하기

〈4차시〉는 문제 해결 과정을 자신의 진로와 연결시켜 보는 시간이다. 자신의 가치관을 가지고 자신을 성찰하고 사회를 바라보며 이에 대한 해석을 자신의 진로에 녹여 내는 과정이다. 아직 진로가 명확하지 않은 학생은 명확하지 않은 대로 이상적인 자신의 모습을 그려 보며 자신에 대한 자신감과 자기 생각의 고유성을 발견하는 시간이 되도록 하였다.

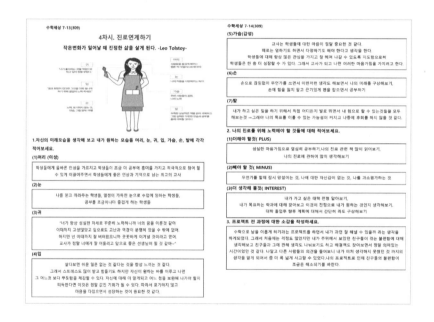

5차시-8차시: 산출물 작성

〈5차시-8차시〉는 1차시-4차시에 작성한 내용을 근거로 한 장의 산출물을 작성하는 시간을 가졌다. 내용적인 뼈대를 중심으로 자신만의 독특한 디자인을 가미하기도 하고, 다양한 웹사이트에 있는 통계 자료를 활용하기도 하는 등 학생들의 창의성이 돋보이는 시간이었다.

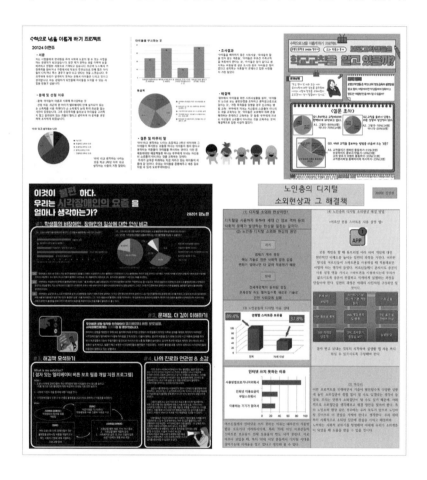

다음은 2학기 수행 평가 '수학으로 남을 이롭게 하기' 프로젝트에 대한 학교생활기록부의 세부 능력 및 특기 사항에 기록된 내용이다.

(강○○)

'수학으로 남을 이롭게 하기' 프로젝트에서 코로나19로 인한 생활 속의 불편함, 특히 시각 장애인이 느끼는 예상되는 불편함에 대해 설문조사를 통해 통계 분석함. 이를 근거로 시각 장애인을 배려할 수 있는 사회적 제반 시설에 대한 다양한 대안을 모색함. 자신이 추구하는 가치인 사회적 책임감을 구체적으로 실천하기 위해 문제를 설정하고 해결하는 데 통계적 추정의 원리를 적용하는 능력이 뛰어남. 이러한 수행 과정에서 문제 해결 능력, 추론 능력, 정보처리 능력 등의 역량이 발휘되었으며, 특히, 수학적으로 사고하는 태도와 실천력이 돋보이는 학생임.

(정○○)

'수학으로 남을 이롭게 하기' 프로젝트에서 학교 교칙 및 학교생활에 대한 정보 습득의 불편함을 해결하기 위한 실천적 대안을 모색하기 위해 설문조사를 실시하고 이를 통계 분석함. 이를 근거로 학생회 캠페인 활동과 연계하여 다양한 실천을 전개하였으며, 학생들의 인식 조사를 위한 설문 활동이 서로 의사소통할 수 있는 학교 문화 조성에 중요한 역할을 하고 있음을 실감함. 또한 표집의 크기가 클수록 신뢰할 수 있는 통계적 추정이 가능함을 인식하였고 표집의 무작위성의 중요성을 깨달음. 프로젝트 전 수행 과정을 주도적으로 진행하는 모습이 인상적이며, 친구들과 수학적으로 상호 작용하는 의사소통 능력이 돋보이는 학생임.

talk talk talk

학생 스스로 만드는 교사 교육과정

"수행 평가 채점 기준에 의한 점수 부여가 애매하지는 않았나요?"

반영 비율이 20%인 수행 평가로서 학생들에게 민감하게 작용할 수 있음을 짐작할 수 있었어요. 그래서 '수학으로 남을 이롭게 하기' 프로젝트를 시작하기 전에 오리엔테이션을 1시간 정도 갖는 것이 좋다고 생각해요. 사전에 채점 기준을 공유하기 위함이지요. 그리고 더불어 이 프로젝트만큼은 남과 비교하지 않고 이 프로젝트의 목적에 집중했으면 좋겠다는 바람을 공감하도록 하는 게 중요하다고 생각해요. 특히, 지역 특성상 점수에 민감한 학생들이 많고, 또한 확률과 통계는 9등급 제이기 때문에 친구들이 만든 산출물의 질적인 차이를 비교하기가 쉽거든요. 하지만 중요한 것은 '채점 기준에 부합하는가?'이지 점수의 차별을 두는 것이 목적은 아니니까요. 친구들과 비교하지 않고 서로가 만든 산출물 간의 차이를, 산출물에 나타난 강점을 찾기를 바란다고 분위기를 조성하는 거지요. 실제로 채점 기준에 부합하면 점수를 후하게(?) 부여하기도 했어요. 채점 기준을 조금 느슨하게 설정하여 학생들의 다양하고 창의적인 요소에 집중해 보는 것이 좋다고 생각합니다.

"과제 평가로 흐를 수 있을 것 같은데 이를 어떻게 보완했나요?"

'수학으로 남을 이롭게 하기' 프로젝트는 학교의 학사 일정 운영상 4시간은 온라인으로, 4시간은 오프라인으로 진행되었어요. 학업 성적 관리 규정상 실제 관찰할 수 없는 수행 평가는 점수에 반영을 못한다는 규정이 있지요. 그래서 온라인으로 접속할 때는 실시간으로 zoom을 켜 놓고 구글 클래스룸에 접속해서 작성하도록 했어요. 그렇게 되면 구글 클래스룸에서 작업하는 과정이 모두 보이거든요. 잔소리도 많이 하지요. 자꾸 이름을 불러가며 피드백이 되어야 진전이 있어요. 그렇다 하더라도 학생들 개별적으로 작업할 수 있는 시간이 필요하기 때문에 해야 할 과제 분량이 생기지요. 그래서 수행 평가 채점 기준에는 넣지 않았지만 자신이 만든 프로젝트 산출물에 대해 발표하는 시간을 가졌어요. 수행 평가와 연계된 발표 활동을 하고 이 과정에서 관찰되는 것을 생활기록부에 기록하는 과정이 필요하다고 생각합니다. 시간이 좀 부족하기도 했지만 학생들의 고유성이 드러나는 활동이어서 즐거운 시간이었습니다.

에필로그

저자에게 '교사 교육과정'을 묻다

ⓠ 교사 교육과정을 실천하면서 가장 어려운 점은 무엇인가? 그럼에도 교사 교육과정을 계속 실천하는 이유는 무엇인가?

이원님 반쪽짜리 교육과정을 완생(完生)하여 교사(敎師)로 바로서기 위하여

교과서 재구성, 교육과정 재구성 그리고 개발까지. 교사 교육과정의 개념적 정의는 최근이지만 내게 교사 교육과정의 실행은 거의 20여 년 전부터다.

공교육의 시작인 저학년의 중요성에 교사로서의 사명감이 발동한 나는 저학년 담임을 선호하였고, 이에 통합 교과를 통해 주제 중심의

수업에 일찍이 익숙하였다. 특히 당시에는 바른 생활·슬기로운 생활·즐거운 생활이 분책되어 있었고, 교과 간 중복되는 주제가 있음에도 지도 시기가 달라서 교사 수준에서 유사 주제를 재통합하여 운영

302

하는 방식을 자연스러운 수순으로 받아들이게 하였다. 이에 교수 · 학습 방법적 측면에서의 교과서 재구성을 전제로 주제별 지도 시기 조정 및 내용상의 가감은 교육과정을 보게 만들었고, 특히 저학년의 독서 및 한글 교육의 중요성은 교육과정을 기반으로 과감히 교과서를 벗어날 수 있게 하였다.

그러나 나의 교육과정 실행이 항상 만족스러운 것은 아니었다. 건조한 교과서를 넘어서 보다 의미 있는 교육을 추구하였고 최선을 다해 학생들의 발달 단계 및 흥미를 고려하고자 노력하였으나, 교사의 기대치와 달리 아이들의 반응이 항상 긍정적인 것은 아니었기 때문이다. 속상한 마음에 때로는 공부하기 싫어하는 아이들을 탓해 보기도 하고 또 때로는 바쁜 학교 상황을 탓해 보기도 하였지만, 어렴풋이 나는 알고 있었다. 궁극적인 이유로는 나의 완벽주의적 성향과 내용 중심의 접근, 그리고 무엇보다도 이 또한 교사의 계획이지 아이들의 기대치는 아니기 때문이라는 것을. 교사인 나에게는 하나의 주제 하에 여러 활

동이 연결되고 심화 · 확장되어 진행되는 것이었지만, 아이들에게는 이 역시도 낱낱의 분절된 배움, 해야만 하는 활동들이었던 것이다.

이에 나의 고민은 컸고, 그렇게 내가 찾은 방법은 크게

두 가지였다. 하나는 주제 활동에 사용할 자료 묶음을 미리 준비하여 '교재로 제작·활용'하는 것으로, 실제로 이러한 자료는 학생들에게 학습의 전후 관계-배움의 연결을 이해하게 하여 자기 것화(化)할 수 있게 도움이 되었다(현재에도 이러한 방법은 8절 스케치북을 활용하여 주제 학습 자료로 활용한다).

다른 하나는 좀 더 확실한 방법으로 '아이들과 함께 주제망을 짜는 것'이었다. 이는 지금은 통합 교과에서 '주제 만나기'라는 차시를 통해 보편적인 방법이 되었으나, 당시에는 일반적이지 않았던 내용이다. 개인적으로 통합 교육과정과 브레인스토밍 등 여러 도서를 섭렵하면서 나름대로 찾아낸 방법이었고, 이렇게 주제의 시작을 아이들과 함께하면서 주제에 대한 더 큰 흥미와 그들이 하고 싶어 하는 활동을 보다 직접적이고 적절하게 반영할 수 있었다. 특히 주제망을 교실 한 편(또 주제 학습 스케치북의 첫 장)에 게시하면서는 교사도 아이들도 주제 학습의 맥락을 잃지 않을 수 있는 효과적인 방법이었다.

이처럼 나의 교사 교육과정은 중복된 내용 문제를 해결하기 위한 교사의 필요에서 시작하였으나 아이들의 참된 배움(authentic learning)을 위해 그들의 참여와 흥미를 높일 수 있는 방안을 추구하는 방향으로 나아가고 있다. 또한, 그간의 나의 교사 교육과정이 주어진 교육과정의 틀(내용)을 크게 벗어나지 못하며 학습 과정에서 아이들의 부분적 참여나 선택권은 인정하되 온전한 주도성을 발휘할 기회는 마련하지 못하고 있음을 성찰한다. 이는 결국 나의 교사 교육과정은 학생들의 교육적 필요는 반영하되, 보다 적극적인 그들의 흥미나 욕구는 고려하지 못함을 의미하며, 교육과정 개발의 주체를 교사로 가져오기는 하였으나 온전히 학생들에게는 건네주지 못하였음을 반성한다. '반쪽짜리 교육과정'인 셈이다.

이에 난 교사공동체에서의 연구와 나눔을 통해 나의 반쪽짜리 교육과정을 '학생들과 함께 만드는 완생의 교육과정'으로 만들고자 노력한다. '교육다운 교육'으로 보다 많은 '아이들에게 삶을 열어 주는 교사'로 서고 싶고, 또한 그 속에서 교사로서의 의미와 보람을 얻고 싶기 때문이다. 이 책은 그러한 실천과 나눔의 과정이며, 혼자서는 부족한 지혜를 집단적인 경험으로 채워 가는 경험이다. 더 많은 선생님들과 함께하기를 기대해 본다.

최진희 나에게 교사 교육과정은 매일매일의 도전이다

20여 년이 훌쩍 넘는 경력인 나에게 학교생활이 언제 가장 즐거운지 묻는다면 나는 자신 있게 말할 수 있다. 교실에서 학생들과 둥글둥글하게 어우러져 수업이 잘되었다고 생각되는 순간이라고. 하지만 수업은 하면 할수록 쉽지 않음을 실감한다. 교과 내용의 체계성, 지역적 특성, 학생들의 흥미 정도, 관심 분야, 학습 준비도의 차이, 구성원 간의 응집력 등 수많은 변수들이 존재한다. 시간이 거듭될수록 교육과정의 큰 틀을 여유 있게 설정하고 실제 학생들과 만날 때는 좀 더 촉각을 세워 관찰하고, 피드백하며 감정을 읽어 주고 상황에 따라 호흡을 맞취 가는 것이 교실에서 구현되는 교사 교육과정의 매력이라고 생각한다. 별다른 팁이나 공식이 없다. 다만 하루하루 만나는 학생들을 소중히 생각하며 학생 한 명 한 명에게 집중하는 나의 마음가짐이 가장 중요하다고 생각한다. 하지만 생각만큼 쉽지 않다. 그래서 교사 교육과정은 어렵지만 적어도 나에게는 가치가 있는 매일매일의 도전이다.

정원희 교사로서 책무성을 다하는 교사이고 싶다

언젠가 나영석 PD가 TV프로그램에 나와 '자신은 프로그램이 잘되어야 한다고 생각한다'는 말을 한 적이 있다. 하나의 프로그램을 만드는 데 보이지 않지만 많은 사람들이 노력하고 있으며 그 사람들과 함께 갈 수 있는 방법은 시청률이 잘 나와야 한다는 것이다.

이처럼 교사는 학생들이 성장할 수 있도록 해야 한다는 생각을 한다. 학생들이 월요일 아침 졸린 눈을 비비며 학교에 나오는 이유, 때로는 먼 길을 걸어서 힘들지만 학교에 오는 이유는 학교라는 공간이 인간의 상위 욕구인 자아실현의 욕구 즉, 성장의 욕구를 충족시킬 수 있는 공간이기 때문이다.

그렇다면 교사는 어떻게 학생들의 성장을 지원할 것인가? 그에 대한 고민이 교사 교육과정이라 생각된다. 매해 달라지는 아이들과 사회 모습, 그리고 개정 교육과정이란 명칭으로 바뀌는 국가 교육과정의 흐름 속에서 교사는 변화하는 아이들을 위해 어떻게 성장시킬 것인지 교육과정을 설계하고 실천해야 하는 것이다.

처음 교직 생활에서 연구라는 것을 시작한 것은 수업을 변화시키기 위한 것이었다. 재미있는 수업, 학생들이 즐겁게 참여하는 수업을 만들어 보고자 놀이 수업, 마술 연수 등 학생들이 좋아할 만한 수업 방법이 무엇인지 고민하고 내 수업 방법을 바꿔 보고자 하였다. 하지만 이는 큰 숲에서 나무만 바라본 격으로 교육과정을 고민해야 한다는 것을 느꼈을 때는 내가 교사로서 부족하다는 것을 느낄 수 있었다.

'작년에 2학년 교사 교육과정을 설계하고 실천하였으니 올해도 2학년 아이들에게 그대로 적용하면 되겠지.'란 생각은 교사의 착각이다. 올해 내가 맡은 2학년 아이들은 작년의 2학년 아이들이 아닌 새로운 아이들이다. 새로운 학생들에게는 새로운 교육과정이 필요하다. 그렇게 매해 교사가 자신이 맡은 아이들의 성장을 위해 교사 교육과정을 실천하는 것이 교사의 본분이라고 생각한다.

이동철 교육과정에 '우리들만의 이야기'를 담고 싶다

교사 교육과정을 알기 전까지는 학급 교육과정에 나의 것이 담겨 있지 않았다. 교과서대로 가르치다 보면 왠지 나는 없어지고 누군가가 잘 정리해 놓은 남의 교육과정을 가르치는 느낌이 들었다. 기회가 있을 때면 다른 선생님의 교육과정 연수를 듣고 나서 다른 선생님이 고민한 것을 그대로 따라 하기에 바빴고, 그렇게 다른 선생님의 교육과정을 반복적으로 따라 하다 보니 정작 내 수업에서 불협화음이 일어날 때가 많았다. 결국 다른 선생님이 만든 교육과정은 내가 적용해 보더라도 온전히 나의 교육과정이 아니라는 생각이 들었다.

　교사가 되고 나서 항상 아이들과 헤어질 때쯤 되면 1년을 돌이켜 보면서 기억나는 것이 무엇이 있을까 떠올려 보았다. 매번 아이들과 1년을 함께 지내왔지만 딱히 기억나는 것은 없었다. 참 이상했다. 내가 열심히 가르친다고 믿었던 교육과정은 온데간데없고 기억에 남아 있던 것은 아이들과의 즐거웠거나 슬펐던 기억 같은 감정 기억만 남아 있었다. 과연 나의 교육과정에 무엇이 문제일까 고민했다. 나의 교육과정에는 나의 이야기, 그리고 우리 아이들의 이야기가 없었던 것 같았다.

　우리들만의 이야기를 만들고 싶어서 무작정 혁신학교를 찾아갔다. 혁신학교에 있으면서 교사 교육과정을 제대로 경험했다. 동학년 선생님 간의 합이 잘 맞았고 교육과정 워크숍부터 학년 목표를 함께 정하고 교육과정도 같이 계획하면서 동학년만의 이야기를 함께 만들었다. 그래서 동학년이 함께 만들어 가는 교육과정을 통해 수업을 계획하고 실행하는 것이 정말 재미있었다. 교육과정을 나 혼자 고민하는 것이 아니라 동학년 모두가 함께 고민하고 실천하니 너무 신났다.

　그러다가 학교를 옮기고 나서 또 다시 어려움에 봉착했다. 옮긴 학교는 큰 학교였고 동학년이 9명이나 되다 보니 교사들마다 철학이나 관심 분야가 너무 달랐던 것이다. 또 세대별로도 성향이 너무 달랐다. 가장 어려웠던 것은 바로 동학년 구성원들의 의지와 공감대를 만드는 것이었다. 혁신학교 근무할 때는 동학년이 함께 만들어 가는 교육과정이 너무 쉬웠는데 그러한 경험이 정말 교직 생활 중에 한 번 있을까 말까 하다는 것을 나중에야 깨달았다.

이렇게 어려움을 겪는 중에도 늘 교사 교육과정을 놓지 않고 붙잡아 고민하며 실행하고 있다. 가장 큰 이유는 남의 이야기가 아닌 우리들만의 이야기를 만들고 싶어서라는 생각이 든다. 주어진 교과서대로만 가르치거나 다른 선생님이 만든 교육과정으로 가르치면 우리들이 살고 있는 삶의 맥락과 연결이 잘 안 된다. 그러다 보니 매년 어떻게 하면 우리 학급 친구들의 이야기가 담긴 교육과정을 만들 수 있을까 고민하게 되어서 자연스럽게 교사 교육과정을 실천할 수밖에 없었다.

교사 교육과정을 실천할 수 있는 또 다른 이유는 동학년은 아니지만 교육과정을 함께 공부하는 공동체가 있다는 것이다. 연구 모임을 통해 선생님들과 함께 교사 교육과정을 공부하면서 내가 매일 교사로서 성장한다고 느낀다. 이 모임 선생님들이 없었다면 나는 지금도 교사 교육과정을 실천하지 못했을 것이다.

마지막으로 교사 교육과정을 하는 이유는 사람들 앞에서 교사 교육과정의 의미에 대해 말을 하게 되어서이다. 동료 교사들에게 교사 교육과정이 필요하다는 말을 했기에 교사 교육과정을 실천하는 삶을 살 수밖에 없다. 혹시 지금 당장 꼭 실천하고 싶은 일이 있다면 주변 사람들에게 실천하고자 하는 말을 먼저 해 두면 된다. 시간이 지나면 자연스럽게 말한 대로의 삶을 살고 있는 자신을 발견하게 될 것이다.

'업무로 시간이 부족해요', '교과서 내용을 가르치지 않으면 불안해요', '교사 교육과정은 너무 급격한 변화라 부담스러워요', '우리가 정한 내용을 믿을 수가 없어요' 등 나에게 교사 교육과정의 어려움을 이야기하는 선생님들이 많이 있다. 아무리 어렵더라도 나는 교사 교육과정이라는 끈을 늘 놓지 않으려고 한다. 바로 교사 교육과정 실천을 통해서만이 교사 자신과 학생들이 만들어 내는 '우리들만의 이야기' 내러티브가 담긴 교육이 형성되기 때문이다.

임성은 **다채로운 학생 하나하나를 위한 행복한 배움, 꿈이 아닌 현실이 되기 위해!**

무지개 하면 어떤 색깔들이 떠오르는가? 대부분의 사람들은 빨강, 주황, 노랑, 초록, 파랑, 남색, 보라색의 일곱 빛깔을 언급할 것이다. 그러나 과연 무지개는 일곱 가지 빛깔뿐일까? 사람의 눈에 이처럼 특정한 일곱 가지 색으로 구분되어 보이는 것은 시력 한계에 의한 것으로, 이 일곱 가지 색깔들이 사람의 눈에 가장 선명하게 보이기 때문이라고 한다. 일곱 빛깔 무지개라는 통념을 버리고 다시 무지개를 조금만 더 세심하게 들여다본다면 그 사이사이 더 다채로운 색깔이 보이지 않을까 싶다.

우리 아이들도 마찬가지다. 우리가 매일 만나는 아이들, 얼마나 다르고 다양한가? 흥미와 관심사, 꿈과 진로, 학습 이력, 성장 배경 등 어느 하나 똑같은 아이는 없다. 언뜻 보아서 우리 아이들을 일곱 가지 색깔로 유형화하여 단순 규정해 버리는 실수를 하지 않기를 바란다. 그 몇 가지 색깔만으로 규정짓기 어려운 다양한 아이들을 자세히 들여다보게 만드는 힘이 바로 교사 교육과정에 있다.

국가 수준 교육과정에 따라 정제된 교과서 중심의 진도표는 일곱 빛깔에게는 수월할 수 있다. 교사가 교육과정을 맥락 속에서 해석하고 개발하는 노력과 정성 없이는 나머지 명명되지 못한 다채로운 빛깔들은 이내 흑빛으로 변질될 것이다. 물론, 보편적이고 표준화된 가이드라인은 적정 기준점을 제공한다는 점에서 분명히 필요하다. 그러나 이는 곧 획일화되고 정형화되는 함정에 빠지기 마련이다. 이 함정에 빠지지 않도록 채워 주는 것이 바로 교사 교육과정이다. 교사 교육과정의 정의를 살펴보면 가장 처음 시작하는 어구가 '학생의 삶'을 중심에 두라는 것이다. 교사 교육과정을 얼핏 보면 마치 교사의 전유물인 듯 보이지만 그 중심에는 학생이 있다.

이제 무지개는 일곱 빛깔이 아니다. 사이사이 숨어 있는 다양하고 아름다운 빛깔들이 드러날 수 있도록 교사의 지원이 필요하다. 뚜렷한 색깔을 띠고 있는 소수의 학생들만이 아니라, 곳곳에 다양한 색깔로 숨겨져 있는 모든 학생들의 행복한 배움을 이끌어 내기 위해 오늘도 나는 교사 교육과정으로 가르침의 보람과 즐거움을 채워 간다.

심성호 나이에는 그 나름의 색깔이 있다. 나는 무슨 색일까?

나의 교직 생활은 이제 20년이 되어 간다. 일반적으로 20년이라고 하면 어떤 일을 하더라도 전문가의 반열에 들어설 시간이다. 하지만 나는 매년 3월이 시작되면 여전히 허둥대고 바쁘다. 다만 그 바쁨이 내게 있는 에너지가 빠지는 소비적 바쁨인지, 바쁨으로 인해 무언가 만들어지고 명확해지는 생산적 바쁨인지를 나누는 그 기준이 이제는 조금 명확해지는 것 같다. 그것은 바로 교사 교육과정을 통해 나만의 교육과정을 고민하며 움직이느냐, 그냥 주어진 일을 해치우는 데 급급하냐의 이야기가 될 수 있다. 나만의 교사 교육과정을 바탕으로 하나하나 만들어 나가는 것은 바쁘더라도 내게 샘솟는 에너지를 주는 영양제와 같다.

교사 교육과정이라는 이름으로 교육과정을 재구성하고 학생들과 함께 만들어 가는 과정이 안착되기까지는 짧지 않은 시간이 소요되었다. 코로나라는 상황도 있었기에 그럴 수 있다는 것은 핑계일 뿐 우리가 꿈꾸고 그렸던 교육과정을 현실화시키는 것이 쉽지 않은 것은 사실이다. 솔직히 안착되고 잘하고 있다기보다는 지금도 만들어 가는 중이다. 그럼에도 불구하고 내가 교사 교육과정을 하는 이유는 아이들이 함께하며 만들어 가는 성장이 나를 웃게 하기 때문이다.

그래도 스스로 잘 해냈다고 생각하는 근거는 교육과정에서의 학생 참여 문화였다. 교육과정에서 학생들이 참여하는 습관을 갖도록 하는 것은 교육과정을 지속적으로 운영해 나가며 함께 고민할 수 있는 든든한 동반자를 가진 것과 다름없다. 교육과정을 운영하며 학생들의 의견을 반영하고 직접적으로 교사는 반응하며 피드백을 주는 것은 학생들과 함께 성장하며 소통하는 과정이다. 학생들이 어느새 자신들의 성장 이야기를 그리고 있고 표현하고 있으며 그들의 방식으로 움직이고 있는 것을 보고 있으면, 그리고 이러한 습관이 하나의 문화로 안착되고 발전되며 성장해 나간다면 이는 교사 교육과정의 가장 큰 즐거움이 아닐까 싶다.

'나이에는 그 나름의 색깔이 있다'고 하는데 교직 생활 20년인 지금의 나는 어떤 색깔을 담고 있을까? 부끄럽진 않아야 하는데 후배들에게 선배들에게 그리고 아이들에게도 가끔은 부담된다. 내가 변하는 건 싫지만 그래도 조금씩 배워 가고 성장하며 나만의 색을 만들어 가고 있는 건 아닐까 생각해 본다.

박수원 교사 교육과정은 학생들의 건강한 성장을 위해 내게 부여된 역할

운 좋게도 학생들을 위해 열심히 교육과정을 운영하는 학교에서 많은 시간 근무하였다. 민주적이고 자율적인 문화가 형성된 학교들이었다. 그 안에서 자연스럽게 학생들의 지적 흥미를 유발하기 위해 함께 연구하는 교직 생활을 할 수 있었다. 이러한 경험은 내가 교사 교육과정에 관심을 갖고 공부하게 된 주요 동기였다고 본다.

그런데 나름대로 교육과정을 개발해 편성·운영하다 보니, 내가 제대로 하고 있는지, 놓치고 있는 건 없는지, 나의 스타일대로만 하고 있는 건 아닌지 걱정될 때가 있다. 국가 교육과정을 기준으로 삼고, 학생·학부모로부터 솔직한 피드백을 받고자 하지만, 그 역시 나의 자의적 해석은 아닌지 고민이 되곤 한다. 자칫 이 모든 것이 나의 편의를 위한 장치이거나 합리화를 위한 수단으로 변질될 수도 있다는 두려움도 든다.

그럼에도 교사 교육과정을 계속 실천하는 이유는 국가 교육과정 기준 이상의 무엇인가를 우리 반 학생들에게 주고 싶은 마음, 학생들이 학습 활동에 몰입할 때 느끼는 교사로서의 만족감, 무엇보다 학생들의 건강한 성장을 위한 나의 역할이라는 믿음이 있기 때문이다. 때때로 느껴지는 나의 부족함은 동료 선생님들과의 상호 작용을 통해 채워 나갈 수 있지 않을까? 가끔 내가 기준에서 벗어나거나 정도를 놓쳤을 때 동료 교사들의 직 · 간접적인 조언이 나를 다시 돌려세워 줄 수 있지 않을까 생각한다. 이런 믿음을 갖고 학생들의 건강한 성장을 위해 오늘도 나의 역할을 묵묵히 수행하고자 한다.

부록1

경기도교육청(2021), 함께 만들어가는 학생 중심 학교 교육과정

	위원장	교장/교감	

지도기관			자문단체
경기도교육청 ○○교육지원청			학교운영위원회 교육과정 전문가

	부위원장	교육과정부장	

기획조정분과	편성운영분과	교과분과	창체분과	자료개발분과	평가분석분과

· 업무기획 총괄
· 교육과정 운영 계획
  수립 및 추진
· 학교교육과정 심의
  및 보완
· 교육정책(지침) 분석
· 학교홍보
· 학교교육기본체계
  (역점, 특색교육활동)
· 중장기발전 계획
	· 학년교육과정 총괄
	· 교육과정 편성
	  −시간배당
	  −연간수업 운영계획
	  −연간진도표
	  −학력향상운영 계획
	· 인성교육 구안
	· 특수교육계획
	· 학년 · 교과교육과정
	  편성 · 운영 지침
		· 교과별 중점지도
		  내용 작성
		· 기초 기본학습요소
		· 교과영역별 목표
		  설정 및 성취수준
		  상세화
		· 인권교육방안
		· 학교폭력대책
		· 회복적 생활교육
		· 보건교육계획
		· 영양교육계획
			· 창의적 체험활동
			  교육과정 편성 방안
			· 영역별 목표 설정
			· 교육과정 재구성
			· 현장체험학습지원
				· 교육자료 실태 분석
				  및 구입
				· 각종 문헌 연구
				· 교육자료 개발 추진
				· 학년별 교수학습
				  자료 분석 및 구입
				· 교수−학습 환경
				  조성계획
				· 교내자율장학 추진
				· 교원 역량 강화
					· 설문 자료 통계
					· 학교 교육실태 분석
					  −지역사회
					  −학부모, 학생
					  −교직원
					  −학년별 학생 발달특성
					· 학교행사 실태 분석
					· 교육과정 평가
					· 학년별 교과별
					  교육과정 평가
					· 예산지원계획 및 평가

교사, 학부모위원 등	교사, 학부모위원 등	교사	교사, 지역인사, 학부모위원 등	교사, 지역전문가 등	○○부, 전문위원, 학부모위원, 학생, 행정실장 등

인천광역시교육청(2019), 2021 함께 만들어 가는 교육과정 워크북

〈학교 문화 진단 설문지 예시〉

질문내용			전혀 그렇지 않다	그렇지 않다	그런 편이다	자주 그렇다	항상 그렇다	계
학생들의 학습경험의 질	1	우리 학교에서는 학생들이 스스로 지식을 구성하고 활용할 수 있는 능력을 기르는 것을 중요시한다.	1	2	3	4	5	
	2	우리 학교는 학생들의 확산적 사고를 자극할 수 있는 수업을 구성하여 운영한다.	1	2	3	4	5	
	3	우리 학교 교사들은 수업에서 학생들 간에 활발한 상호작용이 일어나도록 수업을 설계한다.	1	2	3	4	5	
	4	우리 학교 교사들은 학생들에게 도전적이고 다양한 학습경험을 제공하는데 초점을 둔다.	1	2	3	4	5	
	5	우리 학교 교사들은 학생들이 창의적인 문제해결력을 신장하도록 노력을 기울인다.	1	2	3	4	5	
교사의 전문성 지향성	6	우리 학교 교사들은 동료교사들의 학습에 대한 책임감을 가진다.	1	2	3	4	5	
	7	우리 학교 교사들은 교사들 간의 협력적 학습을 중요하게 생각한다.	1	2	3	4	5	
	8	우리 학교 교사들은 공동으로 수업을 계획하고 실행한다.	1	2	3	4	5	
	9	우리 학교 교사들은 적극적으로 수업을 공개한다.	1	2	3	4	5	
	10	우리 학교 교사들은 실행한 수업을 성찰하는 활동을 수행한다.	1	2	3	4	5	
학생들의 요구충족	11	우리 학교 교사들은 학생들을 존중하고 격려하는 분위기를 조성하는 것이 중요하다고 생각한다.	1	2	3	4	5	
	12	우리 학교 교사들은 학생들의 성취 결과를 교수학습에 반영하려고 노력한다.	1	2	3	4	5	
	13	우리 학교는 다양한 방법을 활용하여 학부모들과 학생에 대한 정보를 공유한다.	1	2	3	4	5	
	14	우리 학교는 개별 학생들에 대한 정보(학업성취, 생활 등 전반)를 체계적으로 수집하여 활용하고 있다.	1	2	3	4	5	
	15	우리 학교 교사들은 개별 학생의 특징과 요구 등을 잘 알고 있다.	1	2	3	4	5	
리더십과 학교경영	16	우리 학교 관리자들은 학교운영에 대한 의사결정시 교사들의 의견을 적극 반영한다.	1	2	3	4	5	
	17	우리 학교에서는 교직원들 간에 의사소통이 민주적이고 개방적으로 이루어진다.	1	2	3	4	5	
	18	우리 학교 관리자들은 업무담당자를 신뢰하고 지원한다.	1	2	3	4	5	
	19	우리 학교 관리자들은 교사들의 수업을 행정 업무보다 우선시한다.	1	2	3	4	5	
	20	우리 학교에서는 교사들이 지반적으로 학습할 수 있는 시간을 확보하여 활용하고 있다.	1	2	3	4	5	

〈SWOT 분석 예시〉

강점(S)	약점(W)
· 작은 학교 소인수 학급 · 자발적인 교사들의 열정과 헌신 · 학교에 대한 학부모의 높은 신뢰도 · 학생회의 주체적인 자치역량 · 수평적이고 활발한 의사소통 구조 · 체계적인 회복적 생활교육 및 평화교육과정 운영	· 교사 1인의 다중적인 역할 부담 · 낡고 오래된 교육시설 문제 · 다양한 활동을 위한 교육시설 부족 · 취약한 문화예술교육 기반 · 학생들의 학업성취 격차 증가
기회(O)	**위협(T)**
· 혁신학교, 혁신교육지구 정책 지원 · 혁신교육에 관심 있는 능동적인 학부모 · 시민단체, 지역사회와의 협력적인 관계 · 서정초와 연계한 학교와 마을이 제안하는 혁신학교 운영	· 인적 구성의 교체에 따른 지속 가능한 혁신학교 운영의 어려움 · 주변 지역 개발에 따른 다양한 문화를 가진 학생들의 입학 및 전학 · 심리적 정서적인 돌봄이 필요한 전입생의 증가 · 전입생 수 증가에 따른 학급당 인원수 증가

강점 강화 전략(S-O)	· 작은 학교의 특징을 살린 교육과정 · 교사들의 원활한 의사소통으로 창의적인 교육과정 설계 · 수업 중 개별지원 강화를 위한 수업협력 교사 채용 · 학부모 참여사업 활성화를 통한 학부모와 협업 증대
위협 제거 전략(S-T)	· 학생 개인별 특성에 따른 개인 및 집단상담 프로그램 운영 · 학생회, 학생동아리 활동 활성화 · 존중과 배려의 생활교육 공동체 교육 강화 · 혁신교육을 위한 교사 리더십 및 교사 성장 지원 시스템 구축
기회 활용 전략(W-O)	· 수업을 지원할 수 있는 홈베이스 지원 행정, 보조인력 배치 · 학부모의 재능 기부와 지역사회 전문가의 연계를 통한 문화예술 교육의 강화 · 지자체와 협력으로 학교 공간 창출 지원 사업 공모
약점 극복 전략(W-T)	· 평화역량중심 교육과정 운영을 통한 평화감수성 및 평화역량 증진 · 학생자치활동 활성화를 통한 학생 간 의사소통 교육 강화 · 학부모와의 소통 및 학부모 교육 강화 · 회복적 생활교육학교를 통한 갈등해결능력 증진

(덕양중학교 2021학교교육 계획서)

〈학교의 교육비전 및 교육목표 예시〉

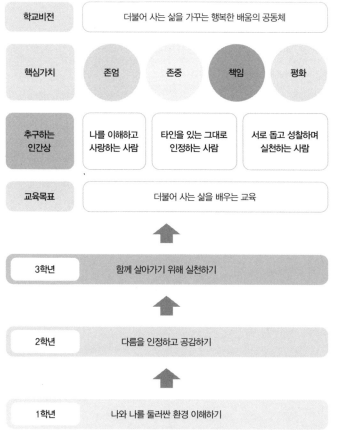

학교비전	더불어 사는 삶을 가꾸는 행복한 배움의 공동체
핵심가치	존엄 / 존중 / 책임 / 평화
추구하는 인간상	나를 이해하고 사랑하는 사람 / 타인을 있는 그대로 인정하는 사람 / 서로 돕고 성찰하며 실천하는 사람
교육목표	더불어 사는 삶을 배우는 교육

3학년 함께 살아가기 위해 실천하기

2학년 다름을 인정하고 공감하기

1학년 나와 나를 둘러싼 환경 이해하기

(덕양중학교 2021학교교육 계획서)

경기도교육청(2021), 함께 만들어가는 학생 중심 학교 교육과정

〈학교 교육과정 편성·운영 점검표〉

평가 영역		평가 항목	평가		
			우수	양호	미흡
학교 교육과정 작성		1. 학교교육과정위원회의 구성과 활동 상황은 어떠한가? 2. 교원, 학생, 학부모, 지역 사회의 의견을 적극 반영하여 편성하였는가? 3. 각 영역별 계획이 구체적으로 실천 가능하게 작성되었는가?			
교육 과정 운영	교과	1. 교육과정 시간 배당 기준에 의하여 적절하게 편성되었는가? 2. 교사의 교재 연구 및 수업 준비는 충분한가? 3. 교과 교육과정 운영은 교과별 특성에 따라 적합하게 이루어지고 있는가? 4. 교과 목표가 만족스럽게 성취되고 있는가?			
	창의적 체험활동	1. 창의적 체험활동에 대한 계획은 학생의 요구를 적극 반영하였는가? 2. 창의적 체험활동의 영역별 배분은 적절한가? 3. 창의적 체험활동에 대한 학생의 반응은 만족스러운가?			
	회복적 생활교육	1. 학생의 기본 생활 습관이 정착되어 있는가? 2. 계획적이며 가정과 연계된 인성 및 인권 교육을 하고 있는가? 3. 안전 생활에 대한 지도는 잘 이루어지고 있는가? 4. 학생 관련 규정 제정의 적정, 학생 선도는 교육적으로 적합한가? 5. 양성 평등 구현 및 학교 폭력 예방과 근절을 위한 노력은 적극적인가?			
지원 관리	교원 수급 및 업무 분담	1. 교원 수급 계획은 적절하게 세워져 시행되고 있는가? 2. 업무 분담은 교직원의 희망 및 특기를 고려하여 배정하였는가? 3. 교육과정 중심으로 업무를 분담하여 성실하게 수행하고 있는가? 4. 학교의 의사 결정 과정은 민주적으로 이루어지고 있는가?			
	교원 연수 및 수업 연구	1. 교사의 전문성을 높이기 위한 연수는 잘 수행되고 있는가? 2. 수업 개선을 위한 교내 자율장학은 활발히 이루어지고 있는가? 3. 전교사가 연수 · 연구활동에 적극적으로 참여하고 있는가? 4. 교과 협의회는 내실 있고 적절하게 운영하고 있는가?			
	학습자료	1. 교과별 교재 교구와 학습 자료의 확보 및 관리 상태는 어떠한가? 2. 다양한 교육 정보화 매체를 학습 자료로서 적절하고 효과적으로 활용하고 있는가? 3. 학생, 교사의 요구를 토대로 예산 계획이 수립·집행되었는가?			
	학부모 및 지역 사회의 학교 교육참여	1. 학부모 및 지역 사회와의 유대는 잘 이루어지고 있는가? 2. 학부모가 학교 교육활동에 적극적으로 참여하고 있는가? 3. 학교 교육활동 상황을 학부모 및 지역 사회에 적극적으로 홍보하고 있는가? 4. 학교 교육활동에 대한 학부모 및 지역 사회의 반응은 좋은가?			
	교육과정 편성·운영에 대한 평가	1. '평가' 자체보다는 '계획과 실천 과정의 평가'에 목적을 둔 평가인가? 2. 질적·양적 접근을 병행한 다양한 방법으로 연 2회 이상 주기적으로 이루어졌는가? 3. 교직원, 학생, 학부모 등 교육과정 관련자 모두로부터 평가를 실시하였는가? 4. 평가 결과가 환류되어 교육과정의 질 관리에 활용되고 있는가?			

〈학교 교육과정 운영 평가 설문 – 학생용〉

20○○학년도 교육과정 운영 평가 (학생용)

이 설문은 학생 여러분의 ○○고등학교에 대한 만족도를 파악하여 바람직한 ○○ 교육의 방향을 모색하고자 시행하는 것입니다. 따라서 설문에 응하는 여러분의 자세가 매우 중요합니다. 모든 질문을 꼼꼼하게 읽고 생각해서 설문에 성심껏 응답해 주실 것을 진심으로 부탁드립니다. 여러분의 응답 자료는 학교 발전을 위한 기초 자료로만 사용할 것입니다.

설문에 협조해 주셔서 감사합니다.

20○○년 ○○월

각 문항을 5점 만점으로 평가하여 아래와 같이 1점이면 ①번에, 5점이면 ⑤번에 표시해 주세요.

① 1점 (전혀 그렇지 않다) 　② 2점 (그렇지 않다) 　③ 3점 (보통이다) 　④ 4점 (그렇다)
⑤ 5점 (매우 그렇다)

	I. 우리 학교와 구성원들에 대한 여러분의 의견은 어떤가요?	①	②	③	④	⑤
				평가척도		
1	우리 학교가 자랑스럽고, 학교생활이 만족스럽다.					
2	학교 교육활동 운영에 우리 학생들의 의견을 반영하고 있다.					
3	학교 교육활동을 하기 위한 교육 시설과 환경에 만족한다.					
4	선생님들은 학생에게 친절하게 대해 주시고 존중해 주신다.					
5	학교나 교실에서 고민이나 어려움을 이야기할 친구가 있다.					
6	학교나 교실에서는 경쟁이나 비교, 상벌정제가 아닌 칭찬, 격려, 존중, 협력하는 분위기를 만들고 있다.					
7	학교에서 친구들과 함께 공부하고 생활하는 것이 만족스럽다.					
8	우리 학교 학생들은 학생 간 서로 배려하고 돕는다.					
9	학교나 교실은 안전한 곳이라고 생각한다.					
10	우리 학교는 학생들 간 갈등이 생겼을 때 도움을 받을 곳이 있다.					
11	우리 학교는 학급에서 학생들이 지킬 규칙을 함께 만들어 실천하고 있다.					
12	나는 학교의 선생님을 신뢰하고 존중한다.					
13	우리 학교 선생님들은 우리에게 관심이 많다.					
14	우리 학교 학생들은 친구, 선후배, 선생님과 다양하게 소통한다.					
15	우리 학교 학생들은 학교에서 질서를 지키며 생활하고 있다.					
16	학교(학급)에서는 학생자치 회의가 잘 운영되고 있다.					
17	학생들이 스스로 계획을 세워 실천할 수 있는 교육활동의 기회가 있다.					
18	나는 학교 교육을 통해 민주시민으로 성장하고 있다.					
19	선생님은 수업 준비를 잘 하고, 열심히 가르치신다.					
20	학교 수업 내용은 이해하기 쉽고 더 알고 싶은 마음을 갖게 한다.					
21	학생들이 활동하며 참여하는 수업이 다양하게 이루어지고 있다.					
22	우리 학교는 학생들의 학습능력과 문제해결 역량을 잘 길러 주고 있다.					
23	선생님은 학생을 배려하고 소통하는 수업을 하고 있다.					
24	학교는 다양한 진로와 직업을 탐색할 수 있도록 교육활동을 제공해 주고 있다.					
25	학교에서는 평가가 다양한 방법으로 이루어지고 있다.					
26	평가 후에는 부족한 부분을 보충할 수 있는 기회와 지도가 이루어지고 있다.					

II. 학생 선택 중심 교육과정 운영에 대한 여러분의 생각은 어떤가요?	평가척도				
	①	②	③	④	⑤
1 우리 학교는 학생의 요구를 반영한 다양한 과목을 개설하기 위하여 노력한다.					
2 우리 학교는 진로 상담을 통하여 학생들의 과목 선택을 지원하고 있다.					
3 우리 학교는 개설 과목에 대한 안내를 충분히 하고 있다.					
4 우리 학교 교육과정은 나의 진로 및 진학 설계하는 데에 도움이 된다.					
5 선택 과목 수업은 진로 및 적성에 맞는 학습이 가능하도록 한다. (2학년만 응답)					

서술1	**선택 과목 개설 및 안내**와 관련하여 어려웠던 점이나 건의 사항이 있으면 자유롭게 서술해 주세요.

III. 학생 중심의 창체활동에 대한 여러분의 생각은 어떤가요?	평가척도				
	①	②	③	④	⑤
1 나는 학생이 계획하고 실행하는 학생 중심의 자율활동(학교폭력예방교육, 자살예방교육 등)에 적극적으로 참여한다.					
2 나는 학생이 계획하고 실행하는 학생 중심의 자율활동(학교폭력예방교육, 자살예방교육 등)이 강의식 교육에 비해 효과가 있다고 생각한다.					
3 우리 동아리는 계획 수립 및 운영 과정에 학생들이 책임감 있게 참여하고 있다.					
4 우리 동아리는 활동목적(진로 탐색, 자기 계발 등)에 맞게 내실 있게 운영되고 있다.					
5 동아리 활동은 나의 진로(직업 및 진학) 탐색 및 설계에 도움이 된다.					

서술2	**창체활동(자율활동, 동아리 활동)**과 관련하여 어려웠던 점이나 건의 사항이 있으면 자유롭게 서술해 주세요.

〈학교 교육과정 운영 평가 설문 – 교사용〉

> ### 20○○학년도 교육과정 운영 평가 (교사용)
>
> 이 설문은 선생님들의 소중한 의견을 수렴하여 바람직한 ○○ 교육의 방향을 모색하고자 시행하는 것으로 총 35 문항으로 이루어져 있습니다. 선생님들의 응답 자료는 학교 발전을 위한 기초 자료로만 사용할 것입니다.
> 설문에 협조해 주셔서 감사합니다.
>
> 20○○년 ○○월

1~26번까지는 혁신학교 평가 및 학교자체 평가를 위한 교육청 설문 문항입니다.
각 문항을 5점 만점으로 평가하여 아래와 같이 1점이면 ①번에, 5점이면 ⑤번에 표시해 주세요.

① 1점 (전혀 그렇지 않다)　　② 2점 (그렇지 않다)　　③ 3점 (보통이다)　　④ 4점 (그렇다)
⑤ 5점 (매우 그렇다)

순	문항	①	②	③	④	⑤
1	우리 학교는 구성원들이 서로 소통하고 합의할 수 있는 시스템과 조직 문화가 형성되어 있다.					
2	우리 학교는 교육활동 중심의 학교시스템 권한 위임, 교수학습 중심의 교무조직, 행정업무경감 학습지원 환경, 협업 환경 등이 갖추어져 있다.					
3	우리 학교의 교장선생님은 교사들의 성장과 변화를 지원하는 변혁적 리더십을 통해 역동적 학교문화를 만들어가도록 리더십을 발휘하고 있다.					
4	우리 학교는 지속 가능한 혁신학교 운영을 위한 체계적이고 장기적인 실천 전략을 세우고 이를 단계적으로 실천하고 있다.					
5	나는 학교평가에 함께 참여하고 그 결과를 바탕으로 자구 노력을 기울이고 있다.					
6	나는 학교 운영에 주체적으로 참여하면서 활발하게 의견을 교환하고 협업한다.					
7	우리 학교 학부모는 학교의 교육 방향을 잘 알고 있으며, 교육활동을 지지한다.					
8	학교회계예산 편성이 학교교육목표 달성에 적합하고 이에 따라 교육활동에 실질적 효과가 나타나고 있다.					
9	우리 학교 교사들은 학생을 존중하는 언행을 하고 있다.					
10	우리 학교 교사는 신념을 가지고 지속적으로 학생 생활교육을 실시하고 있다.					
11	우리 학교는 공동체가 지켜야 할 교원, 학생, 학부모의 생활 규범을 정하고 이를 일관되게 지켜가고자 노력하고 있다.					
12	우리 학교는 학생들이 주체적이고 책임의식을 지닌 민주시민으로 성장하도록 생활교육을 실천하고 있다.					
13	우리 학교는 학생자치활동을 활성화하기 위해 적극적으로 지원한다.					
14	우리 학교는 교원의 공동 연구와 공동실천을 위한 전문적 학습공동체가 내실 있게 운영되고 있다.					
15	우리 학교는 전문적 학습공동체의 날을 정례화하여 운영하고 있다.					
16	우리 학교 교사들은 동료와 일상적으로 수업에 관한 이야기를 나누고 있다.					
17	우리 학교 교사들은 동료들에게 교실과 수업을 자연스럽게 공개한다.					
18	우리 학교 교사들은 전문적 학습공동체를 통해 연구한 내용을 교육과정과 수업에 적용하고 있다.					

순	문항	①	②	③	④	⑤
19	우리 학교는 학교 구성원의 교육에 대한 성찰과 모색을 담은 진정성 있는 교육과정을 운영하고 있다.					
20	우리 학교는 학생들의 요구 및 학교와 지역의 특성 등을 반영하여 교육과정을 운영하려고 노력하고 있다.					
21	우리 학교 교사들은 학생과 소통하는 관계 중심적 수업, 학생의 주도적 참여와 협력을 통한 수업을 하고 있다.					
22	우리 학교는 교과의 본질을 구현하는 창의적이고 다양한 수업이 이루어지고 있다.					
23	우리 학교는 교육과정 및 수업과 연계된 평가를 적절하게 실시하고 평가 결과를 학생들의 성장을 돕는 데에 활용하고 있다.					
24	우리 학교는 학생 성장을 고려하여 교육과정 재구성, 수업 평가, 기록을 체계적이고 일관성 있게 진행하고 있다.					
25	우리 학교는 학생들의 신체건강을 위하여 다양한 지원을 하고 있다.					
26	우리 학교는 학생들의 정신건강을 위하여 다양한 지원을 하고 있다.					

27~35번까지는 우리 학교 중점 교육 및 특색 교육과 관련한 설문 문항입니다.
각 문항을 5점 만점으로 평가하여 아래와 같이 1점이면 ①번에, 5점이면 ⑤번에 표시해 주세요.

① 1점 (전혀 그렇지 않다)   ② 2점 (그렇지 않다)   ③ 3점 (보통이다)   ④ 4점 (그렇다)
⑤ 5점 (매우 그렇다)

순	문항	①	②	③	④	⑤
	[학생 선택 중심 교육과정]					
27	우리 학교는 학생의 요구를 반영한 다양한 과목을 개설하기 위하여 노력한다.					
28	우리 학교는 학생 선택 중심 교육과정을 위한 과목 개설 시 심도 있게 협의를 하였다.					
29	우리 학교는 학생들의 과목 선택을 지원하기 위한 안내와 진로 상담을 충분히 실시하고 있다.					
30	학생 선택 중심 교육과정은 학생들의 진로 및 진학 설계에 실질적인 도움이 된다.					
31	우리 학교 교육과정은 학생들의 적성과 진로에 맞는 학습이 가능하도록 구성되어 있다.					
	[창의적 체험활동(1, 2학년) 및 꿈길 주간 프로그램 운영] **※해당 학년의 지도와 관계가 없어 판단이 어려운 경우 '보통이다'로 선택해 주세요.**					
32	학생 중심의 자율활동(학교폭력예방교육, 자살예방교육 등) 운영에 만족한다.					
33	강의식 계기교육을 지양하고 학생이 계획하고 실행하는 자율활동(학교폭력예방교육, 자살예방교육 등)을 유지하는 것이 바람직하다.					
34	꿈길 주간 프로그램들은 학생들이 진로와 적성을 계발하는 데 실질적으로 도움이 된다.					
35	분기별 꿈길 주간 운영은 선택과 집중이라는 측면에서 학생들의 유의미한 참여를 이끌어내는 데 효과적이다.					

* 우리 학교의 교육과정 운영과 관련하여 특별하게 하실 말씀이 있으면 써 주세요.
(예) 자율활동 및 계기교육 운영 방안, 창체 동아리 홍보 및 모집 방안, 선택 과목 안내 및 지도 방안 등

〈학교 교육과정 운영 평가 설문 – 학부모용〉

20○○학년도 교육과정 운영 평가 (학부모용)

학부모님, 안녕하십니까?
이 설문은 본교의 교육활동에 대한 학부모님의 의견을 들어 차기년도 교육 계획을 수립하는 중요한 자료로 활용할
예정이오니 성심껏 응답해 주시기 바랍니다. 해당하는 곳에 ∨표를 해 주시기 바랍니다.

20○○년 ○○월

각 문항을 5점 만점으로 평가하여 아래와 같이 1점이면 ①번에, 5점이면 ⑤번에 표시해 주세요.

① 1점 (전혀 그렇지 않다)　　② 2점 (그렇지 않다)　　③ 3점 (보통이다)　　④ 4점 (그렇다)
⑤ 5점 (매우 그렇다)

순	설문 문항	①	②	③	④	⑤
1	자녀는 학교생활에 만족하고 즐겁게 다니고 있습니까?					
2	학교 구성원들은 교육적 성과를 이루기 위해 함께 노력하고 실천하고 있습니까?					
3	학부모들의 교육적 요구를 학교의 교육활동에 반영할 수 있는 통로가 있습니까?					
4	학부모들이 자발적으로 학교활동에 다양하게 참여할 수 있는 기회가 있습니까?					
5	학교에서는 각종 교육활동 정보를 제공하고 있습니까?					
6	선생님은 학생들에게 친절한 교수 언어를 사용하고 계십니까?					
7	학교는 학생들이 안정감 있는 생활을 할 수 있도록 학습 환경과 학교문화를 조성해 가고 있습니까?					
8	선생님들은 솔선수범과 사제동행으로 학생들을 지도하고 계십니까?					
9	학부모는 학부모 윤리규범을 세워 함께 실천하고 있습니까?					
10	선생님들은 안전한 학교 만들기를 위하여 함께 노력하고 계십니까?					
11	학교에서는 학생들이 자기 관리 능력과 기본생활 규범을 지킬 수 있도록 일관되게 지도하고 있습니까?					
12	학생들이 주체적으로 활동할 수 있는 교육활동의 기회가 있습니까?					
13	학부모님의 자녀는 학교 수업에 대하여 만족하고 있습니까?					
14	선생님들은 교육과정 수업을 위해 협력하여 연구하고 있습니까?					
15	학교에서는 단순한 지식 전달, 교과 진도 위주의 수업이 아닌 학생의 사고를 키울 수 있는 수업이 이루어지고 있습니까?					
16	선생님들은 학생의 꿈, 재능, 진로, 직업에 대한 정보를 제공하고 있습니까?					
17	학교에서는 학생들이 학습 과정에 적극 참여할 수 있는 다양한 형태의 수업이 이루어지고 있습니까?					
18	학교는 학생들에게 다양한 방법으로 평가하고 있습니까?					
19	선생님은 자녀의 평가결과에 대해 피드백을 하고 계십니까?					
20	학교는 학생의 요구를 반영한 다양한 과목을 개설하기 위하여 노력하고 있습니까?					
21	학교는 학생의 과목 선택을 돕기 위한 안내와 지도를 충분히 실시하고 있습니까?					
22	우리 학교 교육과정은 자녀의 진로 및 진학 설계에 도움이 된다고 생각하십니까?					

부모님께서 참여하시는 학교 참여 활동을 구체적으로 써 주세요.

참고문헌

| 1부 |

1 박수원, 심성호, 이동철, 이원님, 임성은, 정원희, 최진희(2020). 교사 교육과정을 디자인하다.
　테크빌교육, 18-19, 4장
김현우(2020). 교사 교육과정을 DIY하라. 하움출판사
에듀쿠스(2020). 교사 수준 교육과정 두 번째 이야기. 북랩
최용수, 고용안, 한민철(2019). 교사 교육과정, 이게 뭐지?. 휴먼컬처아리랑

3 이원님, 정광순(2021). 교사 교육과정에서 공통요소(Commonplaces)로 살펴본 주제 개발의
　원천 탐구. 통합교육과정연구, 15(2), 29-56
Beane, J. A.(1997). CURRICULUM INTEGRATION: Designing the Core of Democratic
　Education. 노경주 역(2019). 민주적인 교육의 핵심을 지향하는 설계 교육과정통합.
　춘천교육대학교 출판부(강원)
Tyler, R. W.(1949). Basic Principles of Curriculum and Instruction. 진영은(역)(1996).
　Tyler의 교육과정과 수업지도의 기본원리. 양서원(서울)

5 양은주, 임황룡(2010). 듀이의 흥미 개념과 초등교사의 실천적 과제. 교육사상연구, 24(2),
　105-127
Dewey, J.(1913). Interest and effort in education. 조용기 역(2015). 개정 증보판 흥미와
　노력 그 교육적 의의. 교우사(대구)
Dewey, J.(1916). Democracy and education. 이홍우 역(2007). 민주주의와 교육.
　교육과학사(서울)

7 고영희, 염인선, 윤지영, 이루다, 이성욱, 이승미, 정영찬(2016). 한권으로 통하는 초등학교
　교육과정 재구성의 노하우. 교육과학사(서울)
이한진, 이광재, 김상헌, 유성열, 남승종, 이찬희(2020). 교사 교육과정을 읽다. 미래가치
최용수, 고용안, 한민철(2019). 교사 교육과정 이게 뭐지?. 휴먼컬처아리랑
백남진, 온정덕(2021). 성취기준의 이해. 교육아카데미

8 교육부(2022). 2022 학교생활기록부 기재요령. 교육부(세종)

9 박승철, 박승열, 이원재, 강정화, 이영선(2015). 교육과정, 수업, 평가 운영 실태 및 일체화
　방안 연구. 경기도교육연구원
서용선, 서우철, 엄민용, 홍섭근, 이규철, 노시구(2014). 교육과정, 수업, 평가혁신 연계 방안.
　경기도교육연구원
인천교육교육과정연구소(2018). 교육과정을 뒤집다 -백워드로 통합단원 설계하기. 박영사
경기도교육청(2016). 초등 교육과정 핵심요원 워크숍 자료. 경기도교육청

10 김성숙, 김희경, 서민희, 성태제(2015). 교수 · 학습과 하나 되는 형성평가. 학지사
경기도교육청(2022). 학생의 성장을 지원하는 성장 중심 가정 통지 연수 자료집

11 교육부(2021). 바른 생활, 슬기로운 생활, 즐거운 생활 초등학교 교사용 지도서
이윤미, 조상연, 정광순(2015). 교육과정 실행 관점 국내 연구에 대한 문제 제기.
　교육과정연구, 33(3), 79–100
이원님(2021). 교사의 교육과정 개발에서 주제 개발의 의미 탐색. 한국교원대 대학원
　석사학위 논문
정광순(2020). 새교육, 열린교육, 혁신학교 운동으로 본 초등학교 수업의 변화. 초등교육연구,
　33(4), 353–378
H. Lynn Erickon & Lois A. Lanning, Rachel French, 온정덕, 윤지영 공역(2019).
　생각하는 교실을 위한 개념 기반 교육과정 및 수업. 학지사

13 경기도교육청(2021). 경기혁신교육학술대회 연구보고서
경기도교육청(2022). 2022 학교 안 전문적 학습 공동체 운영계획

15 교육부(2021). 2022 개정 교육과정 총론 주요사항(시안)
경기도교육청(2021). 학생과 교사가 함께 만들어 가는 학교자율과정

16 교육부(2021). 2022 개정 교육과정 총론 주요사항(시안)
경기도교육청(2021). 학생과 교사가 함께 만들어 가는 학교자율과정
인천광역시교육청(2019). 2021 함께 만들어 가는 교육과정 워크북

17 교육부(2021). 2022 개정 교육과정 총론 시안
이원님(2019). 초등학교 교육과정 '20% 시수 증감제'에 관한 논의. 초등교육학연구, 26(2),
　117–146

| 2부 |

①
경기도교육청(2021). 한글로 움트는 배움과 성장(교사용, 학생용)
교육과정평가원, 인천교육청(2021). 한글 찬찬(교사용, 학생용)
교육부(2018). 2015 개정 교육과정 총론 해설서
교육부(2021). 2022 개정 교육과정 시안
광주광역시교육청(2021). 똑똑 글자놀이(교사용, 학생용)
경남교육청(2021). 아이 좋아(한글 교재, 교사용-학생용)
김영숙(2017). 찬찬히 체계적 · 과학적으로 배우는 읽기&쓰기 교육. 학지사
신은희 외(2020). 한글교육 방법 분석 및 지원 방안 연구-기초학력 재개념화 관점에서.
　　충북교육정책연구
엄훈(2017). 초기 문해력 교육의 현황과 과제. 한국초등국어교육, 63, 83-109
이승미(2018). 초등학교 1학년 한글 해득 교육 개선 방안 탐색 연구-한글 해득 웹 진단도구
　　활용 결과 분석을 중심으로(이슈페이퍼). 교육과정평가원
이원님(2009). 슈타이너의 문자교육론을 적용한 한글 교육 프로그램. 경인교대 교육대학원
　　석사학위 논문
최영환(2012). 기적의 받아쓰기. 길벗스쿨
[찬찬한글]. 배움1 모음의 시작. 인천광역시교육청-YouTube
한글 또박또박(http://www.ihangeul.kr). 한국교육과정평가원
똑똑 글자놀이 1강. 광주광역시교육청-YouTube

②
교육부(2021). 통합 교과 교사용 지도서
교육부(2015). 바른 생활, 슬기로운 생활, 즐거운 생활 교육과정
김경자, 온정덕(2017). 역량 함양을 위한 교육과정 설계 이해를 위한 수업. 교육아카데미
H. Lynn Erickson, Lois A. Lanning, Rachel French. 온정덕, 윤지영 공역(2019). 생각하는
　　교실을 위한 개념 기반 교육과정 및 수업. 학지사

③
이승은, 박양주, 이동주(2020). 교육과정 및 평가. 한국방송통신대학교출판문화원(서울)

⑦
서울특별시교육청교육연구정보원(2021). 학교 교육과정과 교사 교육과정(서울혁신미래교육
　　과정 기반 고등학교 교육과정 편성 · 운영지침)